未来之路

下一个世界金融强国是不是中国？

IS
CHINA
BECOMING THE WORLD'S
NEXT
FINANCIAL SUPERPOWER?

贲圣林◎著

ZHEJIANG UNIVERSITY PRESS
浙江大学出版社

图书在版编目（CIP）数据

未来之路：下一个世界金融强国是不是中国？/贲圣林
著.—杭州：浙江大学出版社，2020.12（2021.11重印）
ISBN 978-7-308-20816-1

Ⅰ.①未… Ⅱ.①贲… Ⅲ.①金融—中国—文集
Ⅳ.①F832-53

中国版本图书馆CIP数据核字（2020）第232469号

未来之路——下一个世界金融强国是不是中国？

贲圣林　著

策划编辑	吴伟伟
责任编辑	陈逸行　陈　翮
责任校对	宁　檬
装帧设计	周　灵
出版发行	浙江大学出版社
	（杭州市天目山路148号　　邮政编码　310007）
	（网址：http://www.zjupress.com）
排　　版	杭州林智广告有限公司
印　　刷	浙江印刷集团有限公司
开　　本	710mm×1000mm　1/16
印　　张	29.5
字　　数	378千
版 印 次	2020年12月第1版　2021年11月第2次印刷
书　　号	ISBN 978-7-308-20816-1
定　　价	108.00元

献给我的父母：

贲志亮和黄玉芳，是他们鼓励我

"离家闯荡，远走高飞"。

自　序

下一个世界金融强国是不是中国？

拙作《未来之路：金融的力量与责任》在 2018 年出版，这本书既是对我来浙江工作后前三年的一个总结，实际上也是我当时对过去的三年开出的一个远期合约：第二个三年要出"未来之路"续集。这也算是自律不足的我通过制度来约束自己松懈倾向的一个举措吧。

过去的三年是我的生活发生重大变化的三年。我所在的浙江大学秉持求是创新的校训砥砺前行，走出浙江、走向全国，在北京、上海等地合理布局，更深更广地扎根中国大地，国内国际声望日隆。浙江大学互联网金融研究院（以下简称浙大 AIF）政产学研创一体化战略取得重要进展，和杭州市江干区政府合作成立的浙大 AIF 产研中心运营模式被各方关注和肯定；浙大 AIF 研究成果系列化品牌化初步形成，全球金融科技中心等系列指数产品获得各方好评，团队更多参与主持多个国家相关部门项目，司南研究室、观智研究室等年轻团队成长迅速，为浙大 AIF

未来之路——下一个世界金融强国是不是中国？

第二个五年发展打下坚实基础。

过去的三年对我影响最大的非浙江大学国际联合商学院（ZIBS）莫属。感谢学校领导的信任和支持，2018 年 11 月 15 日 ZIBS 在海宁国际校区起航，我的生活也因此发生了天翻地覆的变化，我的"宇宙中心"从三墩转移到"宇宙的新中心"——海宁。接受 ZIBS 的筹建任务可能是这几年我做的最重要也是"最傻"的决策，我（又一次）尝到了创业的酸甜苦辣。感恩各方支持，特别是 ZIBS 生态圈小伙伴的不计得失、无怨无悔，虽然现在说 ZIBS 成功显然为时尚早，但我们至少抓住了历史性的机会窗口。

过去的三年我的"个人身份"也更加多元。我积极参加欧美同学会金融委员会的工作，积极参与浙江欧美同学会的筹建和各项工作并获任副会长，担任浙江省知识界人士联谊会副会长。在参政议政方面，2018 年 1 月我开始担任浙江省政协常务委员、经济委员会副主任，这对我而言是莫大的荣誉、巨大的压力和重大的责任，为我参政议政提供了重要的平台。几年来，我积极履职，建言资政，获得各方肯定，应该说很幸运，我没有辜负这个平台。简言之，这三年，我付出的不少，收获的更多；焦虑的不少，开心的更多。这一切，值！

在国际上，这三年逆全球化、民粹主义思潮泛滥，英国的脱欧来来回回总算接近完成，虽然对英国、对欧盟、对世界而言是否能说"成功"还需要历史的检验；在大洋彼岸，美国特朗普政府基于美国优先思维推出脱群政策，明确把中国列为"战略竞争者"，撕下中美关系的"面纱"，中美关系进入一个扑朔迷离的艰难境地，我们是否进入中美两国肉搏和大国转换的时代？我们需要一个什么样的未来？我们又如何构建一个新的国际秩序和与之相适应的国际治理体系？这是世界百年之大变局时代来临之际我们这代人无法回避的核心命题。

在国内，过去三年中，党的十九大吹响决胜全面建成小康社会的冲锋号，着力部署防范化解重大风险特别是金融风险、精准脱贫和污染防治三大攻坚战。防范金融风险攻坚战全面展开，金融领域反腐倡廉成为重要主题和突破口，关于金融是谁、为谁、属于谁这些哲学命题的解答的争议可谓甚嚣尘上，但习近平总书记在2019年2月22日中共中央政治局第十三次集体学习中给出了明确的回答：深化金融供给侧结构性改革必须贯彻落实新发展理念，强化金融服务功能，找准金融服务重点，以服务实体经济、服务人民生活为本。

在新金融领域，过去的三年可谓惊心动魄。曾经在互联网金融上半场发展阶段一骑绝尘的中国网贷行业在化解金融风险的大背景下落下帷幕，给中国金融科技行业、政府监管机构和社会大众留下许多难言的创伤、痛苦的反思、难解的情结：曾被社会各方鼓励拥抱的互联网金融为何成为人人避之不及的行业和名词？中国的金融监管能否走出"一放就乱，一管就死"的困境？在金融科技上半场暂时领先的中国还会赢得全球竞争加剧的下半场，继而迎来金融大国的中国时代吗？这些问题的答案对中国崛起和世界秩序重构都具有重要的历史与现实意义。

作为一名学者，这三年在许多场合我有机会去分享对这些领域特别是金融的研究心得、观察感悟，在许多时候我有心境去思索大国变迁特别是金融的历史轨迹、未来趋势；作为一介书生，这三年我也免不了在很多时候忧国忧民，为金融的未来、国家的未来和世界的未来杞人忧天、醉心梦想：中国会否最终错失金融科技的历史机遇？国际金融会否与中国时代失之交臂？本书编辑整理期间正值新冠肺炎肆虐全球之际，金融科技在抗疫中发挥了积极作用，全球金融科技发展趋势不可逆转且加速，围绕这个领域的大国竞争加剧，凸显这些问题的紧迫性和现实性；这本书收集了我对这些问题的一些心得、感悟、焦虑、迷茫和遐想，呈献给诸君批评指正。

感谢浙江大学顾雨静、张新慧两位硕士研究生的编辑整理，感谢浙大AIF李红霞、姜楠持之以恒的努力，感谢沈莉、吕佳敏、罗曼、顾月、罗丹、李心约、陈雪如、胡静航、朱昀朗、陈海润、王哲人、鲁兰心、金佳琛、谢思南、陈新元、叶舒元、黄慧慧、都思园、景麟德、王丽等团队其他许多小伙伴在我过去三年中每次上讲台前和下讲台后准备材料、整理讲稿,感谢浙江大学出版社副总编辑张琛带领的编辑团队的不弃不懈,你们的名字不仅在这本书里,也在我感激的心里。

贲圣林

2020 年 6 月

构思于浙江大学海宁国际校区,"宇宙的新中心"

修订于杭州新新饭店

目录
CONTENTS

第三篇
中国篇

第四篇
国际篇

第五篇
成果篇

Table of Contents

Part III：Focus on China

Part IV：Focus on the World

Part V : Selected Research Projects

第一篇
| 个人篇 |

2019 年 4 月 24 日，参加在浙江大学海宁国际校区教师俱乐部 1 号厅举行的浙江大学国际联合商学院校区交流会。

浙江大学国际联合商学院于 2018 年 11 月 15 日筹建成立。两个月后，浙大 ZIBS 总裁班（金融科技）：长三角班（模块）正式开班。本期课程形式多样，2019 年 1 月 16 日至 1 月 20 日分别在杭州、海宁、上海三地授课，并赴上海黄金交易所、浦发银行、上海银行等进行现场教学和讨论，同时还举行了"长三角一体化及全球数字金融高地建设"论坛。图为在杭州主持开班仪式。

2018 年 11 月 15 日，浙江大学国际联合商学院筹建挂牌。2019 年 1 月 16 日，浙江大学国际联合商学院总裁班（金融科技）：长三角模块正式开班。

2018 年 12 月，受邀访问普莱斯蒂亚·穆理亚大学（Universitas Prasetiya Mulya，UPM），参加该校毕业典礼并发表演讲。

爱国奋斗家国梦 *

"岁月不居，时节如流"，新中国成立已经70年，我很幸运地经历了改革开放的40余年，见证了祖国的日益强大，亲历了发展过程中的艰辛。非常荣幸有机会向大家分享一些我的成长经历与体会，以及新时代下我的梦想。

一、我的求学之路

1966年，我出生在江苏农村。小时候的我有一个朴素的愿望：走出农村。在那个"学好数理化，走遍天下都不怕"的年代，我高中时的梦想是做一名像居里夫人一样的化学家。

我1982年考上清华大学，实现了走出农村的愿望。但我填错了专业，被

---

* 本文根据作者于2019年9月11日出席在杭州举行的"浙江省党外知识分子爱国奋斗报告会"时所作的分享整理而成，由顾月整理，张新慧编辑。本次报告会为庆祝新中国成立70周年、多党合作制度确立70周年、浙江省知联会成立15周年举行。作者任浙江省知识界人士联谊会副会长，包括作者在内的9名分享嘉宾围绕"爱国奋斗"主题，讲述了各自立足岗位建功立业新时代的生动故事。

"自动化系"录取,而不是招生简章上的"自动化学",我的化学家梦想也便到此为止。好在那时便开始流行"既要懂技术又要懂管理"的复合型人才,因此,我本科毕业时考取了中国人民大学,攻读工业企业管理专业硕士。

从中国人民大学毕业后,我带着从亲戚朋友那里借到的 225 美元和全家的殷切期望去美国留学,到普渡大学攻读经济学博士。当时的我希望有一天西方人能了解一点中国,因为那时没有一位我遇到的外国人知道任何一家中国公司的名字。那时的中国和美国,犹如它们相隔的太平洋一样遥不可及!

青少年时期的我尽管生活困苦,但赶上了国家改革开放的好时代,我才能抓住机会,从农村考上大学并出国深造;青年人要有梦想,敢于仰望星空,我的梦想虽然几经变迁,却始终是我奋斗的方向与动力;同时更要脚踏实地,只有努力奋斗,才有可能实现自己的梦想。

二、我的金融生涯

我 1994 年博士毕业时,没有听从导师的建议留在学术界;读了 22 年书的我,太想进入社会闯荡一番!我也没有像当时绝大多数的中国留学生一样留在美国发展,我坚信回国可以大显身手。

幸运的是,我获得了去荷兰银行北京代表处工作的机会,开启了自己的职业生涯。2001 年,中国加入世界贸易组织时,中国人在国际舞台上没有太多的话语权与发挥空间。彼时,我有幸成为荷兰银行第一个被调至全球业务总部工作的中国内地员工。在伦敦工作期间,我努力把国际金融界的一些先进经验引入中国。后来,我进入汇丰工作,成为汇丰中国工商金融的第一个中国内地掌门人,成功推动了汇丰中国业务的战略转型,成为行业最佳实践,被许多国际企业借鉴。

2010 年,我的职业生涯迎来另一个机遇——担任全球最负盛名的摩根大通银行（中国）有限公司行长，为我近 20 年的金融生涯画上了一个圆满的句号。

虽然我的金融生涯是在跨国公司度过的，但我深切地感受到祖国的发展、时代的机遇与个人的努力相辅相成。无论何时，我们只有紧抓时代机遇，服务国家、服务社会，才能实现自己的价值。

三、我的学术人生

2007 年，我还在金融界工作之时，就发起成立了"货币金融圆桌会议"和后来的中国人民大学国际货币研究所；如今该研究所已成为全球研究国际金融体系与人民币国际化的领军者。

如果说 2007 年是我学术人生的一个起点，那么 2013 年便是我学术人生的关键之年。

这一年，我有幸参加了中央统战部新的社会阶层人士理论研究班学习，并担任班长，受邀加入中央统战部党外知识分子建言献策专家组，担任上海市知识分子联谊会副会长兼外企分会会长，获选欧美同学会常务理事等，这些平台让我得以更加扎根祖国大地，为祖国的改革开放出谋划策。

同样是这一年，中国迎来了互联网金融元年。当时在北京金融街工作的我，深切地感受到科技对金融的颠覆力量，我意识到新金融时代即将来临，这将是中国引领全球发展的百年机遇！我告诉自己：我必须参与这场金融革命，贡献自己的力量。

2014 年 5 月，我来到中国互联网金融的发源地——杭州，全职加入浙江大学。在各级领导的支持下，我积极组建团队、搭建平台，先后创建浙江大学互联网金融研究院、浙江互联网金融联合会、浙江求是创新研究院、浙江大学国际联合商学院……今天，我们的交流活动、合作伙伴、研究项目已经覆盖全球主要经济体，一个跨学科、政产学研创一体化的金融科技生态系统正在崛起。

四、建言献策之路

这些年，十分感谢中央统战部、浙江省委统战部和浙江大学领导的关心，我先后开始担任浙江省人民政府参事、浙江省政协常务委员、中华海外联谊会常务理事……更多的社会职务不仅给予了我更多发挥才能的机会与舞台，更是赋予了我为祖国发展倾心尽力的更强的责任感与使命感。

我多次向中央及省委、省政府建言献策，积极关注浙江新兴金融中心建设，领衔起草《杭州国际金融科技中心建设专项规划》，编写《全球金融科技中心城市报告》《全球银行国际化报告》等系列报告，承担的数字基础设施等合作课题成果入选 2017 年德国 G20 峰会和 2019 年日本 G20 峰会的政策建议，在国内外广受好评。

回顾我的成长历程，我坚信个人命运与国家命运密不可分！我感谢这个伟大的时代，感恩我们伟大的祖国。

未来之路还需探索，我们需做中国梦的奋斗者与践行者，把个人的梦想融入民族复兴的中国梦，以自身行动与不懈努力推进国家的现代化建设；我们需做新时代的创业者和建设者，不畏艰难，敢于创新，在百年未有之大变局中为社会谋发展、为人民谋幸福；我们需做新世界的探索者和引领者，积极拥抱新时代、新经济、新科技，站在世界最前沿，奏响中国之声。

在中国与国际银行同成长*

1994年9月19日，我从美国普渡大学拿到经济学博士学位后，进入荷兰银行北京代表处工作，在中国与国际银行共同成长。

20世纪90年代，本土规模较小的荷兰银行对外扩张速度很快，全球化程度很高，在国际化发展方面领先于花旗、汇丰，是上海滩一众外资银行中风云般的存在，后来汇丰、花旗等银行在内地的分支机构的高管，都是当时从荷兰银行出来的。

在荷兰银行的那些年，我先在北京代表处做助理代表（assistant representative），在上海分行培训，两年后到天津代表处担任首席代表，再之后调回上海分行做业务总监。那时的外资银行代表处规模较小，在法律层面上是不能处理业务的，主要提供咨询服务；分行的规模从几十人至几百人不等，主要取决于业务量。

---
* 本文刊于《英大金融》2018年第11期，为当期"金融改革十人谈"栏目策划所作，由作者口述，记者张琴琴整理，张新慧编辑。本文较原文略有改动，原文详见http://www.indaa.com.cn/zz/ydjr/ydjr201811/201812/P020190415635416734630.pdf。

一、在外资银行与中国共发展

那时外资银行业务简单，只做"离岸业务"：一方面，只有外币业务；另一方面，服务对象都是在中国内地的外资企业，比如荷兰企业、美国企业等。此外，做得更多的是批发业务，几乎没有零售业务。因此，当时外资银行在中国内地的机构就是外资银行的分支，不涉及本土业务。

这种情形与当时的时代背景有关。20 世纪 80 年代末，亚洲"四小龙""四小虎"抓住西方发达国家向发展中国家和地区转移劳动密集型产业的机会，引进大量的资金和技术，率先走上了发展道路。较之于亚洲"四小龙""四小虎"的迅猛发展，外资银行对中国改革的前景看法并不统一，遂并没有立即布局内地市场。那时，荷兰银行亚太区总部有两个：新加坡与中国香港。它们作为地域金融中心有很多跨境业务。与韩国、马来西亚、新加坡这些经济体相比，那时中国经济国际化程度很低，在荷兰银行亚太区的业务总量中占比很低，因此当时我们需要依附于他人做业务。

二、政策放开，本土化转型布局

2001 年，中国加入 WTO 后，越来越多的外资企业到中国内地寻觅改革红利，带动外资银行进入中国内地市场，导致外资银行的业务体量和结构发生质的变化。

2005 年，我从荷兰银行到了汇丰银行。汇丰银行全称是香港上海汇丰银行有限公司，从名字里便可以看出它的中国底蕴。汇丰是第一家入股中资银行（上海银行）的外资银行，也是第一家入股国有大行（交通银行）的外资银行，它在中国市场的布局是其他外资银行无法比拟的。

当时汇丰银行最主要的业务是很核心的工商业务，除了投行业务以外基本都是。我很幸运，2007 年 1 月接管了汇丰银行在中国内地的这块业务，成为掌管该业务的第一个中国内地人。接管之初，我发现当时广州分行 88% 的业务是面对香港企业，基本没有本地业务。在把所有的分行巡查一轮后，我便下定决心要做业务本土化的转型，在为外资企业带来本土化服务的同时为中资企业提供全球化的服务。

那个阶段，中国金融市场进一步对外开放。2006 年，为满足促进对外开放和经济发展的需要，国务院颁布并实施了《中华人民共和国外资银行管理条例》，规定外资银行分支机构在中国当地完成注册后，可以从事本地居民的零售业务，做本币业务，外资银行和本地银行享有一样的国民待遇。

我是汇丰银行工商业务在中国内地的负责人，负责华北区、华东区、华南区等几大区的业务，各大区经理很多是外籍人士。为尽快推动业务本土化转型，我给所有同事开战略闭门会议，和他们喝的第一瓶酒是二锅头，唱的第一首歌是《智取威虎山》，让他们看四川的变脸表演，多方位了解中国文化。业务本土化转型需要的是本土化的人才，在这次转型中，我们提拔任用了一批本土人才担任分行、支行的管理人员。

另一个转变就是对组织架构的调整。之前实行大区制，华北区、华中区等彼此相互独立，比如美国某企业到中国来寻求服务，它在北方区的子公司跟南方区的子公司所受的服务、价格等没有一致性，而且需要跟很多部门、很多分行打交道。这个问题暴露之后我们就说"不行"，客户只要与汇丰打交道，就应得到从现金管理、授信，到贸易融资、跨境的并购服务，再到银行贷款业务一条龙的服务。为满足地域性需求并建立以客户为中心的组织架构，我们成立了美国业务部、欧洲业务部等，这些业务部协调客户在中国内地的所有事务。这样欧洲的同事说有客户到中国来，他不需要跟 30 多个分支行的人直接打交道，只需要跟一个人打交道，就能办理在中国各个大区的业务。

与此同时，我们还在海外推出了中国业务部，服务中资企业走出去。一开始汇丰中国的服务对象中国企占比较大；后来，南方地区如福建、广东、浙江地区的民营企业逐渐增多。按照组织架构，例如美的公司在汇丰的客户经理是在广州，美的走向全球，走到其他国家，统一由这个人来协调，这就是以客户为中心，这种服务模式完全打破了之前的地域隔离局面。这在当时是比较创新的，特别是在汇丰内部。汇丰在中国内地的布局，远远走在了其他外资行前面。我们在汇丰做的一些改革尝试，也是中国经济和企业的崛起促使外资行布局中国市场所做出的转型和调整。

三、继续放开，以安全为前提

我很幸运，在荷兰银行工作近十年，那是一个历史悠久也曾叱咤风云的欧洲银行。汇丰银行既有英国元素，又有亚洲元素。但对于做金融的人来说，如果没有在华尔街的金融机构做过，总觉得好像缺点什么。碰巧，那时猎头找到我，我后来就去了摩根大通银行中国有限公司担任 CEO。

摩根大通侧重大宗批发和投行业务，它的平均研究能力、产品能力、员工的学历等均高于欧洲与亚洲的机构。中国崛起后，它在一定范围之内做了很多调整，但其在中国的业务并没有充分发展起来，这与它的业务定位相关，也与它根深蒂固的美国本土基因有关，其对中国市场并不够了解。

中国这样庞大的国家，绝不能让外资去控制我们的金融体制，这是共识。为 14 亿人做金融服务，中国市场的开放对国际金融机构的吸引力是不言而喻的，但开放也是分梯度的：第一梯度是 20 世纪 70 年代末 80 年代初，以深圳蛇口一些项目为契机，南洋商业银行在深圳起步；第二梯度是 90 年代初浦东开放，欧美企业进驻带动欧美银行进入中国；第三梯度是中国加入 WTO，中国经济的高速增长加上政策放开吸引外资行进入。在政策上也经过几轮比较大的放开；关键点是 2004 年外资银行可以入股中资银行，纵使有一些条件限制；2007 年允许外资银行从事本地化业务。

金融业的开放比一般行业更复杂，它牵涉到整个金融体系的稳定问题。没有比较稳定的金融秩序，谈开放、谈创新，只会带来更大的风险。目前，我国金融业的国际化、市场化程度是滞后于其他行业的，中国金融业的对外开放任重道远。这就要求我们：在微观层面，金融机构要勤练内功，提高理性决策能力；在中观层面，要重新审视我们本身对金融行业的理解，特别是在金融科技时代；在宏观层面，要进一步处理好金融业和实体经济、社会的关系，为服务美好社会做贡献。

开放之初我在外资银行二三事 *

一、1994 年 9 月，懵懵懂懂进了外资银行

1994 年 9 月 19 日，我从荷兰银行北京代表处起步，正式开启我的金融生涯。当时官方职务是助理代表，但实际上，我入职前并不知道我即将任职的岗位的具体名称甚至薪资，因为我在回国前只是收到了代表处首席代表桑德尔·提德曼（Sander Tideman）先生的一个雇佣意向函，而不是具有法律效力的严格意义上的正式的雇佣合同。所以当我从万里之外的美国博士毕业后飞回北京，并在那天早晨准时出现在位于京广中心的办公室的时候，我和我的同事们是同样难以置信的。

当时的外资银行在中国境内的发展路径是这样的：20 世纪 80 年代在沿海

---

* 本文刊于《中国金融》2019年第20期，系作者2019年9月应《中国金融》纪念"建国70周年"活动特刊约稿所作，由顾月参与资料收集，张新慧编辑，详见：http://www.cnki.com.cn/Journal/J-J6-ZGJR-2019-20.htm。

开放城市如深圳有零星的分支机构，然后逐渐挥师北上。在 90 年代浦东开发时，上海开始对外资银行开放，一些外资银行刚刚开始设立营业性分支机构。如果说首先在深圳等地设立分支机构的多是亚洲的金融机构的话，那么真正来上海抢滩的则多是主流的欧美银行，如花旗银行和荷兰银行。而在其他城市包括北京，外资银行还不能开设分行，只能设立代表处，只能从事负责联络国内同业、政府监管机构和为其网络机构提供咨询等活动。荷兰银行那时在上海刚刚开设了分行，而且其分行地址位于新中国成立前其所在的外滩中山东一路20 号（和平饭店），据说搬回老地址在当时非常敏感，在得到了时任上海市主要领导拍板后才得以执行，这被认为是当年上海滩的一件标志性事件。由于北京代表处工作内容单一、可接触业务较少，我在北京代表处才熟悉两周后即被派到上海分行开始长期培训，作为未来北京分行的储备干部培养。1985—2001年外资银行在境内设立代表处、分行的数量和城市分布情况如图 1 所示。

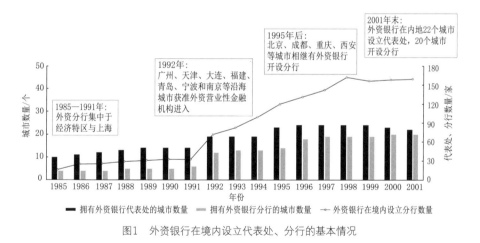

图1 外资银行在境内设立代表处、分行的基本情况

注：部分年限统计数字包括外资银行、侨资银行和合资银行三类银行。

资料来源：《中国金融统计年鉴》。

二、1994年10月，初进上海滩

此时上海滩的外资银行分行也是凤毛麟角，荷兰银行算是风头抢尽。这除了起步相对较早，也得益于其在欧洲经济共同体一体化大背景下，刚刚由原来荷兰两家最大的银行——荷兰通用银行（ABN Bank N.V.）和荷兰阿鹿银行（AMRO Bank N.V.）——合并而成，其规模实力跃居欧美机构前列，拓展国际业务雄心勃勃。除了荷兰银行，20世纪90年代中期在上海外资银行界比较活跃的还有美国的花旗银行、美洲银行和德国的德国商业银行、德累斯顿银行，而汇丰银行、渣打银行这些今天比较领先的外资银行反而相对沉寂。

那时的中国银行业还在谈论"工农中建"四大国有银行的商业化转型问题，它们基本还是政府机构作风，市场化导向程度远远不够。股份制银行基本分为两类，一类是由国有企业集团控股发起的如招商银行、中信银行、光大银行、华夏银行等银行，另一类是由沿海开放地区的地方政府发起的如深圳发展银行、广东发展银行、福建兴业银行和上海浦东发展银行等银行，这类银行虽然市场化程度较高，但由于分支机构网络有限，各自业务定位也还在摸索阶段。而如今活跃在各地的城市商业银行，如上海银行、北京银行、宁波银行等还没有正式登场，仍处于在各个城市零散发展的信用社阶段。

而此时却是外资银行的闪亮时刻。虽然它们业务范围很窄（服务外资企业客户的外币业务）、业务量小（见表1），但吸引了一批在中资银行（主要是以外汇业务见长的中国银行）从事外汇业务的员工，这些人可以马上上手，且有可能作为分行部门经理或副行长入职；在其他行业外企任职或内资企业从事涉外工作的（主要是英文能力强的）许多人也因为外资银行的待遇等蜂拥而至；同时从上海最好的院校涉外专业（国际金融、国际经济、外贸专业等）招了一批"菜鸟"，边培训边上岗，这批人是基层员工的主力；分行的管理岗位则大多由来自中国香港分行的员工担任，主要岗位（分行行长等）往往由来自总部的欧美人士担任，这构成了外资银行在内地分支机构的金字塔型人事组织架构。在这样的环境下，内地员工的发言权非常有限，待遇和境外员工也是完全的双轨制，差距很大，但其在外资机构的薪酬仍然大大高于内地机构相似岗位的水平。

表1　外资银行在境内经营的相关业务变迁

时间	外资银行在境内经营的相关业务
1996 年前	限于对外资企业及境外居民的外汇业务
1996—1998 年	上海浦东、深圳分别试点外资银行对外资企业的人民币业务
2001 年	放开外资银行对境内企业和居民的外汇业务
	上海、深圳、天津和大连 4 个城市向外资银行开放人民币业务

从业务的复杂度和员工从业经验来讲，外资银行在境内的分行，即便是业务较多的上海分行，其和境外机构应该说也不在一个量级上，所受到的重视或尊重程度自然也有限，不仅不能和总部、中国香港分行、新加坡分行等相比，甚至比不上印度尼西亚、泰国的分支机构。我在 1995 年和中国香港分行合作一笔业务，当时香港分行的一位加拿大籍同事在背后向我们上海分行行长告我的状，差点毁掉我的工作，这一方面有我工作经验和能力有限的原因，但另一方面与他们心中天然的优越感不无关系。

三、1996 年 10 月，第一次做领导，天津代表处

1996 年，雄心勃勃的荷兰银行获得批准在天津开设代表处，此时我已在上海分行工作了 2 年。刚刚 30 岁的我获得"主政一方"的机会，担任首席代表，这在那时对于一个中国内地员工来说还是非常罕见的安排。此时的天津作为北方开放城市，被许多外资银行作为进驻北京和华北乃至中国北方的门户，由于我在北京代表处的领导是一位荷兰人，他基本只负责与政府方面的联络和

银行内部的沟通协调，我把鸡毛当令箭，把天津代表处当成了北方业务拓展中心来建设。

那时由于外资银行的"离岸业务"范围所限，我虽然面对广袤无际的北方大地，但真正能做的客户和业务特别有限，作为那个时代各个地方政府融资平台的国际信托投资公司成了本土机构业务的主要客户群。我在找遍了各地区的相关机构寻找业务突破口后，总算在河北国投上发现了一个组建外币银团贷款（这在当时是被认为一个领先的新产品）的机会。经过多轮内部审批和与客户及其他银团成员的沟通，我们准备签约。但 1997 年亚洲金融危机席卷而来，我收到了在香港的风险控制部门的通知，让我暂停项目授信。我们在境内对境外的金融危机的影响没有直接的感受，无论是我自己还是我的客户都无法理解。面对即将丢失的客户信任和我的脸面，我激动得不知如何是好，只好打电话给我在香港的领导——大中华区总经理塞尔吉奥·里亚尔（Sergio Rial），向他表示了自己的困难和想辞职的想法。他帮我冷静地分析了情况，让我不要冲动，最后我们找到了解决方案，满足了客户的需求，挽回了客户的信任，也挽回了我的职业生涯。塞尔吉奥·里亚尔是我遇到的金融行业的传奇式人物，他后来在荷兰银行以 38 岁的创历史纪录的年轻和第一个非荷兰人的身份进入荷兰银行董事会，然后又在贝尔斯顿、嘉吉等机构的最高层工作，现在仍然以巴西桑坦德银行负责主要业务板块的董事长兼总裁的身份活跃在国际金融界。

四、1998 年 3 月，回到上海滩

1998 年我被派回上海分行担任结构融资部总经理。此时正是亚洲金融危机肆虐之时，泰国、印度尼西亚、韩国等国纷纷遭殃，资本外逃，货币崩溃，可谓一片哀鸿！国际金融界也唱衰人民币，我也收到许多海外同事和客户等的不断询问：下一个是不是人民币？

面对这样一个问题，我也是"压力山大"，毕竟我还没有经历过这样的金融危机，不知如何回答。虽然我觉得不会，但作为当时行内外的少数声音，我必须有依据和能用数字说话。这个时候，我正好和一位同事出差去太原，白天拜访完客户后我和他一起晚饭小酌，我们点了 5 个小菜，喝了 3 瓶青岛啤酒，结账时是 38 元，相当于当时的 5 美元多一点！我豁然开朗，这是一个最好的例子，其实人民币价值远远被低估，从购买力等多个角度来看，肯定不应该也不会贬值，特别是在外汇管制的情况下中国有足够的能力管理好汇率！我用这个例子作为我回复所有对此事的询问的标准答案，可以说我是当时坚持人民币不会贬值的为数极少的国际机构代表之一。

回到上海的另外一个"烫手山芋"就是我们牵头安排的南京飞利浦合资公司的一个 2 亿美元 5 年期的银团贷款项目，此时由于江苏省政府正在进行国有企业改革，中方股东原来的股东单位被另外一家合并吸收，而在这个过程中借款人由于不太了解情况，未能事先向贷款银团征求意见，构成了事实上的违约，而这时正处于亚洲金融危机期间，许多外资银行贷款人非常担心中国，正想找机会脱身而去，于是纷纷向作为牵头行和代理行的荷兰银行提出客户违约需要提前还款的要求！面对这些银行看似合理合法的要求，我想象到如果这笔贷款真的提前还款的话，将对公司产生难以估计的影响。我打开厚厚的全英文的银团贷款文本，在办公室逐字逐句细细研读至凌晨 4 点，发现虽然未经贷款银行事先批准股东变化看似违约，但由于所替换的新股东比以前的股东更强，这应该是对贷款人没有实质性负面影响的改变，最多是技术性违约，而非实质性违约。我非常兴奋，马上安排银团成员去南京现场调研客户实际情况，当我们看到公司忙碌不断的生产线、工程师出身的厂长们接待我们时的专业和一丝不苟时，大家都放心了，并一致同意股东改变只是技术性违约，不构成能要求提前还款的真正违约！我很庆幸我组织了这次调研，多年后也很自豪当年我们做了这样一个决策。这件事情对我整个金融职业生涯的影响也很大：我较早地认为，好的金融一定要服务实体经济，银行经理一定要实地了解客户、帮助客户！

与此同时，我开始领导包括外籍员工在内的团队，这在当时被认为是一件极不寻常的事，因为大家对外企的团队组织已经习惯于一个定式：外国人一定是领导，中国人一定是下属！我记得当时我接待了一位来自河南公司的女董事长，她和我说："你为咱们中国人长了脸！"

五、2001 年 7 月，伦敦，我来了！

在荷兰银行工作了七年，其中包括五年作为团队领导后，我总算等来了去全球金融中心工作的机会。从 28 岁开始工作，这时我已是 35 岁。在这之前，我有过多次去国外工作的机会，但都被我放弃。如 1996 年去芝加哥北美总部出口信贷部门专门从事飞机租赁融资的机会，被我要到天津代表处创业带队的机会"PK"掉；后来有机会去新加坡工作，但我觉得自己已经在美国读书生活过，作为亚洲人再去一个亚洲城市对我来说实际意义不够大。我认为我应该去欧洲特别是伦敦这样一个全球金融中心工作，这样不仅能学习到更加先进的金融实务，而且可以接触到欧洲社会和文化，可以说是一举两得。当然这种横跨大洲调往总部的机会在当时有点像中国的一个乡镇干部要调到中央工作一样难！但我总算等到了，等到我曾经的直接上司塞尔吉奥•里亚尔从亚洲区总裁荣升荷兰银行董事局董事并主管全球主要业务时，这事才算是水到渠成。

记得当时集团人事部具体经办此事的同事来问我个人的想法时，我提出了两点愿望：一是去全球业务总部伦敦而不是行政总部阿姆斯特丹，因为我是真的想去学习金融业务；二是我希望去债权资本市场部，而且最好能和亚洲有点关系，因为我希望不能光是学习，最好还能用上过去几年积累的有限的银行经验才能有所贡献：我到目前为止的工作基本上是和信贷相关，在一定程度上可以延伸到债券资本市场。集团满足了我的愿望，把我调到了全球金融市场部银行资本组（Bank Capital Group, Global Financial Markets），该组属于债务资本市场的一部分，主要是从事银行非股权类监管资本 [包括次级债在内的混合资本（hybrid capital）的发行工作] 的产品设计和发行，且让我负责联系支持亚洲区同事对这类产品的推广。这可以说是给我定制的一个岗位，收到调令时我非常高兴，但当时不懂 "Bank Capital Group" 是做什么的，就去问我的领导——我们上海分行行长，一位资深的荷兰银行家。但让我吃惊的是他居然也不知道这个组是做什么的，这从一个层面也反映了当时国内的金融和伦敦的巨大差距。

就这样，2001 年 7 月，我兴奋地踏上了去伦敦工作的旅程！

五个月后，在中国加入世贸组织之际，汇丰集团和世界银行集团成员之一的国际金融公司签约入股上海银行，拉开了中国银行业改革开放的序幕。

表 2 梳理了外资银行在境内经营的相关政策变迁。

表 2 　外资银行在境内经营的相关政策变迁

年份	政策名称	相关内容
1981	批准厦门、深圳、珠海、海南和汕头等 5 个经济特区为外资银行经营地域	外资银行可以设立机构从事外汇业务
1983	《中国人民银行关于侨资、外资金融机构在中国设立常驻代表机构的管理办法》	允许符合条件的外资银行在中国境内设立代表处，开展前期市场调查与联络工作
1985	《中华人民共和国经济特区外资银行、中外合资银行管理条例》	第一部专门规范外资银行经营行为的行政法规，对外资银行在经济特区经营机构的设立、业务范围及经营管理进行规范
1990	《上海外资金融机构、中外合资金融机构管理办法》	上海成为引进营业性外资金融机构的沿海开放城市，批准东亚银行、渣打银行、汇丰银行、华侨银行重新登记并扩大营业范围
1992	广州、天津、大连、福州、青岛、宁波、南京等 7 个城市获准外资营业性金融机构进入	可设立营业性经营机构
1993	《国务院关于金融体制改革的决定》	根据对等互惠的原则，经中国人民银行批准，可有计划、有步骤地引进外资金融机构

续　表

年份	政策名称	相关内容
1994	《中华人民共和国外资金融机构管理条例》	对外资银行经营的准入条件及监管标准进行了规定，批准开放北京、沈阳、石家庄、杭州、苏州、成都、重庆、西安、武汉、合肥、昆明等 11 个城市，允许外资银行设立营业性经营机构
1996	《在华外资银行设立分支机构暂行办法》	为外资银行在开放城市设立分支机构提供法律依据
1998	《中国人民银行关于批准部分外资银行加入全国同业拆借市场的通知》	允许部分外资银行加入同业拆借市场，从事同业拆借和现券交易
1998	取消外资银行在中国设立机构的地域限制	中国所有中心城市均可设立营业性外资银行分支机构
1999	《中国人民银行关于扩大上海、深圳外资银行人民币业务范围的通知》	进一步放宽对上海和深圳外资银行人民币业务客户的地域限制和人民币业务的规模限制
2001	《中华人民共和国外资金融机构管理条例》	取消外资银行经营外汇业务的地域和客户限制，允许外资银行经营对中国企业和中国居民的外汇业务

新时代，新机遇

——追求终身的 MBA*

在 2018 年 9 月收到来自印度尼西亚普莱斯蒂亚·穆理亚大学（Universitas Prasetiya Mulya，UPM）校长办公室的在毕业典礼上发言的邀请时，我迅速地接受了，我将在毕业典礼上发言，因为我明白这一机会对任何人来说都无比宝贵，尤其是对于我来说！

我之所以这么快地接受了这一邀请，是因为我并不希望校长办公室在发现我在大学并不是最好的学生后决定撤回这一邀请。这就是人生教会我的：当有一个机会出现在你眼前，在它消逝之前紧紧把握住它！

对于所有人而言，毕业日都是特殊的一天。十七年前的今天，我焦急地在伦敦的圣玛丽医院等待我的第一个孩子、我的女儿玛丽琳（Marilyn）的出

* 本文根据作者于2018年12月11日受邀出席印度尼西亚普莱斯蒂亚·穆理亚大学（Universitas Prasetiya Mulya，UPM）毕业典礼时所作的主题演讲实录整理而成。演讲原文为英文，本文为译文，由李心约、朱昀朗翻译，张新慧编辑。

生。生日快乐，Marilyn！

今天是我作为一名自豪的家长的纪念日。但这一天对于礼堂中各位学有所成的学子的家长们而言，是更为特殊与重要的一天。

因此，首先，请允许我祝贺各位家长完成了你们的使命，为你们的孩子成才提供了物质上的支持，以后可以放松一下了。我和我的妻子都十分羡慕你们，因为我们距离这一时刻的到来还有些时日。作为一名父亲，我深深地明白，大多数家长供孩子学习成长并不期待财富上的回报，但我同样深谙，你们希望你们的孩子能够成就自我，回报社会。请相信，作为 UPM 的毕业生，他们将不仅仅可以做好自己，更将贡献自我于社会。

其次，我也想要祝贺 UPM 的教职工，感谢你们无微不至的指导与发人深省的教学。身为一名教授，我懂得现今为人师表的艰辛，更何况是作为 UPM 这些聪颖过人、求知若渴的 2018 届学生们的老师。在我们共同的亚洲文化中，教师是令人尊敬的职业，也同样意味着许多责任。就如一句中国俗语所说，"一日为师，终身为父"。无论是对于老师或是学生来说，师徒之情意味着责任与义务，师生之间怀着许多共同的愿景与期待。

最后，我想要对所有的毕业生致以最热烈的祝贺，无论你们在这几年的旅程中是一帆风顺或是艰难跋涉。我知道 UPM 的录取标准很高，它的毕业标准更高。

2018 年 9 月，当我第一次来到印度尼西亚，探索与顶尖高校的合作机会时，我的朋友玛延多·卡迪曼（Kusmayanto Kadiman）博士、印度尼西亚科技部前部长、万隆科技学院（Institut Teknologi Bandung，ITB）前校长向我推荐了 UPM。他们告诉我 UPM 和 ITB 一样好，我当时相信了他们。但我现在不同意他们的观点：UPM 不只与 ITB 一样好，甚至更胜一筹。

今天是你们人生中辉煌的一天，但不是最辉煌的一天。这一切的庆祝与祝贺都是你们应得的。但当你们庆祝过去的成就之时，也应当带着满满的自信，也许还带着些对未来的忧虑，继续向前看。

你们知道吗，比起我们那一代人，你们幸运得多。现在的世界比以往更为和平繁荣。你们拥有 Wi-Fi，而我们那时候甚至没有电，你们拥有 Go-Jeck（印度尼西亚摩托车叫车平台），而在以前自行车都是稀罕物；得益于互联网，你们拥有来自全球各地的朋友，你们能够选出自己信赖的领导者，也拥有更加多元化的人生规划。一言以蔽之，你们拥有更多的自由，这是我们这代人所没有的奢侈品。

但是，在某些方面，你们也许并没有我们这么幸运。你们作为毕业生即将进入的新时代，是整个社会发生巨变的时代，技术进步的浪潮正在席卷全球，重新定义以及重新塑造着国与国的关系、政府与人民的关系、雇主与雇员的关系、教师与学生的关系，还有人类与机械的关系。

在这个崭新的纪元里，你们面对着我们所不曾应对过的挑战。比如，你们不得不与全球的精英人才，甚至是越来越多的机器人竞争上岗。许多以前的好工作、好职业已经消失或正在消失。即使它们仍然存在，也与以前大有不同了：薪水更低了，工作更不稳定了，上升的机会更少了。我们那一代对于安稳工作的期望，在你们这一代突然变成了似乎遥不可及的梦想。

可以肯定地说，当离开这所声名卓著的大学后，你们在这里学到的一些知识和技能需要更新。所以，你该如何在这个瞬息万变的时代中大展拳脚或者至少站稳脚步呢？我的建议是，你们需要获得另外一个 MBA 学位，一个与"工商管理学硕士（master of business administration）"不同的，终身的"MBA"。

一些同学可能会说："我已经有一个 MBA 学位了，为什么还需要一个？"

对于那些刚刚得到学士学位的同学来说，你们可能在考虑再获得一个 MBA 学位是否值得：因为全球范围内 MBA 学位的含金量正在降低。作为浙江大学国际联合商学院的院长，我一直在思考商学院在新时代下的价值定位，也与顶尖商学院的教授、管理人员与企业招募人员进行了许多沟通交流。反馈是一致且令人担忧的。我能够确定，商学院正在面临空前的挑战，其中的一些正威胁着商学院的生存，更不用说它们的旗舰项目——工商管理学了。但这不是今天我想谈的主题。

今天，我想要倡导的是一个不同的"MBA"学位，一个终身的"MBA"！

一、完成满足他人期望的挑战（Manage）

在 1993 年，当我正在美国攻读博士学位的时候，我收到了我的父亲从中国农村的家里寄来的信。我父亲的文化程度不高，但他应该是找到了某个人，通过口述写了这封信。事实上这不仅仅是信，更是一篇基于"什么—为什么—怎么样"结构的有力文章。"什么"的内容很简单：让我给家里汇款。"为什么？"因为我的家人需要钱用，而且我们家的邻居比我们富有，我们的物质生活比不上他们，家人认为美国遍地是黄金，他们期望我马上给家里寄钱。这是一封富有感染力的信，而对于依靠并不丰厚的奖学金独自求学的我来说，这是一个艰难的时刻。不像在普渡学化学工程的尤迪（Yudi），他能在远离城市的印第安纳州西拉法叶找到一份兼职，而我作为一名学经济的学生，对于赚钱一筹莫展。当然，我过去不认为，现在也不认为经济学没有用，但我当时因无法帮助我的家人、无法满足他们的期望而感到十分的无助与沮丧。他们需要我，而我却在异国他乡。

于是我决定在 1994 年博士学业完成后马上归国，希望能帮助我的家人，改善他们的生活环境。令我惊讶的是，我收到了另一封信，但这次是一个亲戚写的。这是一封篇幅很长、写得很好的信，在信中，他劝我留在美国。从他的角度来说，希望我毕业后留在美国，找一份工作，得一份高薪，存下一笔钱，然后寄回家里，当时大多数中国人也是这样想的。这封信言辞恳切、令人信服，我几乎就要改变我回国的主意了。但幸运的是，我没有。

在这两个事件里，我深深感到了家人与朋友的期望所带来的社会压力，处理好这样的压力是一个巨大的挑战。事后想来，听从他们的建议、迎合他们的期望可能是一个错误的决定。我可以列举我人生中更多关于处理他人期望的故事。尽管其中的一些期望是善意并应当被满足的，另一些期望则沉重难负，甚至会产生不良后果，特别是当它们没有得到合适的处理时。

明天，在进入人生的新纪元后，你们同样需要完成挑战，满足同事、曾经的教授、同学、家庭与朋友的期望。如果你以极高的学业成绩荣誉毕业，那么恭喜你，但他们和你自身对你未来的期望会比你现在的成就更高，甚至可能成为负担。

如果你以平平的成绩毕业，就像多年前的我，这可能也不是坏事。因为外界对你的期望会低一些，而你能够拥有机会超越这些期望，虽然这并不容易，但达不到已经很低的期望更难！

二、建立个人品牌（Build）

我不必向你们讲授如何塑造一个好的个人品牌：诚实、可靠、独立、高效、热情、积极、和善、乐观、能与他人分享、善于合作、勤奋、自律、在需要时发挥领导能力、自我驱动……

你们都上过经济学课，学习了网络效应。个人品牌有赖于人脉的支持。所以，请着手建立你们与朋友及导师的人脉网络，因为你们需要他们的建议、友谊与支持。在这个新的时代，跨领域、交叉创新与跨学科合作是前进的车轮，拥有一个多元化的社交网络对于成功至关重要。因此，确保你们的人脉足够多样，不仅是性别多样，更来自不同的城市、国家，拥有不同的文化背景，来自不同的专业领域，身处职业生涯的不同阶段。

你们都学习了金融与会计课程。就像财务报表那样，你们的成绩仅仅代表了你们的过去，并且将变得越来越没有意义。随着时间的流逝，你们的在校成绩会打折，直到某一天完全过时。更糟的是，这些成绩可能无法完全或准确地反映你们真实的能力与潜力。

让我引用我最喜欢的歌曲之一"Dream It Possible"中的一句歌词："The past is everything we were, doesn't make us who we are or will be."（过去只是过去，它并不代表你们的现在或将来。）

是的，你们的 UPM 学位是财富，这给你们带来了高水平的校友网络，但你们更大的财富是青春。因为人们相信年轻人，会允许你们犯一些错误，所以好好把握他们的宽容与慷慨的工作机会。不要害怕犯错，要勇于尝试并从错误中汲取教训。

我们都赞成，个人品牌是巨大的无形资产。并且我们明白建立个人品牌的艰辛，它需要花费数载建立，却又可能毁于一旦。建立个人品牌需要耐心与毅力，需要坚持不懈与持续维护，还需要时间、努力与智慧。

三、积累资产净值（Accumulate）

你们都知道资产负债表。资产在左边，负债在右边。但是资产与负债对于我们个人而言，有时并不那么明确，特别是当我们清算无形资产的时候。2013 年，我曾计划重返学术界，但从金融的角度来说，这一决定的机会成本如此巨大，使我开始质疑自己的想法。一家世界领先的国际银行的中国 CEO（首席执行官）的经历与头衔，从过去到现在都是我的个人资产负债表上重要的无形资产，但它几乎成为一种负担，成了一种约束我做出正确决定重返学术界的负债。五年后的现在，我能够非常自豪地对你们说，我没有把我的资产变成负债。

我们的人生目标是：将负债转化为资产，而不是反过来；将金钱或时间投入真正的投资，而不是挥霍，因为我们个人资产负债表的建立需要投资；将期望转化为现实，而不是一无所成的沮丧；将过去的劣势转化为未来的优势，而不是弄巧成拙；将挑战转化为机会，而不是危机。

2018 级的毕业生们，朋友们，女士们，先生们，教育（例如获得一个 UMP 的学位）与投资于我们而言有一个共同的特性，那就是我们都期望着未来的收获与奖励。在未来，你们可以感受不确定性的美妙之处，你们可以享受做出选择的过程，你们需要谨慎的冒险精神。

在未来，很难保证成功，除非你：不仅想要完成满足他人期待带来的挑战，更要瞄准机会，超越期待；不仅想要建立与维持你的个人品牌，更持续巩固与完善它；愿意积累你的有形或无形的资产与财富，而不是仅仅挥霍它们。

总而言之，如果你想要为社会做出更大的贡献，你必须通过不断学习、交流、突破舒适区的方式，持续对你的个人品牌与能力进行投资。

若如此做，你就能成功地寻求到你终身的"MBA"，并终将在未来硕果累累，你的朋友、家人、校友以及整个社会，都将因此获益！

英文原文

New Era, New Opportunities
—Pursue a Lifetime MBA

When I got the invitation from UPM Rector's office in September,2018, I accepted it humbly and quickly, because I knew such an opportunity is precious for everyone, even more so for me！

The reason I quickly accepted the invitation is that I did not want Rector's Office to withdraw the invitation after finding out that I was not a top student at university. This is what I have learned in life: when there is an opportunity, grab it before it is gone!

Today is a special day for us all!17 years ago, I was awaiting the birth of my first child and daughter Marilyn in St Mary's Hospital in London anxiously. Happy Birthday Marilyn as you celebrate your birthday.

Today is a special day for me as a proud parent, and I know that it is even more special and important for all the proud parents in the audience.

So first of all, please allow me to congratulate the parents on successfully fulfilling your responsibilities, having paid all the bills for their education. It is a big moment of relief. My wife and I envy you, as we still have a few more years to go before reaching this milestone. As a parent, I know that most, if not all, of you do not expect a financial return for yourself from your children's education, but I also know that you do want some return for your children and the society. UPM graduates are expected not just to do well for themselves, but also to contribute more to the society.

I also want to congratulate the UPM staff and faculty leadership for your patient coaching and inspirational teaching. As a professor myself, I know how difficult it has become to be a good teacher nowadays, not to mention being a professor in UPM with as smart and demanding as Class 2018 are. In our shared Asian cultures, being a teacher commands a lot of respect and means a lot of responsibility. For example, there is a Chinese saying: a teacher for one day, a father for a lifetime. It is a lot of responsibility for both the teacher and student. There are a lot of mutual expectations about this relationship.

Last but certainly not least, I want to say my warmest congratulations to all of you the graduates, whether you have thrived or survived these years here at UPM. I know UPM is a tough university to get in and still tougher to get out.

In September this year, when I visited Indonesia for the first time to explore collaboration opportunities with top universities. My friend Flora Gu and Kaka, former President of ITB and State Minister of Science & Technology recommended UMP and they told me that UPM is as good as ITB. I believed them, but now I beg to disagree. UPM is not as good as ITB. It is better.

Today is your big day, but not your biggest day. You deserve all the celebration and congratulations. While celebrating your past achievements, you're already looking forward, with a lot of confidence and probably a bit of anxiety into the future.

Do you know that you are a lucky generation, compared to my generation? The world is more prosperous and peaceful in general than before. You have Wi-Fi while we did not even have electricity; you have Go-Jek while I hardly saw a bike; you have more friends across the world thanks to internet; you have more voice about who should be your political leader, and you have more choices about what kind of career you want to pursue, where you want to live, whom you want to marry, etc. In short, you have a lot more freedom, which is a luxury and privilege that we did not have. Lucky you!

However, at the same time, you are not as lucky as we were. The new era you are entering as a graduate happens to be a new era for the society at large. The sweeping technological advancements are disrupting, redefining and reshaping the relationships between nations, governments and people, employers and employees, teachers and students, human beings and machines.

In this new era, you are confronted with many challenges which we did not have to deal with. For example, you will have to compete globally for jobs and increasingly with robots. Many previous good jobs and professions have disappeared or are going to disappear. Even if they still exist, they look very different now with lower pay, less stability, fewer upward mobility opportunities in the future. The expectation for a stable lifetime employment that our generation had has suddenly become such an unrealistic goal.

It is safe to say that the moment you are leaving this fine university, some of the knowledge and skills you have learned here need to be updated and even become obsolete. So how can you thrive or at least survive in this fast-changing new era? My advice is that you need to get another MBA, a different and a lifetime MBA.

Some of you might say I just got my MBA, why do I need another one?

For those of you who are just graduating with a bachelor's degree, you might wonder whether or not a MBA is still worthwhile given that MBA as a degree has become much less valuable globally. As Dean of International Business School at Zhejiang University, I have been thinking a lot about the value proposition of a business school in this new era, talking a lot to the leading business school professors, administrators and corporate recruiters. The feedbacks are unanimous and worrisome. I can confirm indeed business schools are facing unprecedented challenges, some of which are threatening their very existence, not to mention the survival of the flagship product—MBA program. This is a topic I should reserve for another occasion.

What I propose today is a different MBA, a lifetime MBA!

1. M: Manage the challenge of meeting expectations

In 1993, I was studying for my PhD in the USA and I received a postal letter from my father back in my home village in China. My father was not well-educated, but apparently he managed to ask someone to help him write a long letter. It actually was more than a letter. It was a powerful essay with the what-why-how structure. The "what" is simple: Asking me to remit money home. Why? The family needed money, the neighbors were doing better, and we were not able to keep up with the Jones. Believing that US was full of gold, they expected me to send money home, immediately. It was an emotional letter. It was a struggling moment for me as a PhD student who was living on the not so generous graduate scholarship. Unlike Yudi who studied Chemical Engineering, something more useful in Purdue, and could find a part-time job even in the middle of nowhere, a place called West Lafayette, Indiana, my major was Economics and I did not know how I could earn some extra money with this major. Of course I did not and do not mean Economics was useless, but I felt useless. I felt so bad that I was not able to help my family, and my failure to meet their expectations when they needed most agonized me for many months and years.

Therefore, I decided to return to China in 1994 immediately upon my PhD studies, with the hope to do something useful and help my family. To my surprise, I received another letter, but this time from a relative, a long and well-written letter, arguing against my decision to return. From his perspective which was widely shared by most of Chinese at that time, I was expected to and I would stay in America upon graduation, find a job, then earn higher salary in US, save some money and send them home. The letter was so convincing and persuasive that I almost changed my decision to stay. Fortunately, I did not.

On both occasions, I deeply felt the enormous challenge of managing and handling the social pressure of expectations from family and friends. With the benefit of hindsight, following their advice and meeting their expectations would probably have been a wrong decision. I can list many more stories in my life when I had to deal with the challenges of meeting others' expectations. While some expectations are well-intentioned and can be good and should be met, some others can become burdensome, unproductive and even counterproductive, especially if not managed properly.

Tomorrow, when you enter your new era of life, you will have to manage the challenges of meeting the expectations from your colleagues, former professors, classmates, family and friends. If you graduate with honors, congratulations, but their and your own expectations about your future would be higher and can become a burden.

If you just manage to graduate as an average student, just like me many years ago, it may not be a bad thing since you can have the advantage of starting with lower expectations and pressure to succeed and you may stand a good chance of exceeding them, as it will be more difficult to fall short of the already very low expectations!

2.B: Build up your personal brands

I do not have to lecture you about what contributes to a good personal brand: honest, reliable, dependable, productive, passionate, positive, pleasant, optimistic, sharing credit, great team player, diligent and disciplined, taking leadership when required, self-driven.

You all have taken economics class and learned the network effect. A brand requires the network support. So start building up your network of friends and mentors, as you will need them going forward for advice, friendship and support. In our new era, cross-fertilization, cross-innovation and interdisciplinary collaboration are the way forward, having a diverse network of friends is critical to succeed. Therefore, make sure that you practice diversity in your network building, not just in terms of gender, but also across the different cities, different countries and cultures, different fields of expertise, different stages of their career or life.

You all have studied finance and accounting classes. Like financial statements, your grades only represent the past and will become less and less relevant, discounted in value as time goes by until they become completely obsolete; what is worse, they may be incomplete or inaccurate reflection of your true capacity or potential, which is about the future.

Let me quote the lyrics of "Dream It Possible"— one of my favorite songs, "The past is everything we were, doesn't make us who we are or will be".

Yes, your UPM degree is an asset, which gives you access to the alumni network, but your bigger, if not the biggest asset is that you are young, because people will give you the benefit of doubt, expect that you will make mistakes, and tend to forgive some of the mistakes you make when you are younger, so take advantage of their kind tolerance and generous offer! Do not be afraid of making mistakes, keep trying and learning from the mistakes.

We all agree that personal brands are enormous intangible assets, and we know it takes a lot longer and a lot more effort to build than ruin it. It takes patience and perseverance, and it takes consistency and care, and it takes time, effort and wisdom.

3. A: Accumulate your equity by acquiring new assets, both tangible and intangible.

You all know a balance sheet. The assets are on the left and liabilities on the right. But assets and liabilities are sometimes not that clear-cut for our personal balance sheet, especially when it is about the intangible asset. In 2013 I had been planning to return to academia, but the opportunity cost to do so, from financial perspective, appeared so significant that I started questioning my own decision. My experiences and title as chinese CEO of one of leading global banks were and are still my very valuable asset for my personal balance sheet, intangible assets, but it had almost become a burden, a liability as it was constraining me from making the right decision to return to academia. Five years later, I can tell you today that I am proud of myself for not turning that asset into a liability.

Our goal in life is to

— turn liability into asset, not the other way around;

— turn money or time spent into real investments, not expense or cost, as building up our personal balance sheet requires investment;

— turn expectation into reality (not disappointment)

— turn past disadvantages into future advantages, not the other way around;

— turn challenges into opportunities, not crisis.

Graduates of Class 2018, friends, ladies and gentlemen, there is one common denominator about education such as getting a UPM degree and investments. Both have the expectations for future return and reward. With future, you have the beauty of uncertainty, you have the luxury of making choices, and you have the need for prudent risk-taking.

With future, there is no guaranteed success, but

— if you want to not just manage the challenges of meeting expectations, but also aiming for opportunities to exceed expectations,

— if you want to not just build up and maintain your personal brand, but also continuously consolidate and improve your brand

— if you want to accumulate your personal equity and assets, both tangible and intangible, not simply dissipate them

Above all, if you want to contribute more to the society, then you must make continuous investments, throughout your lifetime, on your brand and on your capacity by keeping learning, building, networking, and challenging your comfort zone.

If you do so, you will be successfully pursuing your lifetime MBA and you will be rewarded handsomely in the future, so will be your friends, your family, your alma matar, and the society!

志之所趋，无远弗届*

欢迎大家参加浙江大学国际联合商学院（ZIBS）2019 年的开学典礼，也热烈地欢迎 2019 级 iMBA、"中国学"硕士项目①的新同学们加入 ZIBS 这个温暖的大家庭。

2018 年 11 月，在来自浙江大学、浙江省政府、嘉兴市政府、海宁市政府和企业的领导们以及来自世界各地的朋友和家人们的共同见证下，ZIBS 伟大的旅程就此开始。

在那次会议上，我们宣布了我们的愿景，希望在中国，在崭新的全球经济时代里，将 ZIBS 打造成中国一流的全球商学院，深耕新技术、新市场和新行业。

---

* 本文根据作者于2019年9月7日在浙江大学国际联合商学院"2019级新生欢迎会"上所作的致辞实录整理而成。致辞原文为英文，本文为译文，由朱昀朗翻译，张新慧编辑。

① "中国学"硕士项目是ZIBS课程项目之一，以满足海外学子来华商务学习的需求，致力于培养学生通过学习跨学科课程和对当代中国政治、经济、历史和社会背景的深入实地研究，加深对中国商业环境的了解。

我们还强调了 5 个"I"作为我们的战略支柱,即跨界(interdisciplinary)、创新(innovative)、开放(inclusive)、国际(international)和整合(integrative)!接下来我会进一步阐明。

一、跨界

瞬息万变的科技在日趋互联的世界中发挥着越来越重要的作用,交叉学科发展是当今企业、商学院与学生成功的关键。我们是非常幸运的,可以从浙江大学无与伦比的多元化学科领域中汲取丰富的跨学科专业知识。今天,ZIBS 不仅有商学和管理学教授,金融学和经济学教授,还有数学、生物医学工程和计算机科学教授。我们将邀请更多来自浙江大学不同学院,尤其是浙江大学与伊利诺伊大学厄巴纳–香槟分校(UIUC)和爱丁堡大学共建的两所联合学院的教授,加入 ZIBS 作为我们的兼聘教授。我们的兼聘教授计划已经吸引了来自包括剑桥大学在内的全球合作伙伴机构的资深教职员工,并得到了他们的支持。

二、创新

企业合作伙伴关系是 ZIBS 关注的重点,吸引资深商业领袖加入我们的教职工队伍更是重中之重。在这一领域,我们取得了令人振奋的进展,并已经与多家全球领先的公司建立了战略合作伙伴关系,例如蚂蚁金服,作为合作协议的一部分,将有至少 10 名来自蚂蚁金服的高级管理人员加入我们杰出的教职员工队伍,成为我们的兼职教授。其中第一位将于 9 月 21 日开始授课。我们还欢迎国内外的商业领袖作为实践教授加入我们。之后,我们将欢迎荷兰合作银行副主席苏汉光(Soh Hang Kwang)先生来院任教。资深商业领袖的到来将为我们的学校带来最新的观念和丰富的经验，使我们的学生不光学习理论，还能了解如何在现实生活中加以应用。创新的另一个重点，是创建一个数字化的 ZIBS，使我们的学子能够方便地以自己的学习方式，在任何时候、任何地方学习上课。

三、开放

我们相信，包容性不仅是可取的，更是 ZIBS 作为新兴的全球生态系统所不可或缺的一部分。世界不应该，也永远不应该只为一小部分特权人士所存在。作为我们的首要任务，ZIBS 致力建设成为一个富有包容性的学校，为个人、社区乃至整个世界提供发展道路和自我成就的机会。我们始终敞开大门，积极寻求与世界各地的机构或个人建立合作伙伴关系。气候环境在变化，新的挑战不断来临，高度的包容性，无论是对于 ZIBS 自身的可持续增长，抑或是对于我们分布在全球的朋友和合作伙伴的发展，都同样重要。人类已经踏上了绿色和可持续发展的重要征程。我们想要尽可能地做出自己的贡献，尽管力量可能微小，但是星星之火，可以燎原。

四、国际

我们为小而精的 ZIBS 团队感到自豪。成员们来自世界各地，有着丰富的国际交流经验。我们致力于为来自世界各地的人们提供一流的教育。我非常高兴今天能有来自多达 20 个国家和地区的与会者参加开学典礼。在努力实现国际化的同时，我们将自豪地保留我们的中国特色和中国根基。尽管实现孔子的"中庸之道"并不容易，但我们有信心在正确的道路上前进，因为我们有着一个共同的愿景和抱负：在中国建立一所一流的全球商学院。

五、整合

浙江大学有着悠久的历史，拥有遍布全球的校友网络。多达 70 万名校友分布在各行各业与世界各地。仅仅在北美地区，我们就有 3 万多名校友！在阿里巴巴集团，浙江大学的校友约占员工总数的 10%。我们的校友非常出色，以至于阿里巴巴希望进一步提高这个比例。同时，我们位于"浙江的中心"①，也是中国企业家精神的中心。浙江企业家，或称浙商，是中国最具创新力、最具企业家精神、最成功和最国际化的企业家群体之一。在今天，你可以在世界的各个角落寻觅到他们的身影：意大利的罗马、瑞典的斯德哥尔摩、南非的开普敦、肯尼亚的内罗毕、巴西的圣保罗、美国的旧金山以及印度尼西亚的雅加达。想象一下，如果我们能够将世界各地最成功的企业家和最具创新潜力的公司整合到 ZIBS 的全球生态系统中，那么能够收获多么巨大的机遇与价值！

1298 年 9 月 7 日，传奇的意大利人马可·波罗（Marco Polo）开始撰写回忆录，记述他在东方、在中国的奇妙旅程。而在今天，数以百万计的中国人正环游世界，每年都有数百万人从世界各地到访中国。许多中国人在海外大展宏图，许多外国朋友选择在中国工作或是深造。在座的各位可谓现代的马可·波罗，承担着国际化人才的使命。请允许我进一步展开类比，ZIBS 的志向是成为这个时代的马可波罗式的商学院，致力于连接思想、塑造未来！

2019 年，我们庆祝五四运动 100 周年。1919 年，在第一次世界大战结束后，世界大国就战后协约进行谈判（巴黎和会）。你也许不相信，虽然中国属于战胜国，本该收回战败国在一些城市的特权，如酿造著名的青岛啤酒的山东青岛，但令中国人惊讶的是，战败国在这些城市的特权被移交给了其他战胜

---

① "浙江的中心"表现了浙江大学在作者心目中的重要地位。——译者注

国，而不是归还中国。这在 5 月 4 日引发了全国范围内的学生示威游行，呼吁建立一个更加现代化、更强大的中国。两年后，在这种背景下，中国共产党怀揣着建立一个强大而独立的新中国的愿望，正式成立。

至此，各位应该明白了为什么我们今天的主题落在志向上。它源于中国著名的谚语"志之所趋，无远弗届"，用英语来说就是"No limitation for aspirations"。只要你有抱负，有决心，就可以实现自己的目标。我能想到的最接近这个意思的英语谚语是"Where there is a will, there is a way"。

令人欣喜的是，五四运动那一代的青年和中国共产党所怀抱的建立一个更加现代化的中国的愿望已在很大程度上实现了！ 10 月 1 日，我们将庆祝中华人民共和国 70 周年华诞与我们所取得的举世瞩目的成就。在我们以正确和自豪的方式庆祝我们成功实现远大志向的同时，我们不应该也永不会忘记我们的前几代人所做出的巨大贡献。他们的决心、勤奋和牺牲令人动容！他们的奉献、努力和牺牲使我们得以享受美好的今天。实际上，我们正在收获他们劳动的硕果，正如中国成语"春华秋实"或英语里的"Plant in spring and harvest in autumn"所说的。同样，我们也不应该忘记中国和世界各国在今天仍然面临许多挑战，更重要的是，我们不应忘记我们共同肩负的责任，我们要让世界变得更加美好。我们有义务为后代建立一个更加宜居的世界，就像上一代带给我们的那样。

世界瞬息万变，我们正在日益深入一个未知的领域。技术进步堪比光速，世界各地的地缘政治带来难以预测的紧张局势，气候变化正造成愈来愈令人担忧的负面影响。这些变化带来了艰巨的挑战和激动人心的机会。作为朝气蓬勃的新一代，你们享有我们这一代人赴汤蹈火才能得到的宝贵机会，同样面临着我们这一代人不必担心的许多挑战。每一代人拥有的机遇与面临的挑战都是平等的，人生有左右逢源的高光时刻，也有进退维谷的难堪窘境。正如英国小说家查尔斯·狄更斯（Charles Dickens）所说："那是最美好的时光，那是最糟糕的时光。"我的愿望是：同学们能在 ZIBS 学到非常重要的一件事：将死局变成生机，将挑战变成机遇。

秋天不仅是收获的季节，也是庆祝和团圆的美好季节。下周六，我们将庆祝中国的中秋节，这是家人团聚的传统节日。你们中的许多同学，尤其是来自海外的学子，可能无法与家人共度时光，而我的小小愿望是，你会发现我们的社区，尤其是浙江大学与 ZIBS，将成为你们另一个温暖的家庭。

最后，感谢并祝贺大家选择了浙江大学与 ZIBS 作为你们求学的新起点。我们将一起踏上一段令人心旷神怡的旅行。我希望大家在旅途中收获成功和乐趣，并一起实现我们的共同志向，不仅是建成一个伟大的 ZIBS，更是建设一个愈发美好的世界。

英文原文

No Limitation for Aspiration

It is my great pleasure and privilege to welcome you all to the opening ceremony of our ZIBS Inaugural Classes.

We started our incredible journey last November from this very room in the presence of leaders from the university, the government and private sector as well as friends and family from all across the world.

On that occasion, we announced our aspiration to build ZIBS as a premier global business school from China, focused on new technologies, new markets and new industries, in the era of the new global economy.

We also highlighted five I's as our strategic pillars, which are: interdisciplinary, innovative, inclusive, international and integrative! And I will spell these out for us.

1. Interdisciplinary

Cross fertilization is key to the success of today's businesses, business schools and students given the impact of rapidly changing technologies in an increasingly inter-connected world. We are blessed with the advantage of depth in the cross-disciplinary expertise we can draw from Zhejiang University's unrivaled, diverse subject areas. Today ZIBS professors are not just from business and management, not just from finance and economics, but also from mathematics, biomedical engineering, and computer science. We will be inviting more professors from different schools of Zhejiang University, and especially our joint institutes with UIUC and University of Edinburgh, to join ZIBS as our affiliate professors. Our Visiting Professor program has already attracted senior faculty members from our partner institutions across the world, including Cambridge University.

2. Innovative

Corporate partnership is a key focus of ZIBS, and attracting senior business leaders to join our faculty is a top priority. In this area we have made some exciting progress by establishing strategic partnership with a number of leading global companies, including Ant Financial. As part of this agreement we will have at least 10 senior executives from Ant Financial to join our distinguished faculty as adjunct professors, with the first one to start teaching on Sept. 21. We will also be welcoming business leaders from home and abroad to join us as professors of practice. Later today we will be welcoming Mr. Soh Hang Kwang, Vice Chairman of Rabobank to our faculty. The presence of senior business leaders on our faculty will bring the latest insights and a wealth of experience to our school, enabling our students to learn not just the theory, but also what actually works in real world. The other focus for our innovative approach is to create a digital ZIBS that offers our learners the flexibility to take courses at their own speed, anytime from anywhere in the world.

3. Inclusive

We believe that inclusiveness is not just desirable, it is an indispensable part of ZIBS as an emerging global ecosystem. The world is not supposed to be, and should have never become, just for the privileged few. As our top priority, ZIBS is committed to building an inclusive school that provides access and development opportunities to individuals, communities and the world. Our door is always open for collaboration and partnership with institutions and individuals across the world. It is critical for ZIBS'own sustainable growth in the future, and equally important for our friends and partners around the world, given climate change and other challenges facing us. Human beings have embarked on the essential journey of green and sustainable development, and we want to contribute our part, however small it might be.

4. International

We are proud of our small, yet diverse, ZIBS team. Its members hail from, or have worked or studied, in a rich variety of countries across the world. We are committed to providing first-class education to people from across the world, and I am delighted that 20 countries and nationalities are represented here today. While we are striving to be international, we will be proudly maintaining our Chinese characteristics and our Chinese roots. Though the balancing act is not always easy, we are confident that we are on the right track, as we all share a common vision and a common aspiration: building a premier global business school from China.

5. Integrative

With 122 years of rich history, Zhejiang University is blessed with an extensive network of alumni across the world—700,000 alumni, spread in all fields, and in all continents. In North America alone, we have over 30,000 alumni! In Alibaba Group, Zhejiang University alumni represent about 10% of their workforce. Our alumni are doing so well that Alibaba would like to raise that even higher. We are also located in the hub of Zhejiang—the center of Chinese entrepreneurship. Zhejiang entrepreneurs, or Zheshang in short, are among the most innovative, entrepreneurial, successful and international in China. Today you can find them and other Chinese companies in every corner of the world: Rome in Italy, Stockholm in Sweden, Cape Town in South Africa, Nairobi in Kenya, Sao Paulo in Brazil, San Francisco in US, or Jakarta in Indonesia. Imagine the enormous potential of this network and the value we can unlock, for you and them, if we can realize our aspiration to integrate these most successful entrepreneurs and innovative companies from around the world into the ZIBS global ecosystem!

721 years ago, on Sept. 7, 1298, the legendary Italian Marco Polo started writing his memoirs about his incredible journey in the Orient, in China, including this part of country. Today, millions of Chinese are traveling the world and millions from the world visit us each year. Many Chinese have been great members in their overseas hosting countries, and many international friends have chosen to work and study in China. You are the modern-day Marco Polos, both inbound and outbound. And to continue the analogy, our aspiration is to be the Marco Polo business school of today, helping connect ideas, which helps shape the future!

This year we celebrate the 100th anniversary of the May Fourth Movement in China. In 1919, after World War I was over, the world powers were negotiating the settlement for a peace deal. Believe it or not, China was luckily on the winning side of the war, and as such should have got back some Chinese cities like Tsingtao (where the famous Tsingtao beer is brewed) previously occupied by the losing side. To the surprise of the Chinese, these cities were given to other foreign imperial powers on the winning side, instead of being given back to China. That sparked a nationwide Chinese student demonstration on May 4, calling for a more modern and stronger China. Two years later, against this background, the Chinese Communist Party was founded with the aspiration: to establish a strong and an independent China.

By now, you will know why our theme today is focused on aspiration. It is derived from a famous Chinese saying" 志之所趋，无远弗届 "in Chinese, or "No limitation for aspirations" in English, which means that you can achieve your goal as long as you have the aspiration and determination. The closest in English I can think of is "When there is a will, there is a way".

It is gratifying to see that the aspiration from the May Fourth Movement generation and Chinese Communist Party for a more modern China has been largely realized in one shape or another! On October 1, we will be celebrating the 70th anniversary of the founding of The People's Republic of China and the remarkable aspiration achieved. While we rightly and proudly celebrate our success in achieving the aspiration, we should not and will not forget the contribution our previous generations have made, their incredible determination, diligence and sacrifice for their aspiration! It is their dedication, effort and sacrifice that have made it possible for us to enjoy what we have today. In fact we are harvesting the fruit of their work. As the Chinese idiom says: Plant in spring and harvest in autumn or "春华秋实"! Equally we should not forget many challenges we are still facing today in China and across the world, and more importantly, we should not forget our collective responsibilities to help make the world a better place, as we owe our future generations the fiduciary responsibility for a more livable world, just like our previous generation did to us.

The world is changing rapidly, and we are entering uncharted territory, with the lighting speed of technological advancement, unpredictable geopolitical tensions around the world and the worsening effects of climate change. These changes bring daunting challenges and exciting opportunities. As a generation, you have many opportunities that my generation would have died to have. You also face many challenges that my generation did not have to worry about. Each generation has his fair share of challenges and opportunities, his own best of times and his own worst of times, just as the famous quote of British novelist Charles Dickens says: "It was the best of times; it was worst of times". It is my aspiration: that one thing you can learn from ZIBS is to turn the worst into the best, turn challenges into opportunities.

Autumn is a good season not just for harvesting, but also for celebration and family union. Next Saturday, we in China will be celebrating the Mid-Autumn Festival, an important occasion for family members to get together. For many of you especially those from overseas, you may not be able to spend the time with your family. It is again my humble aspiration that you will find our community, Zhejiang University and ZIBS in particular, a warm family away from your family.

In closing, I want to thank you for and congratulate you on choosing Zhejiang University and ZIBS as your learning partner. It is an incredible journey that we will be traveling together, and I wish all of you great success and fun along the way, together, achieving our common aspirations, not just a great ZIBS, but a better world for us all.

第二篇

区域篇

2017 年 8 月 30 日，受邀向西安市委中心组作《新经济、新金融与大西安新机遇》专题报告。

2017 年 9 月 9 日出席在北京举行的京台金融合作论坛，围绕"金融科技化的大陆实践与全球机遇"发表了演讲。

　　2018 年 7 月 15 日，在北京主持"2018 年国际货币论坛·主题三平行论坛（闭门会议）"，会议主题为"结构变迁中的宏观政策国际协调"。

　　2019 年 5 月参加"教育部万人计划"浙港澳书院师生交流项目开幕式暨大湾区建设与创新人才培养论坛。

硬科技时代需要什么样的金融 *

　　2017全球硬科技创新大会在古老、美丽却又充满动感的西安举行，我非常荣幸能够参加本次"新科技、新金融、新动能暨西安科技金融创新论坛"。从本次论坛活动的安排中，我看到了组委会对"科技在前，金融在后"理念的正确把握，在充分探讨硬科技创新发展的基础上再对金融如何推动硬科技发展进行讨论，这也是我本人非常支持和认可的。在当代社会，金融很多时候会容易喧宾夺主，金融从业者也经常引用邓小平在1991年1月底到上海视察时提出的"金融是现代经济的核心"来佐证金融的重要性和先进性。然而，很多人却忽略了，这一提法是建立在"科学技术是第一生产力"这一论断的基础上的。因此，科技与金融的主次关系其实是清晰明了的，也是不应忘记和颠倒的。

　　今天，在硬科技之都西安，在这样一个面向科技金融创新的论坛上，我

---

* 本文根据作者于2017年11月8日出席在西安举行的"新科技、新金融、新动能暨西安科技金融创新论坛"时所作的主题演讲实录整理而成，后刊于《西安日报》2017年11月12日头版，由陈雪如整理，张新慧编辑。该论坛是由中共西安市委、西安市人民政府主办的2017全球硬科技创新大会系列活动之一。

希望和大家共同分享、探讨三个问题。这三个问题我相信是有幸见证这个时代的所有科技人、金融人和所有西安的城市建设者需要认真思考和渴望深刻了解的。

一、硬科技创新需要什么样的金融服务？

硬科技的概念最早由中科创星的创始人米磊博士于 2010 年提出并不断推动，是一个中国原创的科技概念。当下，科技创新日渐成为中国经济发展的主旋律，硬科技概念的适时提出也在一定程度上契合了科技定义、发展和创新的需求。和国际上较为流行的"黑科技""深科技"相比，硬科技是一种相对比较后期、成熟的技术，也对应着高德纳（Gartner）新兴技术成熟度曲线（见图 1）上那些非三角形的技术类别（三角形则表示该项技术成熟需要十年以上的时间），具有更强的产业化前景；和互联网模式创新相比，硬科技创新更多地关注于物理世界而非虚拟世界，这些技术也涵盖了人工智能、航空航天、生物技术、光电芯片、新材料、新能源、智能制造等八大核心领域。

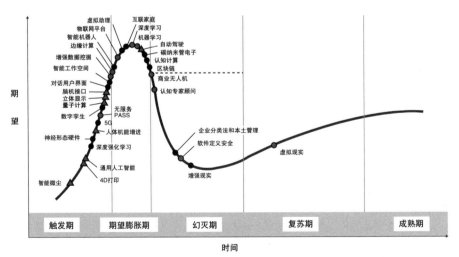

图1　截至2017年7月Gartner新兴技术成熟度曲线

反观当下的金融行业，金融生态发展呈现出了一些"脱实向虚"的现象。中国每年的外汇交易量超过 500 万亿美元，是全球 GDP 总量的 26 倍之多。金融发展与实体经济的相关度很低，银行、券商等金融机构的业务看起来高端复杂，但其实离科技和实体经济发展十分遥远。有人曾笑谈，投资银行既不做投资，也不做银行，资产负债表上和实体经济相关的业务都不到 30%。而对于一些处于起步期的初创企业来说，虽然中国主板、创业板、中小板市场都异常红火，总市值超过 50 万亿元，新三板市场也有超过 1.1 万家企业挂牌，但是最为实际而紧迫的融资难、融资贵问题却依然没有得到很好的解决。曾经，我们将希望寄之于互联网金融的出现和发展，期盼着其能解决现阶段金融生态中存在的一些问题。然而包括校园贷骗局、P2P 平台跑路等一系列互联网金融乱象的层出不穷，让我们看到了其中尚为欠缺的金融规范性和严谨性。

硬科技发展需要的是创新的金融、合适的金融。多层次的资本市场在一定程度上为硬科技企业的发展提供了多重选择和渠道，然而股权融资尤其是包括天使轮、种子轮等在内的早期创业投资对于助力硬科技企业健康起步和持续发展具有至关重要的作用。许多科技成果、科技创业企业因为得不到有效的资金支持而夭折，面临着极大的融资挑战。如何补齐这个短板，如何更好地服务实体经济，如何切实地赋能科技，从而造福人类、造福社会？这不是中国特有的问题，而是一个世界性难题。在硬科技时代，我们呼唤更好的答案，也期盼着可能的中国方案。

二、硬科技把金融带向何方？

在这种需求与呼唤下，我们需要更多地反思，当边远地区的人民、低收入者依然被金融服务排斥在外，当助学贷款、异地扶贫成为人们眼中的奢望，那我们所谈论的普惠金融的可得性、可负担性和便捷性是否就失去了意义？当

未来之路——下一个世界金融强国是不是中国?

中国金融机构占据了全球金融排名榜的前几位, 当全球 98% 的比特币虚拟交易都来自人民币交易, 而真正需要得到资金支持的科技与实体经济却面临融资困难时, 我们所骄傲的金融帝国是否只是大而不美的梦境, 离人民群众追求美好生活的期望还相差甚远, 离实体经济和科技发展的需要还相差甚远?

我一直记得王永康书记[①]曾说过这样一句话: "政府要做企业的'店小二'。"我特别欣赏这句话, 他摆正了政府和企业的关系。金融也是如此, 金融要更好地服务社会, 就必须做科技和实体经济的"店小二"。我们希望我们的资本是长期的、有耐心的资本, 在提高效率、降低成本的同时可以与企业一起成长; 希望我们的金融是负责任的、有温度的金融, 懂得如何将红利和用户与社会共同分享, 让金融与实体经济一起进步。

回顾历史, 每一次金融的创新与变化, 都与科技进步存在着密不可分的关系。科技不断地推动着金融的智能化、严谨化和规范化发展, 科技的发展使金融服务的效率提升、成本降低、系统风险降低成为可能, 从而也引领着金融进入全新的不同的时代。今天, 我们将金融科技 (FinTech) 的发展分为三个阶段 (见图 2)。在金融科技 1.0 时期 (金融 IT 阶段), 传统 IT 软硬件成为支持金融服务实现的主要工具, 而在这一阶段, 中国落后发达国家几乎整整 50 年。在金融科技 2.0 时代, 金融科技进入了以互联网与移动终端为主导的互联网金融阶段, 中国借助庞大的互联网金融用户群和先进的互联网金融技术和模式实现了弯道超车, 一大批金融科技企业为用户、产业和社会做出了突出的贡献, 也帮助中国一跃成为引领世界金融科技发展的重要力量。进入金融科技 3.0 时期, 大数据、云计算、人工智能等一系列"硬科技"的出现将人类直接带入了智慧金融的新时代, 在这一时期, 中美有望呈现出并驾齐驱的良好态势, 共同为金融科技未来发展贡献力量。

---

① 王永康, 时任陕西省委常委、西安市委书记。

图2 金融科技发展历程

三、作为硬科技之都，西安的金融服务发展路在何方？

2017 年 9 月底，我所率领的浙大 AIF 司南工作室团队与多家机构共同发布了"2017 金融科技中心指数"，围绕着企业、用户、政府三大视角，通过产业、体验、生态三大一级指标和 16 个二级指标、39 个三级指标对全国各大城市的金融科技实力和生态发展展开了研究。研究结果发现，目前以北京、上海、深圳、杭州为代表的四大全国金融科技中心和以广州、成都、武汉、南京、天津、西安为代表的六大区域性金融科技中心已初步形成，三个世界级的金融科技聚集区（粤港澳大湾区、大杭州湾和京津冀）更是聚智发力，引领了全球金融科技发展的步伐。

西安作为西北的区域性金融科技中心，金融科技发展可圈可点，后劲十足。在金融科技产业方面，西安虽整体发展较缓，但区块链行业率先发力，借助西安强大的硬科技实力占据了先机；在金融科技体验方面，西安的整体体验得分排在全国第十三位，而众筹体验却表现突出，位列全国第四，股权融资需求十分旺盛；在金融科技生态方面，西安的科研实力表现尤为突出，进入全国前三，政策环境和基础设施建设都较为良好，为后续金融科技的快速发展蓄力。

作为硬科技之都，西安应结合自身特色找准定位，实现"科技 + 金融"的

未来之路——下一个世界金融强国是不是中国？

有机结合，引领"一带一路"金融带，在区域金融中心的基础上，巩固区域特色，总结中国优势，建设丝路金融中心，成为世界级的金融高地和科技金融的领军者。在更快、更好、更实地发展金融的同时，也应探索金融"监管沙盒"方案、切实提高金融监管能力，融合政府、企业、金融机构等多方力量，共同打造普惠、严谨、创新而高效的金融环境与生态。

作为科技企业，应建立开放友好的金融合作意识，认清企业对金融的需求及金融支持对企业发展的促进作用，学会与合适的金融为友，实现互利共赢；作为金融企业，应积极拥抱科技化、智能化，提升效率、降低成本、优化金融体系，服务实体、推动创新，不忘初心地为社会进步和人类幸福谋福祉。作为科技人员，不要因为害怕金融而拒绝金融，要学会发现金融与科技之间的"恋爱"关系，用相互欣赏的态度接受金融乃至学会应用金融；而作为金融从业人员，也应该尊重科技、亲近科技、学习科技，更要善用科技手段不断提高金融产品服务质量，更好地服务于科技和实体经济发展。

科技和金融是现代经济发展的两个翅膀，当今社会的经济转型升级需要这两个翅膀，中华民族伟大复兴也需要这两个翅膀，大西安的崛起与再创辉煌更需要这两个翅膀。今天的大西安面临着难得而独特的机遇，也具备独有的能力。真诚地祝福西安能尽快创造新科技与新金融和谐共处、相互促进的美好生态，能尽快培育强大社会发展新动能，能尽快落地新科技与新金融融合的中国方案，并能够通过西安、通过"一带一路"，走向全世界，走进新时代！

新金融是民族地区转型升级的新动能 *

自 2013 年被提出以来,"一带一路"倡议已经得到了很多国家和国际组织的积极响应和支持,多个国家和国际组织都已经与中国签署合作协议,"一带一路"的"朋友圈"正在不断扩大。"一带一路"倡议虽然源自中国,但成果无疑将惠及世界。目前,中国与其他"一带一路"沿线国家和地区的互联互通日益紧密,特别是中国的民族地区,自古以来就与丝绸之路息息相关,有着很深的渊源,也是继续推进"一带一路"倡议的重要节点和关键枢纽。在新金融蓬勃发展的当下,新金融将成为助推民族地区转型升级,融入"一带一路"的新动能。

---

* 本文根据作者于2017年11月14日出席在北京举行的"金融助推民族地区融入'一带一路'建设高峰论坛"时所作的主题演讲实录整理而成,由景麟德、王哲人整理,张新慧编辑。该论坛是"2017第二届全国民族地区投资贸易洽谈会"(民洽会)系列平行活动之一,由中国民族贸易促进会金融工作办公室等共同承办。

一、"一带一路"沿线国家和地区经济金融发展情况概览

"一带一路"倡议涉及沿线多个国家和地区，要充分理解中国民族地区在"一带一路"中所能起到的重要作用，必须首先了解"一带一路"沿线国家和地区的经济金融的发展情况。截至 2016 年末，"一带一路"已涉及沿线 64 个国家，以下将从几个方面来阐述"一带一路"沿线国家和地区经济金融的发展情况：

首先，从经济和贸易总量上来说，如表 1 所示，"一带一路"沿线国家的 GDP 总量约为 12 万亿美元，占 2016 年当年全球 GDP 总量的 16% 左右，与中国经济总量在全球经济总量中的占比接近。同时，"一带一路"沿线国家的贸易总量约占 2016 年当年全球贸易总量的 21.7%。其次，从人口总量上来说，"一带一路"沿线国家人口约占全球人口的 43.4%。包含中国在内的所有"一带一路"沿线国家总人口近 44 亿人，占全球人口总数超过 60%。

表 1　全球、"一带一路"沿线 64 个国家、中国 5 个自治区经济发展情况比较

指标	中国	"一带一路"沿线 64 个国家	其他国家	中国 5 个自治区 总和
人口占全球比重 /%	18.5	43.4	38.1	1.4
贸易额占全球比重 /%	11.2	21.7	67.1	—
生产总值总量 / 亿美元	112028.5	120139.7	7316.1	7316.1
生产总值总量占全球比重 /%	14.90	16.00	69.10	0.97
人均生产总值 / 美元	8866.0	3739.6	—	6798.3

资料来源：世界银行数据库。

从以上两点可以看出，总体上"一带一路"沿线国家和地区在全球经济中起着极其重要的作用。但是，受发展阶段不同、历史传统不同、文化背景不同等因素的影响，"一带一路"沿线国家之间实际上存在着显著的差异：

第一，沿线各国经济发展水平差异巨大。首先，"一带一路"沿线 64 个国家中 GDP 体量前五的国家为：印度、俄罗斯、印度尼西亚、土耳其、沙特阿拉伯。这 5 个国家的经济总量就占到所有沿线国家总体 GDP 的 47.7%。其次，人口数量前五的国家为：印度、印度尼西亚、巴基斯坦、孟加拉国、俄罗斯。这 5 个国家的总人口就占到所有沿线国家总人口数的约 64.3%。最后，人均GDP 差异巨大，沿线 64 国中人均 GDP 前五的国家为：卡塔尔、新加坡、以色列、阿联酋、科威特，人均 GDP 已经属于发达国家水平，远超中国。而包括印度、巴基斯坦、尼泊尔在内的南亚大国，人均 GDP 仅为 1670 美元，不及"一带一路"沿线国家平均水平的一半，不及中国人均 GDP 的 1/5。

第二，沿线国家普遍存在着较为严重的金融抑制。从表 2 所列出的 52 个国家（有数据）和表 3 总结的 6 个分区来看，只有 1 个国家金融部门信贷占GDP 的比重超过 200%，43 个国家低于 100%。总体而言，这些国家和地区以银行为主的金融体系在经济中占比较低，说明大多数"一带一路"沿线国家普遍存在着信贷能力不足、信用基础较差的问题，金融抑制的现象较为严重。

表 2 2016 年"一带一路"沿线国家和地区金融部门信贷占 GDP 比重

地区	国家	金融部门信贷占 GDP 比重 /%
东亚 1 国	蒙古	76.3
东南亚 11 国	新加坡	135.1
	泰国	169.4
	越南	140.1
	马来西亚	145.3
	印度尼西亚	47.9
	菲律宾	63.5
	缅甸	37.0
	柬埔寨	58.8
	文莱	35.5
	老挝	
	东帝汶	

续　表

地区	国家	金融部门信贷占 GDP 比重 /%
南亚 8 国	印度	75.4
	孟加拉国	60.6
	巴基斯坦	51.4
	斯里兰卡	72.3
	尼泊尔	86.1
	阿富汗	−1.2
	马尔代夫	83.8
	不丹	52.9
中亚 5 国	哈萨克斯坦	44.8
	乌兹别克斯坦	
	土库曼斯坦	
	吉尔吉斯斯坦	19.3
	塔吉克斯坦	25.2
西亚北非 19 国	阿联酋	110.1
	沙特阿拉伯	34.0
	土耳其	81.2
	以色列	80.9
	卡塔尔	147.0
	埃及	119.6
	科威特	
	伊拉克	
	伊朗	
	阿曼	70.1
	巴林	
	约旦	108.3
	阿塞拜疆	38.9
	黎巴嫩	218.7
	格鲁吉亚	65.6
	也门	
	亚美尼亚	54.4
	叙利亚	
	巴勒斯坦	

续　表

地区	国家	金融部门信贷占 GDP 比重 /%
欧洲 20 国	俄罗斯	
	波兰	76.0
	捷克	67.6
	匈牙利	58.7
	斯洛伐克	78.0
	罗马尼亚	34.1
	乌克兰	78.8
	斯洛文尼亚	72.1
	立陶宛	52.3
	白俄罗斯	47.7
	保加利亚	55.2
	塞尔维亚	56.4
	克罗地亚	86.4
	爱沙尼亚	81.8
	拉脱维亚	81.5
	波斯尼亚和黑塞哥维那	57.9
	马其顿	55.0
	阿尔巴尼亚	61.2
	摩尔多瓦	31.9
	黑山	63.4

资料来源：世界银行数据库。

注：2019年1月，北马其顿议会修宪，将国名"马其顿共和国"更改为"北马其顿共和国"。

表3　2016年"一带一路"沿线国家和地区金融部门国内信贷占 GDP 比重分区域比较

单位：个

比重	东亚 1 国	东南亚 11 国	南亚 8 国	中亚 5 国	西亚北非 19 国	欧洲 20 国
200% 及以上					1	
150%～200%（不含）		1			4	
100%～150%（不含）		3				
100% 以下	1	5	8	3	7	19

资料来源：世界银行数据库。

二、中国民族地区与"一带一路"沿线国家和地区的联系

作为"一带一路"倡议的发起国，中国与其他"一带一路"沿线国家和地区有着广泛而深入的联系。从总体上看，中国对"一带一路"沿线国家的贸易顺差规模为2213.9亿美元（见表4），贸易顺差总额约占总体对外贸易顺差总额（5000.0亿美元）的44.3%。在64个"一带一路"沿线国家中，中国对其中52个国家的贸易实现顺差，对12个国家是逆差。

表4　2016年中国对"一带一路"沿线64个国家和地区的贸易顺差额

地区	贸易顺差额 / 亿美元
东亚 1 国	−26.1
东南亚 11 国	628.8
南亚 8 国	818.3
中亚 5 国	59.1
西亚北非 19 国	366.2
欧洲 20 国	367.6
总和	2213.9

资料来源：《"一带一路"贸易合作大数据报告2017》。

中国有5个自治区，其地区生产总值总量占全国GDP总量的6.5%左右；人口合计1.07亿人，占全国人口总量的7.78%左右；人均生产总值约为6800美元，相当于全国人均GDP的70%；吸引外资规模60亿美元左右，占全国每年吸引外资总量的比重不足5%；地区人民币贷款余额约6.28万亿元，占全国银行贷款余额的6.3%左右。

虽然相比国内其他地区，民族地区经济发展程度相对较低。但是如表5、表6所示，内蒙古自治区和广西壮族自治区的地区生产总值规模约为1.8万亿元人民币，相当于在64个"一带一路"沿线国家中生产总值排名第15的经济

体——巴基斯坦。即使是地区生产总值规模最小的西藏，其 1150 亿元的地区
生产总值规模也相当于排名第 51 位的波黑。数据表明，中国的 5 个自治区虽
然在中国本土是生产总值规模相对较小的地区，但是与"一带一路"沿线国家
和地区相比实力不俗。2016 年，中国 5 个自治区与"一带一路"沿线国家和地
区贸易总额约为 540 亿美元，其中进口额约为 208 亿美元，出口额约为 331 亿
美元。中国 5 个自治区对"一带一路" 64 个沿线国家的贸易顺差规模约为 122
亿美元，占全国对 64 国贸易顺差总额的 5%。

表 5　2016 年中国各自治区与"一带一路"沿线国家经济规模对比情况

自治区	地区生产总值 / 亿元	经济体量相当地区及排名
内蒙古自治区	18632.6	巴基斯坦（15）
新疆维吾尔自治区	9617.2	匈牙利（23）
广西壮族自治区	18245.1	巴基斯坦（15）
宁夏回族自治区	3150.1	白俄罗斯（36）
西藏自治区	1150.1	波黑（50）

资料来源：各地区2016年国民经济和社会发展统计公报、世界银行数据库。

表 6　2016 年中国各自治区与"一带一路"沿线国家贸易情况

自治区	进出口		出口		进口	
	贸易额 / 亿美元	排名	贸易额 / 亿美元	排名	贸易额 / 亿美元	排名
内蒙古自治区	304.2	8	159.0	9	145.2	8
新疆维吾尔自治区	147.0	12	134.9	10	12.1	23
广西壮族自治区	72.5	21	24.4	24	48.1	14
宁夏回族自治区	11.0	29	8.3	29	2.7	29
西藏自治区	4.8	31	4.6	31	0.2	31

资料来源：各地区2016年国民经济和社会发展统计公报。

三、新金融是民族地区转型升级的新动能

金融领域发展的不均衡性是目前制约"一带一路"沿线国家和地区实现进一步互联互通的一个重要障碍。这种不平衡主要体现在两个方面:

首先是规模的不均衡。中国在"一带一路"沿线国家中的 26 个国家设有62 个一级机构,而只有 20 个"一带一路"沿线国家的机构在中国设立了代表处、子银行等分支机构。

其次是分布的不均衡。以中国五大国有商业银行为例(见表 7),截至 2016年末,五大银行在"一带一路"沿线国家设有 75 个分支机构,其中在东南亚地区数量达到 43 个,而其他地区则寥寥无几,区域集中度非常高。

表 7 2016 年中国五大银行在"一带一路"沿线国家分支机构数量统计

单位:家

地区	中国工商银行	中国农业银行	中国银行	中国建设银行	交通银行	总计
东亚 1 国			1			1
东南亚 11 国	8	2	27	4	2	43
南亚 8 国	2					2
中亚 5 国	1		2			3
西亚北非 19 国	6	2	5	1		14
欧洲 20 国	1	1	8	2		12

资料来源:浙大AIF银行国际化工作室。

同时,"一带一路"沿线基础设施互联互通仍然存在很大缺口,亚洲基础设施投资银行(亚投行)和丝路基金远不能满足实际的资金需求。不仅如此,基础设施也不仅仅是物理的,更重要的是涉及数据的安全和属性问题的"数字基础设施"的构建和完善。

而传统金融由于受到其自身特点的制约,往往无法有效解决目前所面临的问题。特别是在促进中国民族地区融入"一带一路"建设方面,民族地区风

俗习惯等差异的存在进一步增加了利用传统金融方式来解决目前所面临的问题的难度。

面对这样的困局，"新金融"在中国的迅速发展为我们带来了解决这一问题的新思路。近年来，新金融发展势头迅猛，在中国实现了跨越式的发展。2017 年"双 11"累计成交额高达 1682 亿元，全天支付总笔数达到 14.8 亿笔，支付峰值达到 25.6 万笔 / 秒，交易覆盖全球 225 个国家和地区。"双 11"盛宴的背后是支付等新金融在中国迅速发展的缩影。事实上，新金融在中国民族地区也已经有了初步的发展，如表 8 所示，在广西、新疆、内蒙古、宁夏地区已经出现了一定数量的网贷、第三方支付、大数据等新金融业态。

表 8　中国各自治区金融科技企业数量

单位：家

自治区	网贷	众筹	第三方支付	大数据征信	区块链	总数
新疆维吾尔自治区	18	0	2	0	0	20
宁夏回族自治区	7	0	0	0	0	7
内蒙古自治区	6	0	2	5	0	13
广西壮族自治区	26	1	3	0	0	30
西藏自治区	0	0	0	0	0	0

资料来源：浙江大学互联网金融研究院网贷工作室。

将新金融与传统金融相结合，利用新金融的普惠优势给传统金融赋能，充分利用包括众筹在内的新的思路和新的能力来"集资造路"。这不仅将有助于解决"一带一路"建设过程中的资金缺口问题，也有助于规避风俗差异等因素所导致的潜在风险，最终将有助于推动中国民族地区更好地融入"一带一路"建设当中，帮助民族地区更加充分地借助"一带一路"建设发挥自身优势，实现转型升级。

在传统金融与互联网技术深度融合的今天，新金融将会成为助推民族地区转型升级，融入"一带一路"的新动能。

推动粤港澳大湾区建设，打造世界级金融科技中心 *

非常高兴参加本次北京·香港经济合作研讨洽谈会金融服务合作专题活动，今天的主题是"推进'一带一路'建设，拓展京港金融合作新空间"。围绕着这个主题，我今天想从"一带一路"切入，从湾区建设的国际对比、粤港澳大湾区金融科技发展以及如何打造世界金融科技中心这三点谈谈粤港澳大湾区未来金融科技发展的机遇与挑战。

一、湾区建设的国际对比

首先，与纽约、旧金山和东京三大国际湾区相比，粤港澳大湾区的空间与规模更大，潜力也更大。从土地面积来看，粤港澳大湾区是纽约湾区的

---

* 本文根据作者于2017年11月28日在香港出席"第二十一届北京·香港经济合作研讨洽谈会"："推进'一带一路'建设，拓展京港金融合作新领域"——京港金融合作专题活动时所作的主题演讲实录整理而成，由王哲人、李心约整理，顾雨静编辑。本届京港会的主题是：创新引领、要素互通、开放发展、共创繁荣。京港金融合作专题活动由北京市金融工作局和香港财经事务及库务局共同主办。

2.6 倍，是旧金山湾区的 3 倍，是东京湾区的 1.5 倍；从人口数量来看，粤港澳大湾区的人口数量是纽约湾区的 3 倍，是旧金山湾区的 9 倍，是东京湾区的 1.5 倍；再从地区生产总值总量来看，粤港澳大湾区与纽约湾区基本相当，是旧金山湾区的 1.75 倍，但略低于东京湾区；从人均生产总值看，粤港澳大湾区相对较弱，仅为纽约湾区的 1/3、旧金山湾区的 1/5、东京湾区的 1/2。但总体而言，粤港澳大湾区的发展空间和潜力令人期待。

其次，与京津冀或者杭州湾区（指包括上海市、杭州市、宁波市、舟山市、嘉兴市和绍兴市等在内的狭义概念，下同）相比，粤港澳大湾区仍具优势。与京津冀相比，虽然粤港澳大湾区的土地面积仅为京津冀的 1/4，人口数量为京津冀的 60%，但是粤港澳大湾区的生产总值总量是京津冀的 1.3 倍，人均生产总值更达到了京津冀的 2 倍左右；与狭义范围的杭州湾区相比，其生产总值总量是杭州湾区的 1.6 倍，且在土地面积、人口数量以及人均生产总值等数据表现上也优于杭州湾区。表 1 是上述几大湾区（或地区）的具体数据对比。

表 1 湾区建设的国际对比

指标	粤港澳大湾区	纽约湾区	旧金山湾区	东京湾区	京津冀	杭州湾区
土地面积 / 万平方公里	5.6	2.1	1.8	3.7	21.8	4.6
常住人口 / 万人	6800	2340	760	4383	11205	5202
地区生产总值 / 万亿美元	1.4	1.4	0.8	1.8	1.1	0.85
人均生产总值 / 美元	20419	59829	105263	41063	10212	16426

资料来源：世界银行、各地级市公开统计数据。

二、粤港澳大湾区金融科技发展

近期，浙大 AIF 发布了金融科技中心指数，基于金融科技产业、用户体验、生态等三大维度衡量了中国 37 个城市的金融科技发展水平。研究成果显示，中国有三大世界级的金融科技集聚区（或称金融科技高地），分别为粤港澳大湾区(包括广州、深圳、香港等)、大杭州湾(以上海和杭州为核心,涵盖南京、宁波以及合肥等地区)以及京津冀。从城市的金融科技中心指数总分排序看,粤港澳大湾区实力强劲,除了拥有国际金融中心香港的优势,还占据了前五名中的两个名额(深圳第三名,广州第五名)。此外,湾区内部发展呈多极化态势,广州、深圳、香港三地经济总量不相上下,均在 2 万亿元左右;与之相比,大杭州湾地区在金融科技中心指数的前五名中占有两席(上海第二名,杭州第四名),同时南京与宁波也分居第八和第十六名,总体呈现双核引领、多点发展的态势;京津冀地区的单核特征则更为明显,第九名的天津与第一名的北京仍有较大差距,未来需要有更多元化、市场化和国际化的发展。

    基于上述研究成果的比较来看,京津冀和粤港澳大湾区具有较强的互补性。从表 2 可以看出,具体而言,在高校数量、金融科技企业数量以及融资金额方面,京津冀地区更占优势;在金融产业实力方面,粤港澳大湾区则更有优势。数据显示,北京和天津两市金融业生产总值合计约 5500 亿元,深圳、香港和广州三地的总量则约为 7800 亿元,即前者金融业生产总值约为后者的 70%。从人均生产总值来看,北京与天津相当,仅为深圳的 70%、香港的 35%。因此,京津冀地区在国企中心、国有金融机构中心、政策性中心、科创中心等方面更占优势。与之相对,粤港澳大湾区则更多在市场化、国际化、多元化等方面占据领先,双方优势互补空间巨大。京津冀地区和粤港澳大湾区内重点城市的优劣势对比如表 2 所示。

表 2　京津冀地区与粤港澳大湾区金融科技发展情况对比

指标	京津冀地区		粤港澳大湾区		
	北京	天津	深圳	广州	香港
金融科技企业数量 / 家	629	35	408	83	126
金融科技融资金额 / 亿元	223.2	1.5	54.6	14.4	20.6

续　表

指标	京津冀地区		粤港澳大湾区		
	北京	天津	深圳	广州	香港
金融科技从业人员 / 人	20903	1061	12103	3254	8000
人均生产总值 / （万元 / 年）	11.47	11.51	16.74	10.01	28.99
金融业生产总值 / 亿元	3926.3	1603.2	2501.6	1628.7	3671.6
软件服务收入 / 亿元	5422.9	1007.8	4217.6	2259.6	—
著名高等院校 / 个	23	4	0	4	8

资料来源：浙大AIF司南工作室《中国金融科技中心指数》，金融科技全球知识网络。

北京：
总体强劲，总部金融机构聚集、良好政策环境、科技创新、顶尖大学/科研机构

天津：
发展动力相对不足，与其传统区域经济金融中心的地位仍有差距

深圳：
中国改革开放窗口创新活跃、科技优势显著，但大学/科研资源薄弱

广州：
国家创新中心城市和国际科技创新枢纽建设提供了良好基础

香港：
国际金融中心、国际化程度高、金融基础健全、法制完善

图1　京津冀地区和粤港澳大湾区重点城市优劣势盘点

三、打造世界金融科技中心

如图 2 所示,世界级金融科技中心的打造需要依靠三大驱动力:一是客户和市场的需求和价值创造的拉动,二是以互联网科技、互联网金融技术为代表的新技术的驱动,三是监管制度的规范与保障。在过去,中国互联网金融的跨越式发展得益于客户价值驱动和技术驱动,但在未来,更要重视金融科技制度与规则,形成技术、价值和规则的三轮驱动。在监管制度的制定与规范上,香港优势较为明显。2016 年 9 月,香港金融管理局(金管局)实施了一个"金融科技监管沙盒"项目,截至 2017 年 10 月,有 25 个子项目进行了测试,其中 11 个项目已经完成测试。其中有 15 个项目是基于银行和科技企业的共同合作,并涉及生物识别、聊天机器人以及分布式账户技术等前沿领域。基于"金融科技监管沙盒"项目的推进,在未来,香港对于粤港澳大湾区金融科技监管规则的完善可以发挥越来越大的作用。目前,技术驱动和客户驱动带来的优势与成果已经显现,但如何利用香港的制度优势将粤港澳大湾区打造成世界金融科技中心则是目前的机遇与挑战。

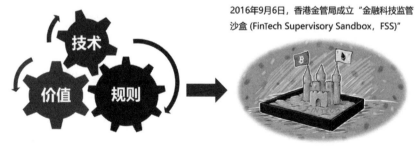

图2　中国互联网金融驱动方式

此外，重视新时代下的智库建设，是打造世界金融科技中心不可缺少的一步。目前，中国在金融科技智库建设方面，总体实力仍需加强，因此香港需要发挥自身国际传播能力强的优势，作为"超级联系人"，尽快打造一个国际领先的高质量金融科技智库，这也将是粤港澳地区发展的重大机遇。

中国拥有 3 个世界级的金融科技高地，不仅要明晰技术创新红利、积极拥抱新技术等，更需要把握"一带一路"的发展机遇。"一带一路"涉及沿线 64 个国家，覆盖全球约 63% 的人口，沿线国家的 GDP 总量和中国相近，约 11 万亿～ 12 万亿美元，总贸易量占全球总量的 22%，但是其中很多国家仅能拥有落后的金融服务，且金融抑制现象严重。目前，中国对"一带一路"沿线 64 国的贸易顺差总额约 2214 亿美元，占我国对外贸易顺差总额的 44% 左右。因此，中国经验和金融科技定能在这片天然的市场中发扬光大，为沿线国家的人民带去更好的服务与体验，同时也为中国自身的发展提供极大助力。

最后，"一带一路"的建设需要中国的世界级金融科技的支持，而中国世界级金融科技的发展也需要"一带一路"建设的推动！期待金融科技在粤港澳大湾区的建设中发挥更大作用！

新金融时代的人才新需求 *

各位朋友，大家上午好！首先我代表中国人民大学国际货币研究所，也代表浙江大学互联网金融研究院对"新金融、新发展高峰论坛"的举行表示热烈的祝贺。我今天分享的题目是"新金融时代的人才新需求"。

近期大家可能关注到，美国的股市表现非常好。全球估值最高的公司苹果的市值大约为9000亿美元，即将跨过1万亿美元大关。其他公司，例如谷歌母公司Alphabet约为8000亿美元，亚马逊约为6000亿美元，微软约为6800亿美元，脸书（Facebook）为5000多亿美元。赴美上市的中国企业中，腾讯市值约为6000亿美元，阿里巴巴市值将近5000亿美元。这七家公司是全球市值前十名公司中的新经济、新科技上市公司，市值合计超过4万亿美元，超越世界第三大经济体日本的经济总量。从中我们可以发现，市盈率（P/E）低于50倍、市净率（P/B）低于10都不能算新经济。

---

* 作者兼任中国人民大学国际货币研究所联席所长。本文根据作者于2018年1月10日出席由"澎湃新闻"在北京主办的"新金融·新发展2018金融发展高峰论坛"时所作的主题演讲实录整理而成，由王丽整理，顾雨静编辑。

晓光①和我在金融行业奋战多年。众所周知，传统金融行业公司的 P/E 和 P/B 比较低，比如花旗银行如今市值才 1000 多亿美元。在国内四大国有商业银行中，中国工商银行市值最高；在全国性股份制商业银行中，招商银行的市值将近 8000 亿元，P/E 在 11 倍左右，P/B 在 1.7 倍左右，远高于别的银行，但和新经济公司相比还差得很远。此外还有很多银行，比如兴业银行，股价低于账面值，这并非个例，可以说是中国银行业目前的常态。

这些传统银行的估值背后究竟是什么？其实和科技化程度、数字化程度紧密相关：我们心目中的四大国有银行里，市值最高的中国工商银行确实网上银行做得最好；而股份制银行里，招商银行也确实在数字金融、互联网金融、金融科技方面做得最好。但即便如此，虽然招商银行有 11 倍的 P/E、1.7 倍的 P/B，但比起真正的新金融公司也是相形见绌，比如贝宝（PayPal）的市值现在将近 1000 亿美元，P/E 达到 68 倍。再比如在香港上市的众安保险，因为尚未实现盈利，P/E 无法计算，但市值已超过 1000 亿港币。

大家都想成为新经济、新金融的一员，那么新经济、新金融究竟"新"在哪里呢？在座的领导和嘉宾中，有一个衣着上的细节差异，从事传统金融行业的基本是打领带的，从事金融科技、互联网金融行业的则基本不打领带。媒体从业者也类似，比如澎湃新闻是新媒体，人民日报是传统媒体。新媒体的员工也不打领带，传统媒体的员工则比较正式。

那新金融、新发展表现在哪里呢？主要是理念问题、思维问题、文化问题，当然也有互联网技术应用程度和效果的问题。大家为什么说新金融是互联网金融、金融科技或科技金融？因为没有科技驱动的新金融是没有价值含量的，也是走不远的。

新金融包括哪些？不只是互联网金融企业才属于新金融。广义上，新金融还应该包含传统金融的数字化、智能化、互联网化。传统银行也可以互联网

---

① 黄晓光，澳新银行首席执行官兼行长、大中华区总裁。

化，而且也正在进行互联网化，中国工商银行董事长姜建清曾说工商银行就是全世界最大的互联网银行，正是此意。同时，新金融也包括所谓的互联网金融新业态，像网贷、第三方支付等。传统金融的互联网化和互联网的金融化，既相互融合、相互协作，也相互竞争，是百花齐放、百家争鸣的新生态。

金融的本质是什么？金融是不同的主体之间，跨时间、跨空间资金的融通以及风险的转移。业界、监管机构和学界都在说，新金融没有改变金融的本质。新金融确实没有改变金融的本质，但它改变了金融的表现形式，改变了金融实现路径，提升了金融效率，大大降低了金融服务成本，扩大了金融服务覆盖范围。

关于新金融的特征，我简单总结为七点。

第一，要素科技化。金融行业有各种生产要素，其中科技要素增加了很多。新金融时代，从人工网点服务到智能终端服务，从信贷审核到大数据风控，从报表监管到大数据监管，金融服务、金融风控、金融监管等每个环节都被深深地打上新技术的印记。

第二，迭代加速化。新金融时代，大数据、云计算、区块链技术日新月异，不断地迭代，以蚂蚁金服为例，从支付宝被推出，到余额宝上线，再到金融云推出、芝麻信用开设，网上银行的开设和无现金业务的推出等都是技术快速、加速迭代的结果。

第三，主体多元化。在新金融时代，不是某个大机构一统天下，也不是传统的四大银行一统天下，小机构、新机构也可以呼风唤雨，比如众安保险从成立到现在（2018年），也不过四年多时间。金融服务的主体从传统金融机构迅速扩展到互联网企业、电子商务公司等等，第三方支付、互联网保险、网贷、众筹、网络征信等机构也如雨后春笋般地出现。

第四，用户大众化。现在无论是包子铺、水果摊，还是便利店，都有自己的支付宝收款码、微信收款码。朋友之间可以天天用微信发红包、转账。享受金融服务的主体从大企业扩展到中小微企业，以及广大的普通民众。

第五，市场全球化。浙大 AIF 与中国人民大学国际货币研究所做了一个研究叫"银行国际化指数"，其中，中国银行的国际化指数平均在 9.5 分（总分 100）。我们发现，新金融的全球化扩张的速度远远快于传统的银行。我认为，蚂蚁金服、众安保险推进全球化的速度一定会比传统银行更快，因为互联网金融属于天生全球化（born global）。

第六，服务实时化。微信转账、支付宝转账、银行转账现在基本是随时随地可以操作，实时到账。

第七，组织扁平化。新技术使得资金、人才、信息互联互通。互联网金融公司里，中层完全扁平，完全被迭代，中台、后台完全往前移。

这七大特征对人才的需求有什么新的趋势呢？我自己的感受非常深。

第一，对科技人才的需求急剧上升。领英（LinkedIn）做了一项调查，发现 35% 的互联网金融企业的员工在做工程或做信息技术，这是 2016 年的数字，现在这一比例估计会更高。20 世纪 90 年代的时候，在银行里做 IT 的人士基本到不了舞台中央，都在后面默默工作着，做前台的人非常风光。但在今天，CTO（首席技术官）、做 IT 的人站在了金融行业的中央。当年"学好数理化，走遍天下都不怕"的口号最近又有点回响，如果在今天的金融企业工作，没有数理化的基础还真做不好金融。

第二，对法律人才的需求可能会急剧上升。新时代的到来需要新规则。我们应该如何合规、如何监管？对这些问题的解答会使得我们对法律方面人才的需求大幅度提升。

第三，随着组织的扁平化，对中层管理人员的需求减少。比如，微众银行可服务 1500 万人次，但公司架构中只有少数营销人才、管理人才。又比如，服务 270 万中小企业客户的网商银行中没有一个员工是做传统的前台营销的，虽然高度需求产品经理，但并不需要一般的营销人才，这是新金融人才需求的新趋势。

无独有偶，上周六我们和《环球人物》评过金融科技领域的十大领军人物、十大新锐人物。我特别对这"10+10"背后的学科背景、学位以及职业生涯做了分析。十大领军人物里有四个是技术背景的，新锐人物里也有四个是理工科背景的，有30%～40%拥有博士学位；领军人物里有50%有跨国企业从业经历，新锐人物里有30%有跨国企业从业经历。这也进一步佐证了，在新金融时代，我们越来越需要复合型人才。

如何衡量一个企业、一个行业究竟有没有足够合适的人才？最近，浙大AIF和美国的韦莱韬悦公司做了一个金融科技行业的才商指数，看看金融科技的人才成熟的标准是什么。我们从人才的吸引、人才的配置、人才的激励与人才的流动四个维度来看金融科技行业，看金融科技企业的人才是否核心人才。同时，作为行业标杆做了一个匹配度分析，看看它的人才储备是否充足，是否有赤字，人才与其业务发展潜力是否相匹配。

在新金融领域，只有美国和我们并驾齐驱。中国在新金融领域有很多指标都是领先的：在全球金融科技独角兽企业中，从数量看，35%是中国企业，40%多是美国企业；而从估值看，中国企业和美国企业相差不大，特别是全球较大的金融科技企业基本都来自中国，如蚂蚁金服、众安保险、陆金所等等。中国的交易量、用户规模和产品种类在全球都非常领先。浙大AIF做的金融科技生态研究表明，现在中国有三个世界级的金融科技生态圈：以深圳为核心的粤港澳大湾区，以上海与杭州双核引领的长三角地区，以北京为中心的京津冀地区。这三个中心城市群应该可以说是目前世界级的金融科技高地。

中国的新金融走到今天非常不容易，能有今天的成果很大程度上受益于市场的需求，得益于我们的消费者热切地拥抱新金融模式。虽然我们的有些核心技术跟美国比还有差距，但应用技术是全球领先的。相对地，我们的短板则是监管规则、监管体制和监管能力。

和美国相比，中国金融科技真正的科技含量是较低的。根据我们金融科技中心的指数研究结果，北京的金融科技企业中只有 62% 的员工具有本科以上学历，这一数字在上海是 55%，在杭州则是 52%。虽然唯学历论并不正确，但金融科技的确是个非常严谨、门槛较高的行业，是一个非常需要专业知识和技术能力的领域，专业技能至关重要。例如备受社会关注的所谓"互联网金融"企业——钱宝网、E 租宝的创始人都没上过大学。从这个角度来讲，我们有些所谓的"互联网金融"企业实际上是披着互联网金融的外衣，但在做着不实甚至违法的东西，也反映出我们整个行业的金融科技才商（FinTech talent quotient,FTQ）还是有相当大的赤字的。

新金融行业呈现两大趋势：一是中国领先全球；二是学界落后于业界，政府也落后于业界，在政、产、学中，产是走在最前面的。目前中国教育部规定，大学里的金融专业属于经济学科。经济学是比较理论、没有太多实战应用和技术的，而金融科技所需的却是跨学科的、实战型的人才。因此，有些制度障碍影响了我们新金融人才的培养。当然，在新金融领域，学界滞后于业界不光是在中国，在美国也是如此。我在三年前（2015 年 3 月份）到沃顿商学院讲新金融如何"星星之火可以燎原"，那时候没有金融科技（FinTech）这个词，我只能用互联网金融的英文直译"Internet Finance"来解释正在兴起的新金融，直到现在美国学界醒悟了过来，推出了"金融科技"这个非常时髦的词汇。

为了应对这一挑战，浙大 AIF 探索的做法是跨学科培养人才。浙大 6 个学院（管理学院、计算机学院、数学学院、经济学院、法学院等）共建了互联网金融研究院，共同培养适应新金融时代要求的人才。比如我的博士后学生就是学地球物理的，我希望我的博士生是有理工科背景的。与此同时，金融科技是天生全球化的，但学校现行的一些培养体制和方法等有不少的局限，我们也在这方面下了一些功夫。在产学研一体化方面，我们更是借助业界的领先技术和优秀实践。浙大 AIF 自成立以来多多少少取得了一些成绩，公平地说，这并不完全是因为我们本身实力有多强,在一定程度上是因为中国(杭州)有一批优秀的金融科技企业,它们是中国乃至世界金融科技界的翘楚,我们有幸有机会站在这些产业巨人的肩膀上。

在座的各位可能会问,我不是学理工科的,我该怎么办?也有很多学生过来找我说,我是学经济学的,怎么办?我认为,最好的方法是成为技术方面的专家,但即便不能成为技术专家,也要想办法弄懂搞技术的人的语言,至少不要害怕技术,要努力亲近技术、了解技术。我对财务、会计、金融等专业的学生说,你们要和计算机、数学统计、生物等学科的人多交流,不要封闭在自己那块领域。去年我有个本科生学生拿到了伦敦商学院金融硕士(Master of Finance)的奖学金,非常不容易,但她和我商量后最终去了斯坦福大学,而且不是商学院,而是工程学院。因为我说你要想办法成为整个斯坦福工程学院里最懂金融的,反过来则是金融专业里最懂技术的,她现在过得很开心。

新金融是金融的新时代,新金融也是中国的新机遇,新金融(金融科技)也是普惠金融的新福音,因为如果没有新金融(金融科技),普惠金融很难真正实现。所以新金融是人类的新机遇,新金融是金融最好的时代,对中国新金融而言更加是最好的时代。新金融的新特征对人才的需求提出了新的要求,我们不仅需要有懂技术的人,需要有懂规则的人(知道怎么构建规则、遵守规则),更需要有社会责任的、有情怀的、不忘初心的人。我作为学界的一员,期待和业界的、政府的、媒体的朋友一起共同培养有创新创业精神的、懂技术的、守规则的、有强烈社会责任感的、又红又专的复合型人才,共同打造风清气正、绿水青山的金融科技生态环境。只有这样,我们新金融才能更好地服务于实体经济,新金融才能更好地造福人类社会,中国在新金融领域的领先态势才能不断地、持续地扩大。

金融业的全球趋势与大上海的机遇挑战*

金融业最近的名声似乎不太好。最近有记者采访我,问了一个问题:"蚂蚁金服是不是新经济?据说它不在此次支持新经济企业 A 股上市的名单里?"不禁让人反思是否金融行业本身的社会声誉出了问题。就像我们曾经大谈"互联网金融",但过了不久便不愿提及,改称其为"金融科技",而现在"金融科技"一词也逐渐被污名化;甚至最近的 ICO(initial coin offering,首次代币发行)事件,把区块链这一底层技术也污名化了;还有一些企业打着互联网金融的旗号,行非法之事。这些现象都值得金融行业从业者乃至全社会深思。

金融是什么?有人说,把钱从别人的口袋里掏出来放进自己的口袋就是金融,我不以为然。许多原因导致我们金融圈现在的名声不好,我非常担忧我们赚到了钱却丢了声誉。最近在一个场合,我被介绍成科学家,我听了热泪盈

---

* 本文根据作者于2018年3月8日在上海举行的"陆家嘴互联网金融+沙龙(第三讲)"上所作的主题演讲实录整理而成,由罗丹整理,顾雨静编辑。讲座由中国(上海)自由贸易试验区金融服务局、陆家嘴金融城发展局、中国金融信息中心、上海市互联网金融行业协会、陆家嘴互联网金融协会主办。

眠。什么时候我们金融家才能像科学家一样被尊重？

表1显示了目前全球市值位列前十的公司，这些公司市值均超过3000亿美元。苹果公司当前的市值接近9000亿美元，位列全球第一。可以看到，前十家公司中有七家科技公司、三家金融公司，其中前六名都是科技公司，而著名的金融机构如花旗、高盛等却榜上无名，甚至排在20名之外。一个有趣的现象是，这些企业中很多名字都是以字母"A"打头的，前四位苹果、谷歌（其母公司Alphabet）、亚马逊、阿里巴巴的名称都是以"A"打头，这是以便于传播、抢占市场为出发点设计的，当然这是题外话了。

表1　全球市值前十的公司（截至2018年3月5日）

排名	公司	国家	行业	市值/亿美元
1	苹果	美国	科技	8972
2	谷歌	美国	科技	7589
3	亚马逊	美国	科技	7376
4	微软	美国	科技	7210
5	腾讯	中国	科技	5300
6	脸书	美国	科技	5241
7	伯克希尔·哈撒韦	美国	金融	4999
8	阿里巴巴	中国	科技	4651
9	摩根大通	美国	金融	3992
10	中国工商银行	中国	金融	3517

资料来源：道指狗股（Dogs of the Dow）、浙大AIF、玛丽·米克尔（Mary Meeker）等。

另外，这十家公司中有七家来自美国，三家来自中国。相比于20年前中国企业榜上无名的窘境，如今中国已然取得了很大的进步。这三家企业（腾讯、阿里巴巴、中国工商银行）虽然不是100%由中国人拥有，但其依托于中国文化和中国智慧，是由中国人创造出来的。表1还反映了传统产业正在让位于新兴产业的过程，例如著名的通用电器公司榜上无名。与此同时，金融巨头也正在让位于科技新贵，例如纽约作为传统金融中心、国际金融中心和经济中心，也在此过程中逐渐让位于硅谷。

总而言之，从这个榜单中可以看出新经济完胜、技术完胜，这是因为资本市场的估值与企业科技化程度、数字化程度是紧密相关的。科技公司拥有很高的市盈率（P/E）和市净率（P/B），而传统金融行业的P/E和P/B则低得可怜。

在此大背景下，我希望与大家分享的是：

第一，金融业的"前世今生"；

第二，金融业的中国追赶与上海定位；

第三，金融科技化与中国换道超车；

第四，"大上海"的新机遇。

讲这四点，主要是希望回答以下问题：现代金融业是如何演变的？它的发展路径是什么？正在动摇金融行业的巨大力量是什么？金融行业究竟需要什么样的人才？全球金融科技的格局究竟是什么样的？上海又处于什么样的地位？上海的机遇在哪里？该如何发力、抓住机遇、补齐短板？这次分享的目的是让大上海在新一轮的金融科技浪潮中能够勇立潮头。

一、金融业的"前世今生"

现代金融业的前世今生，大约经过了1000年。

第一阶段是"威尼斯时代"①。威尼斯共和国利用其优越的地理位置发展海港业务，以海上通道霸占了全球的贸易，仅历经300余年便于13世纪成为

---

① 注：此处对于金融时代变迁的表述中，作者提及了威尼斯时代，并将"威尼斯时代"作为现代金融的起源。在后续某些内容中作者考虑其对现代金融的影响力相对较小，在讲述金融时代变迁时未再提及"威尼斯时代"，并不影响内容完整性。

全球贸易的霸主，达到顶峰状态。在这一过程中，威尼斯完成了资本的原始积累，并于1171年成立了世界上第一家银行——威尼斯银行。莎士比亚笔下的《威尼斯商人》中有一些经典人物和片段，比如好人安东尼奥借给他人钱不收利息（虽然从现在的眼光看这商业模式不可持续），而坏人夏洛克则要割逾期不还款的债务人身上的一磅肉。这类文学作品也从某个角度反映出当时威尼斯在国际金融和国际贸易中举足轻重的地位。

第二阶段被称为"荷兰时代"。我在荷兰银行工作了十年，对荷兰这个国家有些感触。荷兰领土面积不大，但创造了历史上很多个"第一"，非常令人尊敬。1581年才独立建国的荷兰，于1602年建立了全球第一家股份制公司，也是第一家跨国公司——东印度公司。该公司在1656年在中国开设了分公司，拥有着全球75%的航运商船，包揽了当时全球50%的贸易。不仅如此，东印度公司首创了存款账户、透支账户等产品，并沿用至今。在金融领域，荷兰在1609年便成立了全世界第一个股票交易所——阿姆斯特丹股票交易所，以及第一家公共银行——阿姆斯特丹银行。

不幸的是，历史上第一个金融泡沫也是由荷兰人创造的。"郁金香泡沫"最疯狂的时候，一株郁金香的卖价高达6700荷兰盾，约为45个荷兰人的年收入之和，足够买下阿姆斯特丹河边的一栋豪宅。当然，"郁金香泡沫"最终破灭，荷兰也由盛而衰。

第三阶段即"大英帝国时代"。英国通过发展殖民地，控制海上霸权，成为盛极一时的日不落帝国，由此英国金融时代来临，英镑也成为世界货币，全世界第一家真正意义上的中央银行——英格兰银行，便是在1694年以股份制的形式创立的。可惜的是，1720年"南海泡沫"破裂，重挫股市，就连著名科学家牛顿也在股市中巨亏2万英镑，留下了著名的感慨："我能计算天体运行的轨迹，却难以预测人类的疯狂。"南海泡沫破裂后，大英帝国的资本市场和国际经济元气大伤，百年之后，大英帝国的资本市场地位才得以逐渐恢复。

第四阶段是大家熟悉的"美利坚时代"。1776 年建国的美国，1792 年就在纽约签订了《梧桐树协议》，并在 1863 年正式成立了纽约证券交易所。股份制的美联储则是在发生了多次金融危机以后才于 1913 年建立的。

回顾金融业的前世今生，可以说明以下三点：一是现代金融业源于欧洲，始于国际贸易。二是时代的变迁由经济实力决定。三是过去的金融基本上是以批发金融为主，主要服务于国王、政府、大公司和机构客户，这些客户集聚在伦敦、纽约等地，因此这些地区经济中心、金融中心的地位也顺势形成。当时的技术，特别是信息技术，对此几乎没有影响力，几乎都是需求拉动和制度创新成就了金融业和金融中心。而时至今日，技术的驱动力、影响力逐渐显现。

二、金融业的中国追赶与上海定位

现代金融走过近千年的历史，在金融业和国际金融格局不断变迁的大背景下，中国是如何追赶的？"金融是现代经济的核心"，自改革开放以来，我国在这近 40 年中认真学习英国、美国等一些既是金融业霸主，又是现代国际金融中心的国家的经验，并取得了巨大的进步。

中国的银行、保险、证券等金融机构都以西方主要金融机构为标杆，努力追赶。首先是一直在努力学习的中国银行业，那么其学习效果如何？

图 1 将 2005—2014 年中国银行业的"黄金十年"阶段放在全球视野下进行比较。在这十年中，我国银行业税后利润年均复合增长率为 24.8%，西欧为 -3.9%，北美约为 0.7%。经过十年发展，中国银行业快速增长，2014 年税后利润已经达到 2700 亿美元，与美国持平。值得说明的是，在这"黄金十年"中，其他发展中国家的银行业发展速度也远远高于发达国家。

未来之路——下一个世界金融强国是不是中国？

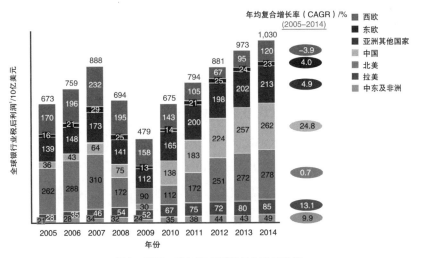

图1　2005—2014年全球银行业税后利润

注：税后利润为所有客户推动的银行业务利润总池，包括零售和机构资产管理。

资料来源：《麦肯锡全球银行业报告（2016）》。

中国银行业不仅跑赢了全球，还跑赢了中国的GDP。在这十年间，中国GDP年均增长率在8%左右，而中国银行业资产年均复合增长率达17.7%。时至今日，中国银行业规模已居世界第一，其资产规模近于GDP的3倍。按照银行的资产规模排序，全球前几名基本上被中国的银行包揽了。但中国的银行业规模大而不强，很多上市银行的市盈率长期处于低位水平，甚至有一段时间市净值低于1。

为了量化分析中资银行的国际化水平，本人所在的浙江大学互联网金融研究院的金融国际化研究室做了一项研究，对中资银行的国际化水平进行指数评估，并把五大洲19个国家共49家银行，包括系统重要性银行纳入研究范围，研究其国际化水平。

如表2所示，研究结果显示，欧洲银行包揽了银行国际化程度的前十名。以100分为满分，榜单前五名平均为57.67分，而在中资银行中排名第一的中国银行仅得 26.62 分，且这还是在其香港业务计入境外的前提下。因此，尽管中国的银行业在对标国际的情况下进步很大，但与国际顶尖水平相比差距还是非常明显。

表 2　2007—2016 年中外各银行 BII（银行国际化指数）

银行	2007 年	2008 年	2009 年	2010 年	2011 年	2012 年	2013 年	2014 年	2015 年	2016 年	2016 年排名
渣打	—	—	66.75	68.29	67.71	66.45	67.30	67.95	67.08	67.46	1
西班牙国际	—	—	—	—	—	—	—	—	55.78	56.36	2
汇丰	52.49	50.43	51.71	53.36	53.55	54.48	51.30	51.59	51.97	55.37	3
瑞士联合	—	—	—	—	—	—	—	—	54.63	54.71	4
德意志	63.97	52.54	61.53	59.94	53.65	55.74	55.75	56.43	57.53	54.47	5
前五位平均	—	—	—	—	—	—	—	—	57.40	57.67	—
北欧联合	49.65	55.09	54.96	54.27	54.60	54.71	54.49	53.48	51.64	52.16	6
花旗集团	53.64	60.89	58.43	55.47	56.92	54.66	54.16	52.43	51.68	51.77	7
瑞士瑞信	61.09	24.87	59.72	59.96	58.69	56.76	57.30	57.86	54.34	51.38	8
荷兰国际	60.38	63.48	60.15	56.61	56.08	55.52	52.88	54.90	55.83	49.97	9
法国兴业	—	—	—	—	—	—	—	—	43.48	42.93	10
前十位平均	—	—	—	—	—	—	—	—	54.40	53.66	—
巴黎银行	39.54	38.94	41.95	41.63	39.26	41.76	41.92	42.10	42.35	40.18	11
联合信贷	44.48	43.52	43.66	48.31	47.96	44.22	40.95	40.39	41.04	39.92	12
三菱日联	27.96	25.44	26.42	27.18	27.86	27.84	31.14	29.70	35.97	36.69	13
高盛集团	32.78	26.43	29.52	30.26	29.44	31.30	31.29	30.50	32.38	31.59	14
法国农业信贷	27.01	27.80	35.49	35.88	34.03	27.34	33.28	33.39	31.17	31.07	15
前十五位平均	—	—	—	—	—	—	—	—	48.46	47.74	—
日本瑞穗	26.68	22.31	25.09	20.14	20.10	21.33	23.04	25.35	26.36	27.79	16
中国银行	22.14	20.12	19.27	20.04	19.93	20.76	22.23	23.70	24.23	26.62	17
摩根大通	—	28.32	27.06	27.23	30.15	27.65	28.27	27.55	25.88	25.95	18
法国 BPCE	—	—	8.30	11.57	10.08	10.57	11.21	19.75	20.17	20.39	19
中国工商银行	4.01	4.58	5.72	7.27	8.57	10.12	12.11	13.04	14.29	15.96	20
美国银行	12.10	11.89	19.32	16.46	19.29	16.00	16.27	15.45	15.02	15.08	21
苏格兰皇家	—	—	—	—	—	—	28.30	21.76	16.64	8.51	22

续　表

银行	2007 年	2008 年	2009 年	2010 年	2011 年	2012 年	2013 年	2014 年	2015 年	2016 年	2016年排名
中国建设银行	2.68	2.68	3.07	3.30	3.55	3.78	4.57	5.67	7.17	8.25	23
中国农业银行	1.30	1.11	1.72	1.86	1.92	2.84	3.48	4.38	5.19	5.37	24
前二十四位平均	–	–	–	–	–	–	–	–	36.74	36.25	–

资料来源：浙大AIF《百舸争流——驰骋国际市场的中外资银行》。

再来看看中国的证券行业。中国在 1914 年才成立第一家证券交易所，比全球首家交易所的诞生晚了近 300 年。

表 3 列示了目前全球市值位列前十的证券公司。不难发现，已有五家中资证券公司跻身榜单前十（中信证券、国泰君安、海通证券、华泰证券和广发证券），占据了半壁江山。但我们也应该看到，中国证券业的影响力、业务拓展、研究水平和定价能力与国际顶尖水平相比仍有差距，对很多国际规则还不了解。

表 3　全球十大证券公司排名（截至 2017 年 8 月 30 日）

排名	公司名称	国家	总市值 / 亿元
1	高盛集团	美国	5848
2	摩根士丹利	美国	5664
3	瑞银集团	瑞士	4377
4	中信证券	中国	2181
5	德意志银行	德国	2180
6	国泰君安	中国	1878
7	海通证券	中国	1755
8	华泰证券	中国	1654
9	野村控股	日本	1503
10	广发证券	中国	1448

资料来源：浙大AIF。

而中国的保险行业追赶压力也不小。如表 4 所示，中资保险机构在全球保险业市值前十名榜单中已占据三席，但其在产品、服务、品牌、风控能力、再保险能力、定价能力甚至行业自律、行业道德等方面都与国际顶尖水平有很大差距。

表 4 全球十大保险公司排名（截至 2017 年 8 月 30 日）

排名	公司名称	国家	总市值 / 亿元
1	伯克希尔·哈撒韦	美国	29026.39
2	中国平安保险	中国	10469.09
3	中国人寿保险	中国	8451.15
4	安联保险	德国	6503.43
5	友邦保险	中国	6040.33
6	安盛保险	法国	4635.73
7	安达保险	瑞士	4344.91
8	英国宝诚集团	英国	3982.50
9	美国国际集团	美国	3655.78
10	大都会人寿保险	美国	3438.29

资料来源：relbanks.com, World's Top Insurance Companies。

浙大 AIF 金融国际化研究室对中资保险公司的国际化程度进行了指数评估，以 100 分为满分。从指数排行来看，欧洲保险公司相对表现较好，如法国安盛、英国保诚的得分均在 80 分左右；而中资保险公司中排名第一的中国太平保险仅得 29.6 分，足见其在国际化经营能力上的差距。

我国在对标先进银行业、证券业和保险业的过程中取得了很大进步，在全球金融业国际化发展的跑道上奋力追赶。那些年，作为我国金融市场交易聚集地的上海，肩负建设上海国际金融中心的重任，在这条跑道上追过纽约，追过伦敦，追过香港。我们追赶的脚步不停，但差距依然明显，金融机构大而不强、发展不平衡，这现象在银行、证券、保险等行业，直接金融和间接金融、多层次资本市场中都普遍存在。而与此同时,还有一个更加重要的趋势正在形成。

三、金融科技化与中国换道超车

这个趋势已经出现在了我们的生活中,不像是一只"黑天鹅",而更像是一只在很长时间内都被行业忽视的"灰犀牛"。这个趋势就是金融的科技化。我们应该思考一个问题:我们曾在同一条跑道上苦苦追赶前方的传统金融中心,但当前面的标杆出现问题时,我们是不是该迅速抓住机遇,换道超车?

其实科技与金融的结合早在二战后的 1945 年,第一台计算机诞生后就开始了。时至今日,金融科技化的发展过程大致可以分为三个阶段,即"金融 IT 阶段"、"互联网金融阶段"和"智慧金融阶段"。

第一阶段是从 20 世纪 40 年代到 90 年代中期的"金融 IT 阶段"。在这期间,主要体现的是传统 IT 的软硬件在金融领域的应用,例如 50 年代出现了信用卡,60 年代出现了 ATM 机,70 年代开始出现各类金融衍生品等。到 80 年代,英国开始出现"金融工程师"这一概念与相应的岗位;90 年代出现的客户管理系统(customer relationship management, CRM)改变了以往每个银行系统完全不对接的局面。随着技术不断创新,金融服务的产品更加多元,其服务的对象范围也逐步扩大,覆盖到了个人客户。

第二阶段是过去 20 年左右所经历的"互联网金融阶段"。这一阶段源于英美,主要体现在互联网和移动终端在金融行业的使用。1995 年,全球第一家纯网络银行在美国诞生;1998 年,支付宝的"师父"贝宝在美国加利福尼亚州成立;2005 年,全球第一家网络借贷平台 Zopa 在英国伦敦成立;2007 年,全球最早上市的网贷平台 Lending Club 诞生在美国硅谷(后于 2014 年在纳斯达克上市);等等。这些足以说明,互联网金融领域的很多创新还是源于英国、美国,这些国家的从业者拥有很强的创新意识与能力。

可喜的是，在这一阶段，我国出现了"换道超车"的喜人局面。支付宝虽然较贝宝晚五年被推出，但其现在的规模已经是贝宝的数倍。在互联网保险领域，众安保险已经成为全球最大的互联网保险企业之一。在金融 IT 阶段，我国与领先者的差距依然很大；但在互联网金融这个阶段，中国已然有所超越。当然中外在互联网金融领域的发展都经历了类似的阶段，即从启蒙、起步、高速发展，到现在相对规范的发展阶段。

现在我们已经进入了金融与科技融合的第三阶段，即"智慧金融阶段"。如今，人工智能、区块链、大数据、云计算等新技术风起云涌，与金融的结合也日臻完善，常常碰撞出火花。每一次金融科技化的背后都是科技力量在推动，不同的阶段和不同的科技为我们带来了产品创新、服务体验升级、应用场景扩展、内部管理效能提升等等。

金融科技的特征大致可以概括为七大方面，包括迭代加速化、主体多元化、用户大众化、市场全球化、服务实时化、组织扁平化和要素科技化[①]。可以发现，行业的中间层越来越少，后台技术正在走向前方。同时，随着科技的发展，智能终端和大数据风控等技术的出现节省了大量人力，也造成了人才需求的改变。在科技化的大趋势下，行业需要的人才不仅是专于金融、贸易、企业管理、经济学的专业型人才，更多的是同时懂技术和金融的复合型人才。

当前，传统的金融中心正面临转型，全球经济的科技化这样一个"灰犀牛"现象已然出现。而在金融科技领域，中国和美国的独角兽企业无论在交易规模、业务种类、产品种类等方面均呈现明显优势。更重要的是，中国在学习阶段实现了超越，中国实践也开始走向世界。在世界范围内，正在出现一个有趣的现象，即从中国模仿别人到别人模仿中国。因此，在金融科技领域，如何

---

① 金融科技七大特征详情可参见本书第二篇中的《新金融时代的人才新需求》一文。

总结中国实践、抢占世界高地、制定全球标准、引领世界发展,是值得所有人深思的问题。

而中国的金融科技要想做到这一点,为世界提供一个好样板,就应当更加规范地发展。这需要业界、政府和学者的共同努力,当然也需要解决众多问题。首先是明确战略导向,金融一定要服务实体经济,要有普惠导向。其次是找准战略定位:是"无中生有"还是"有中生优";是创造新的需求还是改善现有的需求;是服务以前没有被服务的客户还是从现有的客户入手;提供的产品是现有产品的补充还是直接与传统金融竞争;等等。

在新金融领域,金融科技如何赋能?对金融科技而言,首先,其产品相对传统金融而言应该更加简单、透明、标准化;其次,其应用场景应该是无时无地不在,渗透到用户生活的方方面面,打破传统金融在时间和空间上的限制;最后,其客户群体往往是之前没有被传统金融服务到位的客户,其服务满足的是如小微企业、农村金融或高端客户的零散需求,而非传统银行的主要客户的主要需求。由于金融科技与传统金融错位竞争,其主要用户相对来说往往是社会弱势群体,因此一定要遵守金融适当性原则,注重消费者保护,仔细考量产品是否适合客户、对风险有无虚假陈述、规则是否简单清晰等等。

一般而言,金融科技化的转型有三大驱动力,那就是价值驱动、技术驱动和规则驱动。第一是价值驱动。中国在很长一段时间内金融体系欠发达,存在很多金融服务不完备的情况,所以给了金融科技"可乘之机",催生出了新金融。比如支付宝的便捷支付和余额宝的存款功能在中国很受欢迎,这就体现了它的价值。

第二是技术驱动。一个日益明显的现象是,过去存在的基础技术正逐渐被应用在金融领域并发挥着越来越大的作用,应用技术正逐渐改变金融服务的表现形式,中国在此方面表现不错。例如,人工智能的概念早在1956年就被提出,但经过技术演变,如今我们已经能利用人工智能(具体来说是机器学习)

开发智能投顾系统，利用程序进行投资决策推荐；大数据也并非新概念，但在经历多年技术演变后，如今已被应用于金融反欺诈领域；传统的密码学在叠加生物技术后，可以被应用于身份识别领域。未来技术在金融行业的应用将越来越普遍，如移动支付、智能投顾、公有云、区块链等技术都已经或即将在金融领域发挥其独特的作用。

第三是规则驱动，也就是监管。科技极大地提升了金融服务业的生产力，但相应的生产关系等规则没有与时俱进，需要跟上脚步，加快调整。

过去得益于天时、地利、人和，中国成功地步入了金融科技发展的快车道。未来，价值驱动、技术驱动的影响还会加速，与此同时，规则显得越来越重要。因此，中国能否在金融科技领域保持引领世界的良好势头，很大程度上取决于其监管能力是否能快速提升。目前来看，金融科技的监管能力是短板，仍需努力补足。

四、大上海，新机遇

在换道超车的过程中，中国的金融科技产业究竟表现如何？浙大 AIF 团队从企业、用户和政府这三大市场参与主体出发，以金融科技产业、金融科技体验和金融科技生态为三大维度构建指标体系，着眼于网贷、众筹、第三方支付、大数据征信、区块链五大行业，以全国 37 个直辖市、计划单列市、副省级城市和省会城市为样本对象对各个城市的金融科技发展现状进行数据呈现和量化分析。该指数（"2017 中国金融科技中心指数"）于 2017 年 9 月 29 日在杭州发布。①

如图 2 所示，在总体排名中，北京位列第一，上海紧随其后。从上海的

---

① 该指数报告核心成果详见本书第五篇中的《普惠共享，触及未来——2017中国金融科技中心指数报告》。

具体情况来看，其在产业维度和生态维度上表现抢眼，均位居第二，而体验上则相对较弱，位列第五。

基于指数结果，我们提出了当今中国的三大世界级金融科技高地，包括既是经济重镇又是金融科技重镇的京津冀地区，以深圳为核心的粤港澳大湾区以及上海和杭州双核引领的长三角地区（上海、杭州、宁波、南京、合肥五城均位列前20名）。长三角地区在中国这三大金融科技高地中优势明显，其相对于京津冀地区来说区域发展更为均衡，相对粤港澳大湾区来说区域文化相对接近（粤港澳联通需跨越边境口岸），而其优越的地理位置又方便辐射全国。

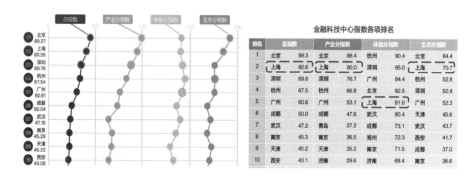

排名	总指数	产业分指数	体验分指数	生态分指数
1	北京 89.3	北京 98.4	杭州 90.4	北京 84.4
2	上海 80.6	上海 90.0	深圳 85.0	上海 70.7
3	深圳 69.8	深圳 76.7	广州 84.4	杭州 52.8
4	杭州 67.5	杭州 66.8	北京 82.5	深圳 52.4
5	广州 60.6	广州 53.1	上海 81.0	广州 52.3
6	成都 50.0	成都 47.6	武汉 80.4	天津 45.6
7	武汉 47.2	青岛 37.2	成都 73.1	武汉 43.7
8	南京 45.3	南京 36.5	郑州 72.3	西安 41.7
9	天津 45.2	天津 35.2	南京 71.5	成都 37.0
10	西安 43.1	济南 29.6	济南 68.4	南京 36.6

图2 2017金融科技中心指数：聚焦上海

资料来源：浙大AIF。

在这样的背景下，我认为上海在金融业的机遇主要包括如下几个方面。

第一，上海要"走进去"。上海在过去一直追赶学习纽约、伦敦等国际化城市，但在当今金融科技化的巨大浪潮下，上海应更多地将眼光收回来仔细审视长三角、审视全中国，关注在中国这片土地上成长起来的一些原创业态和企业。在这一方面，上海需要"放下身段"，定位成为长三角乃至中国经济的五星级"店小二"。

第二，上海要"走出去"。"走进去"和"走出去"是相互促进的，"走进去"是为了更好地"走出去"。如今，中国的一些实践正在被广泛认可，特别是被发展中国家所认可，已经具备了一定的"走出去"的实力。我们应该看到，上海在专业人才和经济实力方面具有较大优势，其国际化程度很高。但是，上海过去的国际化是帮助外国企业进入中国，如今我们需要调整国际化的方向，不仅要引进发达国家的人才，还要让中国优秀的人才帮助中国优秀的产品和企业"走出去"，把中国的经验全球化。上海需要把握行业趋势，及时调整建设金融科技中心的战略，发挥自己的独到优势，引领建设领先世界的长三角金融科技生态城市群。我非常希望看到，长三角城市群如同群星璀璨，而上海成为那夜空中最明亮的星。

各位朋友，现代金融业走过漫漫长路，我们曾以英美为标杆努力地模仿学习，上海也是以纽约为标杆奋力追赶，取得了很大进步，但差距依然明显。但如今，在全国乃至全球范围内，金融科技化的速度正在提升，"技术驱动"、"场景依托"和"监管合规"正成为主导金融行业未来发展的三支核心力量。而以所谓的"ABC"[AI（人工智能）、blockchain（区块链）、cloud computing（云计算）]等为标志的新科技使金融江湖风起云涌，也给传统金融的行业模式和传统金融中心的江湖地位带来了较大的压力。我们曾视作标杆、努力追赶的传统金融中心，正在逐渐被我们在新跑道上超越。在金融科技化的互联网金融发展阶段，中国得益于天时、地利与人和，实现了跨越式发展和换道超车，呈现出领先全球的喜人态势。在此过程中，大上海需要把握行业趋势，及时调整建设金融科技中心的战略，发挥自己独到的优势。对内，要主动对接江浙皖，引领长三角区域建设，做中国的五星级"店小二"；对外，要将中国的新金融模式带向世界，把中国的经验全球化，共同打造领先世界的长三角金融科技生态城市群。

各位朋友，当今时代可以说有两大趋势，一是新兴科技产业正在影响着全球经济格局，二是中国的崛起正在改变全世界的格局。我认为，大上海应该站上更高的新历史方位，具备更强烈的历史使命感，更主动地抓住历史发展机遇，上海金融（科技）中心的前景一定会非常光明！

绿色金融的"崛起"和雄安的使命 *

2017 年 4 月，党中央、国务院宣布设立雄安新区，这是京津冀协同发展战略的重要组成部分，是千年大计、国家大事。建设绿色、低碳的智慧城市已成为雄安新区建设的重点目标。如何将人的因素、智慧城市原则、可持续发展和环境适应型战略有效结合起来，将雄安新区打造成智慧、绿色和环境适应型城市，助力雄安实现世界级未来城市之梦是本次大会的重要议题。我将从绿色金融的角度出发，谈谈我对未来城市的理解。

一、未来的相同与不同（What Will and Will Not Be Different in The Future?）

今天大会的主题是"未来城市"。那么未来和现在会有哪些不同？我们虽

---

* 本文根据作者于 2018 年 3 月 25 日出席在河北省保定市举行的"2018 年中英未来城市论坛"（China-UK Future Cities Forum 2018）时所作的发言实录整理而成。演讲原文为英文，本文为译文，由李心约整理，顾雨静编辑。论坛是在中共中央、国务院设立雄安新区一周年之际举办的，以"助力雄安实现世界级未来城市之梦"为主题，由英国驻华大使馆主办、河北大学承办。

然不能精准预测未来，但我们至少知道未来与现在不同的有：我们联系、互动的方式，出行、居住的方式，公司的组织形式，工作的内容与方式，交易、记账的方式，资金融通的方式，城市治理的方式，教育的方式包括大学的形态等。

但相同的是，在未来，货物仍然需要贸易，资金仍然需要融通、流通，人类仍然需要工作、生活和娱乐，社会仍然需要治理与规则。而同样的，金融仍然要不忘初心，服务实体经济，创造社会福利，谋求人类幸福。

二、绿色金融的崛起（Rise of Green Finance）

我心目中的绿色金融未来应该是这样的：以服务实体经济、服务健康需求、创造社会福利为导向，以高效、精准、普惠、可持续为目标，以新技术、新模式为手段，以开放包容的制度为保障，是金融新时代的到来，是新金融、新业态、新生态、新城市的崛起。

崛起的英文"RISE"可以很好地概括未来绿色金融和金融科技的融合。

负责任的和有韧性的特征（Responsible and resilient）。绿色金融必然是服务实体经济，满足真实需求，创造实际财富（serving real economy and real needs, creating real wealth）。

包容性和创新性（Inclusive and innovative）。包容性增长是我们的目标，我们必须找到创新的工具、方法去实现包容性目标，而技术是核心。（Inclusive growth is our goal, and we must find innovative tools and ways to do it, technology is key.）

可持续性和智慧型（Sustainable and smart）。我们必须寻找可持续的商业模式、智能技术、智慧的政策以实现可持续发展的目标。（We need sustainable business models, smart technology and policies to achieve sustainable growth.）

高效的生态系统（Efficient ecosystem）。我们必须改善成本效益和效率，提升用户体验，并打造一个绿色金融友好型的生态系统，这包括支持性的政策和智慧的监管。（we must improve the cost effectiveness and efficiency, achieve user experience, and create an ecosystem which is friendly towards green finance. This will include supportive policies and smart regulations.）

三、从大到伟大（From Big to Great）

中国已经是绿色金融大国，更是金融科技的大国，我们需要将"绿色金融"这个导向和"金融科技"这个手段更好地融合：金融科技要以绿色发展为目标、使命，绿色金融要更加善于使用金融科技的先进手段、商业模式。只有二者有机结合，中国才有可能实现从绿色金融、金融科技大国到强国，乃至到伟大国度的跨越，而这还需要我们做到：

第一，**全社会参与**。绿色金融不仅仅是个别机构的事情，它必须深入人心，需要大众广泛有效的参与，这正是金融科技的特征和优势。

第二，**技术驱动**。绿色金融必须更好地和技术结合，没有技术支撑，没有硬实力，只有情怀是不行的；我们要让科技赋能绿色金融，让绿色引领金融科技。

第三，**政府引导**。更加精准的政策与制度保障是不可缺少的。我们需要友好型的、可以落地的、用户体验好的政策法规；我们需要借鉴国际经验，加快监管机制的优化和监管能力的提升，尽快补齐中国在这方面的短板。

四、雄安的使命和机遇（Xiong'an New Area's Mission & Opportunity）

雄安可以发挥重要示范作用。借助中英共建金融科技城的东风，借鉴国内外的最优实践经验，在绿色金融和金融科技的融合方面，我们可以在雄安建立一个面向未来、引领世界的试验田，让绿色金融和金融科技的融合更好地服务和赋能未来城市、未来社会，为世界和人类的未来提供好的中国经验、中国样本，建设一个集世界眼光、国际水平和中国特色为一体的未来雄安。

加快数字雄安建设,打造绿色金融中心 *

今天正值雄安新区设立两周年,非常高兴能参加本次论坛。今天的主题是"未来城市·雄安质量",之前发言的几位专家已经围绕着"未来城市""智能雄安""创新雄安"几个角度就推动雄安新区新时代高质量发展的重大需求进行了发言,接下来我将主要聚焦金融角度,谈谈绿色金融和科技金融如何助力雄安的未来建设。

首先从定义来看,绿色金融是指支持环境改善、应对气候变化、资源节约与高效利用的经济活动,也是针对节能环保、清洁能源、绿色交通、绿色建筑等领域的投融资、项目运营、风险管理等金融服务。

就起源来讲,绿色金融可以算是一个"舶来品"。2002 年,我当时所任职的荷兰银行牵头花旗银行等 4 家银行,在世界银行等国际金融组织的支持下提出了"赤道原则"(Equator Principles, EPs),旨在判断、评估和管理项目融资

---

* 本文根据作者于2019年4月1日出席在北京举行的"浙江大学雄安发展论坛"时所作的主题演讲实录整理而成,由李心约整理,顾雨静编辑。论坛是在雄安新区设立两周年之际,由浙江大学和雄安新区管理委员会共同指导举办,以"未来城市·雄安质量"为主题。

与信贷中的环境与社会风险，倡导支持环境治理与可持续发展以及对于整个社会的健康影响。作为一个自愿遵守的原则，截至目前，"赤道原则"已被35个国家的近100家金融机构所采纳。2008年，兴业银行宣布采纳"赤道原则"，成为中国首家"赤道银行"。

2006年，责任投资原则（Principles for Responsible Investment, PRI）的提出则是绿色金融在国际上的第二个里程碑。责任投资原则要求投资者清晰地认识到环境、社会和公司治理（Environmental,Social,Governance,ESG）问题，倡导在投资决策过程中应充分考虑环境、社会和公司治理因素。仅经过十年的发展，截至2016年8月，责任投资原则的签署机构数就达到1555家，管理资产超过65万亿美元。

2016年，作为主席国的中国将绿色金融议题引入二十国集团（G20）议程，发起成立绿色金融研究小组，获得了积极反响和广泛支持。2016年7月，第三次二十国集团财长和央行行长会议在四川省成都市举行，会议公报强调了发展绿色金融的重要性。因此，2016年被认为是中国绿色金融发展的元年。就在这短短的一年中，我国绿色债券市场实现了从无到有，2016年累计发行规模超2000亿元人民币。2018年，符合国际绿色债券定义的中国绿色债券发行额达到2103亿元人民币（约合312亿美元），其中包括中国发行人在境内和境外市场共发行的2089亿元人民币（约合309亿美元），以及14亿元人民币（约合2.08亿美元）的绿色熊猫债。目前中国已经成为全球绿色债券存量最大的市场。从发行人的区域分布来看，2018年共计24个省（区、市）参与了绿色债券发行，福建、北京、上海、广东和贵州的绿色债券发行规模位列前五。据统计，非金融企业绿色债券募集资金集中投放在清洁能源、绿色交通、污染防治等领域。

浙江省在绿色金融领域也是排头兵。2017年6月，国务院决定在浙江等五省（区）设立首批绿色金融改革创新试验区，湖州、衢州成为首批试点城市。截至 2017 年末，浙江省绿色信贷余额为 6875 亿元，同比增长 44%。其中，湖州、衢州绿色信贷余额分别达到 748 亿元和 313 亿元，占当地各项贷款比重分别达 22.8% 和 16.2%。习近平总书记多次提到"绿水青山就是金山银山"，绿色金融就是对"绿水青山就是金山银山"理念的一个极佳诠释。

总体而言，绿色金融是从国际传播到中国的，但中国可以说是弯道超车，这主要得力于党和政府的强有力领导，以及金融供给侧改革的重大机遇。

在"绿色发展 + 金融"融合的同时，"科技 + 金融"的深度融合更加明显。从国际来看，贝宝诞生的 1998 年可以说是互联网金融从硅谷刚刚起步的一年。五年之后，中国的互联网金融以支付宝的诞生为标志从杭州出发。2013 年我们迎来"互联网金融元年"，同年成立的众安保险目前已发展成全球最大的互联网保险企业，此后成立的微众银行、网商银行等互联网金融企业也蓬勃发展。2015 年，我所在的浙江大学互联网金融研究院正式创立，紧紧抓住了互联网金融发展的绝好机遇。2016 年，"金融科技"（FinTech）这一词语真正传入中国。当前我国的互联网金融研究俨然可以算是引领全球。

据我的研究团队发布的 2018 年全球金融科技中心城市排名报告[①]，中国已经在金融科技领域跃居全球一线，特别是北京、上海、杭州、深圳四座城市，已跃居全球金融科技一线城市，长三角地区更成为全球金融科技区域第一名。京津冀地区也位居全球区域一线，但相对来讲发展不够均衡，所以金融科技将会是雄安的一个绝佳的潜在发展机遇。

与绿色金融类似，中国在金融科技的发展轨迹可谓是"换道超车"。从过去中国模仿国际（copy to China）的模式，到如今世界模仿中国（copy from China）的模式，可以说，我国的金融科技发展已经得到了全世界的认可。

---

① 该报告的核心成果参见本书第五篇中的《多极联动，天下新局——2018 全球金融科技中心城市报告》一文。

值得关注的是，雄安新区规划提出了几个主要指标，即到 2035 年：

第一，全社会研究与试验发展经费支出占地区生产总值比重达 6%，和北京持平；

第二，科技进步贡献率达 80%；

第三，数字经济占城市地区生产总值比重超过 80%，这一指标要求相当之高，作为对比，在深圳规划中，到 2035 年，该指标也仅需达到 50%；

第四，大数据在城市精细化治理和应急管理中的贡献率超过 90%；

第五，基础设施智慧化水平超过 90%。

2019 年 1 月 24 日，《中共中央、国务院关于支持河北雄安新区全面深化改革和扩大开放的指导意见》对外发布，在有关雄安新区的金融改革发展方面，该指导意见提出的主要举措包括"积极创新绿色金融产品和服务，支持设立雄安绿色金融产品交易中心""研究建立金融资产交易平台等金融基础设施，筹建雄安股权交易所，支持股权众筹融资等创新业务先行先试""研究在雄安新区设立人民银行机构，推进综合性、功能性金融监管体制改革，探索建立符合国际规则的金融监管框架"等。

两年前，雄安的建设拉开了序幕。在今天，我们的发展论坛提了四个关键词：未来、智能、绿色、创新。这正是建设数字雄安所需要的：面向未来、智能手段、绿色导向、创新思维与方法。

十几年前，互联网金融在中国杭州悄然起步，时至今日，中国在互联网金融领域已经取得了举世瞩目的成绩，已然成为全球高地。展望十几年以后的 2035 年，我非常期待在雄安能够成功建设起绿色金融全球高地。雄安新区要做引领区、示范区、先行区，我曾思索过如何去诠释"雄安"两字中的"雄"字，"雄"的拼音首字母是"X"，也近似乘数符号，于是我想"雄"可以理解为一种乘数效应或示范效应，我期待和相信雄安的绿色金融建设是可建设、可复制、可推广的！

探索数字经济"浙江模式"*

近年来，数字经济逐渐成为我国经济发展的关键词。2016 年 7 月 12 日召开的国务院常务会议明确提出要制定促进数字经济发展战略纲要；2016 年 9 月，G20 杭州峰会发布《二十国集团数字经济发展与合作倡议》；2017 年 3 月，数字经济首次被写入政府工作报告。显然，数字经济在中国已上升为国家战略。在浙江，数字经济发展更是强势推进，呈现出全球领先的态势。2017 年 12 月 25 日，浙江省委经济工作会议明确提出，把数字经济作为"一号工程"来抓。

一、数字经济的内涵与外延

"数字经济"一词最早出现于 20 世纪 90 年代。为了应对全球经济增速低

---

* 本文由作者2018年7月接受作者专访后的采访稿整理而成，原文刊于《浙江经济》2018年第4期，记者陈越，由顾雨静编辑。

缓、复苏乏力的挑战，2016 年，中国作为二十国集团（G20）轮值主席国，首次将"数字经济"列为 G20 创新增长蓝图中的一项重要议题，并与多国领导人共同签署了全球首个数字经济政策文件——《二十国集团数字经济发展与合作倡议》。

历经 20 余年的发展，数字经济的定义和本质都没有发生太多变化，仍是指由信息技术革新驱动的经济增长。从内涵上来说，数字经济体现为基础电信、软件服务、互联网技术等科技创新所带来的信息产业增加值的提升、数字产业化的不断发展；从外延上来说，科技创新与信息技术发展也为农业、工业和服务业等传统产业带来了全新的发展模式，对其他产业的创新发展做出重要贡献，促进了产业数字化的实现，为人们的社会生活创造了更多效益，这也属于数字经济的一部分。例如网约车、无人驾驶等，这些行业本身并不属于信息技术相关行业，但它们的兴起实实在在地根植于数字经济的土壤中，是数字经济赋能的结果。

二、"一号工程"助推浙江经济高质量发展

数字经济的发展乃大势所趋。全球主要国家经济呈现增速各异的态势，而数字经济增速普遍呈现出高于 GDP 增速的特征。我国数字经济凭借强大的后发优势，实现了发达国家数倍的增速。

在全国数字经济跨越式发展的背景下，浙江省委经济工作会议提出：把数字经济作为"一号工程"来抓。这为浙江打造"数据化"驱动信息经济的升级版、全面建设数字经济强省指明了方向。在浙江省第十三届人民代表大会第一次会议上，浙江省省长袁家军作政府工作报告时提及，今后五年，浙江将大力发展以数字经济为核心的新经济，加快构建现代化经济体系。可见，数字经济将成为浙江经济高质量发展的重要引擎。

数字经济之所以有如此重要的作用,与其自身的特性不无关系。一方面,数字经济具有渗透性。迅速发展的信息技术、网络技术,具有极高的渗透性功能,使得信息服务业迅速地向第一、第二和第三产业扩张,使三大产业之间的界限模糊,出现了第一、第二和第三产业相互融合的趋势。因此,数字经济既是其自身(如跨境电商、新金融等)发展的抓手,同时也是八大万亿产业转型升级的抓手,如"数字经济 + 高端制造""数字经济 + 时尚产业""数字经济 + 养老产业"等。另一方面,数字经济发展具有可持续性,它可以精准了解消费者和供应链环节的真实需求,有效避免传统工业生产对有形资源、能源的过度消耗,避免造成环境污染、生态恶化等危害,从而智能化地推动浙江经济的绿色发展、高质量发展。

三、数字经济"最好的时代"

我在第四届世界互联网大会演讲时提出过一个观点,"中国数字经济正面临最好的时代"。有人曾对"最好的时代"一词表示不解。实际上,关于"最好的时代",可以有三种理解。第一,这是数字经济突飞猛进的关键时期。纵观数字经济的全球发展格局,美国仍占据引领数字经济产业发展的主导地位,但是中国作为数字经济规模全球第二的国家,呈现出快速崛起之势。以电子商务为例,十年前中国的电商交易额还不到全球的 1%,如今占比已超过 40%,约等于美国、英国、日本、法国、德国五国的总和。第二,这是"中国方案"输出、推广到全球的最佳时机。回顾过往两三百年的历史,自工业革命以后,中国鲜有新兴技术产业立于世界之巅,而如今我们的数字经济却可以引领全球、服务全球。以新金融领域为例,微信支付、支付宝等数字支付工具,在海外已有足够的知名度,得到了相当广泛的认知和运用,为全球新经济发展提供了值得借鉴的中国方案。第三,这是数字经济不断完善的重要契机。无论是数字经济还是互联网金融，都要讲求规范发展、持续发展、健康发展。也就是说，虽然中国的数字经济发展已经处于世界领先水平，但是数字经济占中国整体经济体量的比例还是比较小的，未来仍有很大的发展空间。同时，世界范围内的数字经济的发展也为中国提供了很好的拓展机会。

就浙江而言，大力发展数字经济正当其时。首先，浙江具有良好的政策环境。浙江省委、省政府高度重视数字经济的发展，明确将数字经济作为发展新经济的核心，在政策制定、方向指引、资源倾斜等方面都有所体现。其次，浙江具有强劲的内生动力。浙江虽然不是传统意义上的全国性金融中心，但却拥有世界领先的数字经济业态和中国最具影响力的商帮——浙商，浙商具有外向型、全球性的特征，与数字经济是"孪生姐妹"。在全球布局方面，浙江已经走在了很多省份的前面。相对于国企，民营经济更容易"走出去"，也更有经验、更加市场化。插上数字经济的翅膀，"市场化＋全球化＋数字化"的道路将更加顺畅。最后，浙江具有良性的政商关系。作为民营经济大省，浙江就构建新型政商关系提出"亲不逾矩、清不远疏"的思想，并立足自身实际，针对现实问题出台相应举措，积极探索构建既"亲"且"清"的新型政商关系，努力打造民营经济健康发展的标杆省份，为数字经济的未来发展营造良好氛围。

在数字经济已经成为浙江经济高质量发展的重要引擎的今天，保持"走在前列、干在实处"的精神面貌，积极探索数字经济服务实体经济、赋能实体经济、引领实体经济的"浙江模式"势在必行。

四、探索数字经济"浙江模式"

经过十多年的发展，浙江在多个领域成为全球数字经济的领导者，积聚了雄厚的技术实力和创新经验，如电子商务的引领性发展、移动支付多样化的场景应用。中国的科技企业具有生来国际化的特质（born global）。2017年，阿里巴巴来自速卖通（AliExpress）和来赞达（Lazada）的海外年度活跃买家数合计达到 8300 万人，超过了很多国家的人口总数。持续发展数字经济，浙江有三大突破口：一是进一步做大做强电商、互联网金融，持续领先全国、领跑全球，比如鼓励以蚂蚁金服为代表的浙江互联网金融兵团继续勇立潮头。二是加快数字经济与实体经济的融合，通过开放数字技术，赋能各行各业，推动数字经济深入发展，比如通过"数字经济＋先进制造"，不断推动硬件、软件和服务一体化的智能制造。三是保持走在前列、干在实处的精神面貌，探索数字经济服务实体经济、赋能实体经济、引领实体经济的"浙江模式"。

值得关注的是，数字经济未来的发展不仅依赖于大数据、云计算、区块链等新技术的发展，也对新资源提出了新的需求。未来，数据将逐渐成为新的最重要的"自然"资源之一，越来越多的数字经济新场景也将不断融入我们的生活之中，数字零售、数字社交、数字金融等领域的探索发展也将更为深刻地影响人类的行为习惯和经济社会发展。

除了中国以外，一些发展中国家尤其是"一带一路"沿线国家也具备巨大的发展潜力，未来将成为数字经济发展的新市场。"一带一路"沿线国家的发展不仅要关注物理基础设施，更重要的是数字基础设施的建设和数字技能的培训。面临更为广阔的市场和更为复杂的挑战，我们必须妥善处理好信息安全、个人隐私、消费者权益保护等数字经济时代的治理问题。如何保证弱势群体在新经济崛起的过程中不受到不公正的待遇，如何树立起一个新的公平、公正、透明的治理体系，是世界和中国共同面临的挑战，也是我们积极探索"浙江模式"的机遇。

发展广东金融需要处理好五方面关系 *

非常高兴参加本次广东金融专家顾问委员会会议。本次会议主要探讨两个问题：一是广东金融发展战略问题，二是民营企业融资难、融资贵的问题。针对这两个问题，前面几位委员的发言都非常完整、非常成熟，接下来我简要谈谈我的看法。

针对民企融资难的情况，我认为需要从三个方面来考虑：第一，融什么样的资；第二，要融多少资金；第三，如何去融资。

我们曾提到民企可以通过股权来融资、通过长短期结合来融资等，具体措施可能更多地取决于企业的自主选择。政府在这方面能做的工作主要包括供给侧结构改革、民企生态建设、信用环境建设、制度完善与监管能力提升，以及维护公平、公正、高效的市场秩序等。

除此之外，我认为广东省需要进一步明确在全国金融行业的定位。虽然

---

* 作者2017年11月受聘为广东金融专家顾问委员会委员。本文根据作者于2018年12月7日在广州出席由广东省政府召开的"广东金融专家顾问委员会第一次会议"时所作的发言实录整理而成，由李心约整理，顾雨静编辑。

2018 年 5 月发布的《广东省金融五年规划》提出了"一十百千万"行动计划，但这一金融定位及目标较之其他一些省（市）不够清晰。比如浙江省力图打造新兴金融中心，上海市力图打造国际金融中心，而广东省在金融行业具体是想打造广东金融高地，还是广东样本，或是广东经验呢？这还需要进一步明确。

针对以上问题，我认为广东需要处理好以下五方面的关系：

第一，处理好传统金融与新金融之间的关系。事实上在利用科技赋能传统金融、打造融资渠道多元化方面，广东省有着显著的优势，比如中国平安、招商银行等企业在金融科技方面的表现都可圈可点。根据浙江大学互联网金融研究院的研究结果，无论是在中国还是全球，深圳在金融科技领域都位于一线，广州也位于前三十。相比于打造类似上海的国际金融中心，发展金融科技、有机结合传统金融与新金融，可能会是广东省更好的选择。

第二，处理好广州、深圳、香港之间地域功能错位发展的关系。目前来看，深圳着重发展"科技＋金融"，香港的核心则仍然偏向金融，而广州的发展核心是什么？是产业金融，还是供应链金融，或者其他呢？这方面仍然需要进一步研究。

第三，处理好"引进来"与"走出去"之间的关系。广东省作为国际化的大省，可以主动邀请省外、国外的一些机构到广东来调研、落户，比如省外大型互联网机构的金融事业部、研发部，国外机构的中国事业部等。同时，广东省也应该积极发挥香港作为国际桥梁的优势，帮助主动"走出去"的企业更好地融入全球化进程。

第四，处理好产业与生态之间的关系。在《广东省金融五年规划》中，提到要支持 1000 家上市公司、100 家金融机构等，从产业范畴出发，这是非常好的。但作为政府，或许要更多地关注生态层面，即软环境方面的问题，比如监管问题、法律问题、政策问题、营商环境等。据了解，我们的外汇管理条例达 280 多条，一些过分复杂的条例可能会束缚金融和企业的发展，因而需要进一步简化、优化乃至改革。目前无论是从金融、科技等公司本身，还是从消费者反馈来看，我们在产业层面已经处于比较高的水准。但是在监管政策等软环境、生态层面上，还需要进一步提升。

第五，处理好金融行业生产力与生产关系之间的关系并尽快做出调整。目前，科技正推动金融行业发生革命性的变化，而金融本身可以理解为是一种制度、一种生产关系。因此，我们目前的生产关系是否到位，包括金融监管制度、金融市场治理、中央与地方之间的关系重构等将决定其是否能够匹配快速发展的生产力，这需要广东大胆探索，也需要全国通盘考虑。

金融服务实体经济与构建现代产业体系的重点和难点[*]

谢谢冯省长、袁省长、各位领导，非常荣幸有机会围绕"金融服务实体经济与构建现代产业体系的重点和难点"这个主题，跟大家进行分享和汇报。我将追溯金融的初心与发展历史、重新认识与定位金融、构建现代产业体系与金融服务实体经济之间的关系，并结合浙江机遇与浙江方案来具体展开谈谈在金融服务实体经济与构建现代产业体系方面的重点和难点。

一、金融初心: 追本溯源

回顾过去近千年历史可知，现代金融起源于欧洲，且可被划分为四个时代。第一个阶段可称为"威尼斯时代"。威尼斯共和国凭借其优越的地理位置

---

* 本文根据作者于2019年2月26日在由浙江省政府举行的"金融形势与改革发展"专题学习会上发表的主题演讲实录整理而成，由吕佳敏、鲁兰心、金佳琛整理，顾雨静编辑。专题学习会是在认真学习贯彻习近平总书记在中央政治局第十三次集体学习时的重要讲话精神，深化金融供给侧结构性改革，大力实施"融资畅通工程"，增强金融服务实体经济能力，充分发挥现代金融对现代产业体系的支撑保障作用的背景下举行的。

取得了海上霸权的地位，在全世界范围内开展货物贸易，使得金币不断地积聚在威尼斯。在此背景下，理财、投资以及贸易融资的需求随之产生，世界上第一家银行威尼斯银行于 1171 年应运而生。

第二个阶段是"荷兰时代"。荷兰创造了很多个"第一"：全世界第一个股份制公司以及第一家跨国公司东印度公司于 1602 年在荷兰成立；全世界第一个股票交易所——阿姆斯特丹股票交易所，以及第一家公共银行——阿姆斯特丹银行，于 1609 年在荷兰成立。作为一家公共银行，阿姆斯特丹银行不仅服务于政府，还服务于企业。不幸的是，荷兰还发生了世界上第一个有记载的金融危机——郁金香泡沫。在 1637 年郁金香泡沫破灭之时，一株郁金香的价格被炒到了 6700 荷兰盾，相当于 45 个荷兰人的年收入之和，也相当于同期阿姆斯特丹运河边一栋豪宅的价格。可以说，"郁金香泡沫"的破灭使得荷兰这个"海上马车夫"开始逐渐走向衰弱。

第三个阶段是"英国时代"。英国通过发展殖民地，建立海上霸权，成为盛极一时的日不落帝国，由此迎来了英国金融时代，英镑也成为世界货币。全世界第一个真正意义上的中央银行——英格兰银行，于 1694 年在英国以股份制的形式成立。在经济发展的过程中，英国也经历了 1720 年著名的南海泡沫事件，使社会各阶层的投资者对资本市场，尤其是股票市场，产生了极大怀疑，并由此出现了"经济泡沫"一词。著名物理学家牛顿在股市中巨亏 2 万英镑（约为现在的 4000 万元人民币）后感慨"我能计算天体运行的轨迹，却难以预测人类的疯狂"。

第四个阶段是"美国时代"。1776 年才建国的美国，于 1792 年在纽约签订了《梧桐树协议》，并在 1863 年正式成立了纽约证券交易所。但股份制的美联储是在发生了多次金融危机以后才于 1913 年建立的。在此之前，摩根大通（J.P.Morgan）起到了准中央银行的作用。1929 年，历史上最严重的经济危机（也称"大萧条"）爆发，此次危机不仅改变了历史发展的方向，也奠定了二战之后美国与美元的霸主地位。

从 800 多年的现代金融发展历程中我们可以清晰地看到,金融的初心可归结为批发业务和服务实体经济这两大方面。具体来说,一方面,金融主要为国王 / 政府、大公司、大机构提供服务,可理解为所谓的批发业务;另一方面,金融本身就是服务于实体经济的,如"威尼斯时代"和"荷兰时代"都是以海上贸易为基础做的贸易融资。因此,金融的初心非常清晰,一旦偏离初心就很可能会产生金融泡沫甚至金融危机。根据历史经验,一旦产生金融危机,大概率会引发经济危机乃至政治危机,一个国家 / 政权的衰败可能由此开启。

那么,金融为什么难做?有何特殊性?与其他行业有何不同?我总结罗列了 8 个特性。其中,正面或中性的特性有 4 个:一是金融具有可扩展性,规模可以随时被拉高。举例来说,一家银行今天可以给企业批准 100 万元信贷额度,明天可以再批准 10 亿元甚至 100 亿元的信贷额度,为什么可以如此"大方"?因为银行发放信贷额度并不需要所谓的物料,不像实体经济企业需要买钢材去造生产线等。二是金融具有预期性,即金融的收益和风险都是"未来的",都是具有期货性质的。三是金融需要遵守适当性原则,金融的价格、流程、规模等产品需要与其服务的对象相匹配。四是金融具有社会性,没有其他任何一个行业能够像金融业一样,参与性如此之高、覆盖面如此之广。

与之相对应的是,金融也有 4 个负面的特性:一是金融具有不对称性,具有极强的信息不对称性,因此要求双方都诚实地披露信息、不可带有误导性、诱导性等。二是金融具有投机性,无论是"郁金香泡沫"还是"南海泡沫",背后都是过分的投机。三是金融具有逐利性。这里我想强调一点,资本相对是慢性的、长期的,而资金才是短视的、逐利的,所以新闻中经常出现的"民间资本逐利",更正确的表述应该是"民间资金逐利"。四是金融具有风险性,特别是在互联网金融和金融科技的时代,金融的风险及传染性也会被放大。

以上的八大特性,决定了金融具有公共属性(社会属性),金融就像是一种社会基础设施。在全球化、科技化不断加剧的当下，也易产生过度市场化、自由化、证券化、交易化、短期化、高频化的现象。为什么投资股市被称作"炒股"？因为大多数股民并没有真正地去分析基本面、看投资标的的真实价值，而仅仅是短期投机逐利而已。此外，近几年高频交易很火，但从我个人角度来看，这些高频化的交易没有产生新的价值，对实体经济与总体社会财富增长并无意义，对金融市场的稳定也无益处。也正是这些属性决定了要做好金融其实很难。德国、日本、韩国等国都在传统产业，或者说制造业上颇有建树，但其金融业的发展与其制造业等传统产业相比就相去甚远。

二、认知金融：正本清源

第一部分我们追本溯源，找到了金融的初心与历史轨迹，接下来要对金融"正本清源"，重新认识金融。那么，金融究竟是什么？我从事金融行业将近 20 年，想用一张"金融大厦"图做解释。

如图 1 所示，最底层是所谓的实体经济，因为实体经济是基石。第二层是金融基础设施，例如央行、清算系统、交易所、金融制度等。第三层则是一些重要的金融市场，从大宗商品市场，如黄金市场、石油市场，到外汇市场，再到最重要的广义资本市场，包括股票市场、信用与债券市场，其中又分为一级市场和二级市场。在此基础上的第四层涵盖了五大金融价格，即汇率、信用、利率、股票、商品价格，其中最重要的是利率，因为利率会影响其他所有资产的价格。第五层是金融衍生品，如期货、期权、远期和互换。最顶层是结构性衍生品，其价格是基于金融衍生品之上的。但我认为，过多过于复杂的衍生品是需要被警惕的，近三五十年，大部分金融风险的产生都源自金融衍生品和结构性衍生品，如巴林银行倒闭事件、中信泰富巨亏事件等。这也引出了我们"金融大厦"中一个贯穿始终的部分——位于图 1 最右侧的风险管理。金融最核心的部分是对风险的管理、控制和定价,这是一个金融机构、一个行业乃至一个社会需努力攻克的重点与难点。

结构性衍生品					风险管理
金融衍生品市场					
期货	期权		远期	互换	
汇率	信用	利率	股票	商品价格	
外汇市场	资本市场			大宗商品市场	
	信用与债券市场	二级	股票市场		
		一级			
金融基础设施					
实体经济					

图1 "金融大厦"

但是目前,人们对金融的认识存在诸多偏差,以下我列举了七个常见的认识误区:一是认为金融是现代经济的中心,所有其他行业都以金融为中心,围绕着金融转。这是狭义的、不正确的。二是将金融简化为资本市场,把资本市场等同于股票市场,又简单等同于炒股。三是认为做金融就等于赚钱,所以人人都想进金融行业,每个公司都想做金融。诚然中国和国际的银行都比较赚钱,但如果从资本市场的角度看,金融行业的估值(从市盈率、市净率的角度)并不高,特别是与科技行业相比,二者完全不是同一量级。四是认为大银行做大客户,小银行做小客户,其实不然。例如美国的富国银行,虽然只专注服务中小微企业和个人客户,但是它是世界最著名、最大的银行之一,竞争优势显著且投资回报率长期领跑行业。五是认为普惠金融就是人人都可以做金融,这种认知显然是错误的。六是认为互联网金融等同于P2P,又等同于骗子,导致"互联网金融"这个词被污名化。这种现象的出现,值得社会反思。七是对金融业务和人才存在误解,认为世界银行就是银行,投资银行是做投资的。而事实上,世界银行并不能算作是标准意义上的银行,它只涉及一些开发性金融；而投资银行主要从事的是证券的发行、承销和交易业务。

正因为存在如此多的金融认识偏差，重新定位金融迫在眉睫！正如习近平总书记在 2019 年 2 月 22 日中共中央政治局第十三次集体学习时强调："金融要为实体经济服务，满足经济社会发展和人民群众需要。"他指出："深化金融供给侧结构性改革必须贯彻落实新发展理念，强化金融服务功能，找准金融服务重点，以服务实体经济、服务人民生活为本。"① 在此基础上，我总结了两点；一是金融的定位，应该是金融"服务"业，英文叫 financial service，强调"服务"两字。既然金融是服务业，那么就要分清主次，应该争做五星级"店小二"。二是金融的导向，我认为金融的导向是服务实体经济的健康需求，我突出"健康需求"是为了强调，并非所有实体经济的需求都是正确的、阳光的或健康的，需要我们去分辨。

明确了金融的定位和初心，我们再来看看金融服务实体经济的重点和难点在何处。我想从金融的四大环节来回答这个问题。

第一，为谁服务。正如前文所述，金融要为实体经济服务，为科技创新服务，为民营企业、中小微企业服务，为人民群众的生活、投资、理财、交流等方面服务。但是全世界的金融行业发展似乎都偏离了方向，以银行业为例，很多银行仅有 20%～30% 的资金作为贷款发放给实体经济企业，其余大量资金都到了同业拆借市场，这是否需要反思？

第二，谁来服务。这牵涉到资质的问题。近几年互联网金融或者 P2P 在我国确实遇到了困境，其中关键问题在于，没有从一开始就设置一定的准入门槛，造成人人都能进入金融行业、人人都能做金融的局面，从而引发风险。

第三，提供什么样的服务。核心就是掌握适当性原则，包括适当的对象、适当的产品、适当的规模、适当的方式、适当的风险等等，要符合社会

---

① 习近平在中共中央政治局第十三次集体学习时强调 深化金融供给侧结构性改革增强金融服务实体经济能力［N］.人民日报，2019-02-24（1）.

健康的需求。

第四，如何服务。一方面，需要科技驱动。大家都说应当有情怀，应当做普惠金融，但如果缺少了科技的助力，情怀很难实现。正如诺贝尔奖获得者尤努斯于20世纪70年代创办的格莱珉银行，专注于为弱势群体提供资金支持。诚然，格莱珉银行发展得不错，尤努斯也的确有情怀，但时至今日，格莱珉银行仍只能服务一小部分人群。而后起之秀们则凭借强大的科技能力支撑，在短短几年内就覆盖几亿人，金融服务效率和效益均显著提高。另一方面，需要创新驱动。我们应当如何做？我们需要守正创新，因为并非所有的创新都是有益的，有些创新本质只是"投机取巧"，例如以短期、高回报为诱饵，打着电子商务、消费返利、投资理财、慈善互助等各种名义欺骗参与者制造庞氏骗局等。那什么是好的创新呢？好的创新就是建立在"把好方向、用好技术、分好红利、建好生态、做好布局"基础上的创新，即是否给社会创造财富？是否只是简单的价值转移？有没有用到技术？有没有分好技术进步的红利（红利不能仅仅让某一个或者某几个企业单独享有）？有没有建好生态（特别是金融的基础设施，包括信用环境、诚信体系的建设等）？有没有做好布局和规划？此外，目前在金融领域，特别是金融科技领域，有三大驱动力，分别是价值、技术和规则，其中建立和完善规则或者说制度，是我们目前面临的最大难题。

三、现代产业体系与金融服务实体经济

说到现代产业体系，首先看一组数据对比。如表1所示，2009年，全球前十大最有价值的公司大部分属于石油化工、制造业、汽车、银行等传统产业。但根据截至2019年2月的数据（见表2），排在前十位的基本上都是科技类企业。尽管最近苹果、微软的估值有所下降，但估值仍远高于金融类企业。2019年跻身前十的金融类企业只有伯克希尔·哈撒韦和摩根大通，其

中摩根大通服务中小微企业、个人的业务对其市场估值的抬升想必有不小贡献。所以我们需要深思，即便是花旗、高盛这些世界闻名的商业银行或投资银行，市场是否真正认可其持续赚钱的能力。

表1　2009年全球市值前十公司

排名	公司	国家	行业	市值/亿美元
1	埃克森美孚	美国	石油化工	4470
2	通用电气	美国	制造业	3840
3	微软	美国	科技	2940
4	花旗集团	美国	银行	2740
5	俄罗斯天然气工业股份公司	俄罗斯	石油化工	2710
6	中国工商银行	中国	银行	2550
7	丰田	日本	汽车	2410
8	美国银行	美国	银行	2400
9	荷兰皇家壳牌	荷兰	石油化工	2260
10	英国石油公司	英国	石油化工	2190

表2　2019年全球市值前十公司

排名	公司	国家	行业	市值/亿美元
1	微软	美国	科技	8299
2	苹果公司	美国	科技	8059
3	亚马逊	美国	科技	7995
4	Alphabet	美国	科技	7831
5	伯克希尔·哈撒韦	美国	金融	5040
6	脸书	美国	科技	4631
7	阿里巴巴	中国	科技	4411
8	腾讯	中国	科技	4136
9	强生	美国	卫生保健	3639
10	摩根大通	美国	金融	3497

资料来源：Dogs of the Dow、浙大AIF、Mary Meeker等。

那么，什么是现代产业体系？党的十九大特别提出，要加快建设实体经济、科技创新、现代金融、人力资源协同发展的现代产业体系。我认为，实体经济是主体，科技创新是驱动力，现代金融是血脉，人力资源是生产力。其中，金融是贯穿实体经济、科技创新和人力资源的存在，是现代产业持续、健康发展的必要基础。

同时，我们一定要厘清金融和科技这两翼之间的关系，它们相互赋能。如果没有风险投资这类创新金融服务来容错、鼓励创新，很难想象许多高科技创新企业能有如今蓬勃发展的态势。

在金融服务实体经济的滴灌工程中，我们应该选择合适的金融服务、合适的产品来针对合适的产业，这也是建设多层次资本市场的重要性。在多层次资本市场下，相对正式、传统、成熟型的企业（产业）可以选择传统的间接金融融资方式，例如银行贷款、债券融资。创新型的企业（产业）则可以采取中小板、新三板、创业板上市等融资方式。而很多"大众创业、万众创新"的初创型企业（产业），则往往适合风险投资、区域性的股权市场、天使投资之类的融资方式。而金融科技的出现又大大提升了多层次资本市场服务实体经济的效率与能力。

同样，如果没有科技，金融的普惠也很难成为可能，"科技能者"也无法成为金融服务的后起之秀。表3和表4是过去我的团队做的研究成果。表3是2018年全球传统金融中心排名，纽约、伦敦、香港、新加坡都是当之无愧的国际金融中心。上海排名第五，上海确实在近20年的国际金融中心建设中取得了长足进步，但也不可否认，其与前4个城市仍有很大差距，还需要很多年的努力和追赶。然而，在金融科技领域或者说新兴金融领域，又是怎么样的格局呢？我的团队对全球70多个主要城市的金融科技产业、体验和生态进行了数据分析，得出了全球金融科技发展前三十的城市。其中一线的全球性金融科技中心有7个，中国独占4席，杭州、深圳这些以科技见长的城市在排名上反超了很多传统金融中心（见表4）。因此，在信息化、科技化的历史趋势下，金融行业正在发生深刻的变化，时至今日已经实现了从量变到质变的转变。

表3　2018年全球传统金融中心排名

排名	城市	国家
1	纽约	美国
2	伦敦	英国
3	香港	中国
4	新加坡	新加坡
5	上海	中国
6	东京	日本
7	悉尼	澳大利亚
8	北京	中国
9	苏黎世	瑞士
10	法兰克福	德国

表4　2018年全球金融科技中心排名

排名	城市	国家
1	北京	中国
2	旧金山	美国
3	纽约	美国
4	伦敦	英国
5	上海	中国
6	杭州	中国
7	深圳	中国

资料来源：金融智库Z/Yen、浙大AIF司南研究室。

四、浙江机遇与浙江方案

具体到浙江，究竟有哪些机遇？又需要怎么做呢？

首先需要对浙江有一个精准、及时的定位。2015 年，浙江省委、省政府提出要打造浙江万亿级金融产业，并提出了"新金融"的概念；2016 年底，浙江省委书记车俊提出了要将钱塘江金融港湾打造成新金融创新中心；2017 年底，杭州提出了打造国际金融科技中心的目标；2018 年 7 月，浙江省省长袁家军特别提出了数字经济"一号工程"，这是金融服务实体经济的一个重要抓手和基础。而最近，在经过多次讨论后，打造"新兴金融中心"被正式写入了浙江省政府工作报告。可以说，浙江对自身的定位很准确也很及时。

浙江有哪些基础和亮点？凭何喊出"打造浙江新兴金融中心"的口号呢？首先，浙江服务实体经济的步伐一直走在全国前列，不仅拥有"浙江省金融标准创新建设试点"和"浙江省互联网金融标准创新建设试点"这两个重要的试点，而且各地级市也形成了各具特色的金融创新服务实体经济的模式：从杭州的国际金融科技中心，到温州的金融综合改革试验区、宁波的国家保险创新综合试验区，到台州的小微企业金融服务改革创新试验区标准化试点，再到丽水首个经央行批准的农村金融改革试点以及金华的中国（义乌）跨境电子商务综合试验区，这些试点在全国范围内有较高的知名度，为全国甚至全球贡献了诸多智慧。其次，杭州在国际金融科技中心建设方面已经具备良好基础，已然跻身全球金融科技中心城市第一梯队，这也是浙江新兴金融发展的一个亮点。

我认为浙江最重要的两个机遇分别是长三角一体化和"一带一路"倡议。作为中国互联网金融的发源地，长三角地区在 2018 全球金融科技中心指数排行榜中位居第一，金融科技产业、体验和生态指数分列全球第二、第一、第二，且是唯一拥有两个国际级金融科技核心城市（上海、杭州）的区域，已形成上海、杭州双核引领,其他城市协同发展的金融科技健康格局。随着长三角一体化发展上升为国家战略,浙江省推进大湾区战略,杭州的地位和作用将进一步凸显,也将更好地对接人才、科研等资源。与此同时,"走出去"和"一带一路"倡议会持续给杭州带来众多机遇。金融科技正好可以通过滴灌工程服务到这些碎片化、零散的地区,这也正是金融科技、新兴金融"走出去"的最好途径,是杭州的巨大机遇。

浙江具体应该怎么做?我在这里提出六大"1+N",来建设金融服务实体经济的浙江生态。第一,就是坚持普惠导向,推动一批普惠主体重点发展。第二,围绕核心杭州,促进一批省内城市协同联动。第三,做强浙江传统金融,特别是持牌金融的科技化、智能化,同时吸引一批优质企业来浙江设点。第四,依托金融标准试点优势,制定一批新兴金融"浙江标准"。第五,搭建以阿里巴巴、浙江大学为首的高端科研平台,并且建设一批政产学研多维联盟。第六,在全球各地设立"浙江中心",促进一批项目"走出去"与"引进来"。

最后简单总结。第一,金融要有效地服务实体经济确有难度,我们要认清它的难点。金融相对的特殊性使得金融服务实体经济一直是世界难题,而且是长期性的难题。第二,我们要突破这一难点需要找准重点,我认为重点在于正确把握金融的定位与导向。金融的定位应该是服务业,是"店小二",而金融的导向应是服务实体经济的健康需求。第三,要明晰现代产业发展趋势,紧抓金融科技时代机遇。实体经济与现代产业的不断变化需要金融业不断地变化与创新,全球科技化的趋势对于浙江而言绝对是时代机遇。第四,浙江要打造新兴金融中心,其生态建设至关重要,生态是土壤和基础。

在现代产业和现代金融科技化、全球化的大潮中,我们需要科技化,需要制度化,需要监管,需要金融创新,需要金融的供给侧结构性改革。

面向未来、面对新时代,我坚信浙江可以勇立潮头、走在前列,因为世界在看中国,中国也在期待浙江智慧与浙江样本。

打造金融科技大湾区高地，加速国际一流
"新"人才培养 *

当今，我们生活在一个多姿多彩又充满挑战的世界。表1显示了2009年全球市值排名前十的公司，其中的中国企业仅有俗称"爱存不存"（ICBC）的中国工商银行。此外还有一些其他国家的银行也跻身其中。在表1里，也能看到许多传统的能源公司的身影，例如埃克森美孚、荷兰皇家壳牌等等。

但是，在表2中，我们可以看到，2019年，全球市值前十的公司中，几乎所有的公司都是科技公司，其中有两家公司来自中国，分别是来自深圳的腾讯和来自杭州的阿里巴巴。因此，如果我们把目光放远，未来将会有更多的科技公司进入全球市值前十的榜单。

---

* 本文根据作者于2019年6月5日出席在海宁举行的"浙港澳书院师生交流项目开幕式暨大湾区建设与创新人才培养论坛"（Forum on Talented Nurturing and Innovation Development in the Greater Bay Area）时所作的主题演讲实录整理而成。演讲原文为英文，本文为译文，由谢思南整理，朱昀朗翻译，顾雨静编辑。

表1　2009年全球市值前十公司

排名	公司	国家	行业	市值/亿美元
1	埃克森美孚	美国	石油化工	4470
2	通用电气	美国	制造业	3840
3	微软	美国	科技	2940
4	花旗集团	美国	银行	2740
5	俄罗斯天然气工业股份公司	俄罗斯	石油化工	2710
6	中国工商银行	中国	银行	2550
7	丰田	日本	汽车	2410
8	美国银行	美国	银行	2400
9	荷兰皇家壳牌	荷兰	石油化工	2260
10	英国石油公司	英国	石油化工	2190

表2　2019年全球市值前十公司

排名	公司	国家	行业	市值/亿美元
1	微软	美国	科技	8299
2	苹果公司	美国	科技	8059
3	亚马逊	美国	科技	7995
4	Alphabet	美国	科技	7831
5	伯克希尔·哈撒韦	美国	金融	5040
6	脸书	美国	科技	4631
7	阿里巴巴	中国	科技	4411
8	腾讯	中国	科技	4136
9	强生	美国	卫生保健	3639
10	摩根大通	美国	金融	3497

资料来源:Dogs of the Dow、浙大AIF、Mary Meeker等,表2数据截至2019年2月20日。

位列第十的是我曾就职的摩根大通银行。它一直保持着全球顶尖企业的地位。虽然被划分为金融企业,我们也同样可以把它视作一家科技企业,因为每一天摩根大通都要以科技化的方式处理大量的支付与交易,堪比一家科技公司。

顺应时代的大趋势,科技与金融服务有望实现一种独特的结合。这就是为什么我们称其为FinTech,也常称之为"互联网金融"。我的职位之一——浙江大学互联网金融研究院院长就来源于此。

在中国,我们占据了互联网金融革命的先发优势,可谓"先锋军"和"排头兵"。所以为了尊重历史,我并不打算将研究院的名称更改为金融科技研究院。

围绕着金融科技这一主题,浙大AIF团队完成了一项全球金融科技中心指数研究。我们从六大洲选取了70个城市进行分析,涉及南非开普敦、巴西圣保罗、英国伦敦等城市,中国香港与杭州也在名单之内。

如图1所示,排名前七的全球金融科技中心中,有4个来自中国,这其中可能有一些争议,尤其是香港这个传统金融中心并不在榜,而其邻居深圳,以及杭州、上海、北京却在名单之内。此外,伦敦、纽约以及旧金山等城市亦有上榜。2018年研究成果发布的时候,人们半信半疑,甚至询问我们的研究方法与数据来源。我告诉他们,我们分析了多达 43 项指标,以及投入了大量的科研经费。

排名	城市	所属国家
1	北京	中国
2	旧金山	美国
3	纽约	美国
4	伦敦	英国
5	上海	中国
6	杭州	中国
7	深圳	中国

全球金融科技中心

平均得分75分
中国4个 美国2个 英国1个

图1 全球金融科技中心前七

除全球金融科技中心之外,我们也得出了区域金融科技中心榜单(见图2),香港位列其中。该项评选满分为 100 分,排名前七的全球金融科技中心平均分为 75 分,其余 23 个城市的平均分则约为 51 分。

此外,我们还有一些有趣的发现。例如,西雅图不是通常意义上的金融中心,但由于微软、亚马逊与其他科技公司的入驻,其成为一个金融科技中心,这足以说明世界正发生着深刻变化。同样地,杭州也不是传统的金融中心,但在金融科技领域,杭州是当之无愧的佼佼者。所以,这是"百年未有之大变局",至少在我所熟悉的领域是如此。

排名	城市	所属国家
8	芝加哥	美国
9	新加坡	新加坡
10	香港	中国
11	悉尼	澳大利亚
12	西雅图	美国
13	东京	日本
14	波士顿	美国
15	巴黎	法国
16	广州	中国
17	斯德哥尔摩	瑞典
18	亚特兰大	美国
19	洛杉矶	美国
20	首尔	韩国
21	特拉维夫	以色列
22	柏林	德国
23	多伦多	加拿大
24	南京	中国
25	班加罗尔	印度
26	孟买	印度
27	圣保罗	巴西
28	都柏林	爱尔兰
29	苏黎世	瑞士
30	阿姆斯特丹	荷兰

区域金融科技中心

- 平均得分50.7分
- 亚洲9个
- 美洲7个
- 欧洲6个
- 大洋洲1个

图2　区域金融科技中心

资料来源：浙大AIF。

另一个喜讯是湾区，即大湾区与长三角区域，拥有一些难能可贵的发展优势。如果你关注纽约、旧金山湾区或是东京，你会了解到他们都隶属于"大湾区"。我们比较了全球范围内一些类似的区域，对比结果见表3。

表3　截至2017年湾区建设的国际对比

指标	纽约湾区	旧金山湾区	东京湾区	京津冀	长三角	粤港澳大湾区
土地面积/ 万平方公里	2.1	1.8	3.7	21.8	21.2	5.6
常住人口/ 亿人	0.23	0.077	0.44	1.1	1.5	0.7
地区生产总值/ 万亿美元	1.4	0.8	1.9	1.2	2.5	1.5
人均地区生产总值/万美元	6	10.2	4.3	1.1	1.6	2.2

资料来源：Wind资讯、各省（市）公开统计数据。

中国拥有长三角区域、由京津冀以及雄安新区组成的大北京湾区和粤港澳大湾区。从地区生产总值的角度来看，总量最大的无疑是长三角区域。我们能发现浙江、江苏以及上海共有约 1.5 亿的人口。如果再把安徽包括进去，这一区域的人口可达到 2 亿人，且贡献了约 3 万亿美元的 GDP。

此外中国也有粤港澳大湾区这一重要的战略高地。这一区域的经济规模约为 1.5 万亿美元。虽然，如果将中国剩余区域的人均生产总值和美国、英国相比，我们确实不如这些地方高。但请让我为大家描绘一幅蓝图，因为在金融科技领域，增长率与应用率才是更值得关注的重点。

因此，当我们把目光移向经济地区，长三角、大湾区、京津冀这些区域无论是在人口或是生产总值规模方面，都具有得天独厚的优势。

就金融科技中心而言，无论是区域性的还是全球性的，中国都拥有三大全球领导者：粤港澳大湾区、长三角区域以及大北京湾区。

为什么我们应该成为第一名，且的确成了第一名呢？这不是因为我的爱国心，也不是因为我想要取悦杭州或是深圳的市长，这是有数据支撑的。例如，就消费者体验而言，我们是全球第一。中国已经迈入了无现金时代。就业界而言，在生态系统及几大金融科技领域之中，中国均名列前茅。如果关注科研，长三角区域内包括浙江大学在内的一流大学为金融科技发展提供了重要理论支撑。此外，强大的经济联系以及快速便捷的轨道交通，正在将每一个人密切联系起来。因此，整体的生态系统表现良好。

在业界，我们有一群国际领导者。我们有最好的消费者体验与强大的地区整体经济实力。除此之外，浙江是最具企业家精神的地方之一，是民营经济的一大中心。并且，"一带一路"倡议也为我们创造了巨大的发展空间。

2019 年 6 月 4 日，国务院副总理韩正主持召开了推动长三角一体化发展领导小组会议，正式启动了长三角一体化项目。长三角区域拥有 200 万人口，其高达 3 万亿美元的经济总量仍在以约 7% 的高增长率保持上行趋势。在世界的其他地区，都看不到这样高速度、高质量的增长。

当然，从金融科技的角度而言，长三角区域的行业领头人不是只有杭州一个城市，上海也是领导者之一。在金融科技这一领域，上海的发展几乎和杭州不相上下。上海有着上海证券交易所、上海黄金交易所，还有许多外资企业。上海的经济发展水平也非常高，还有许多高等院校坐落其中，整体科研实力依然堪称一流。

而杭州，就更不一样了。上海，与香港类似，是传统的金融中心，但是杭州更像是一个科技中心。科技正在成为其金融服务和其他行业发展的主要推动力，造就了杭州独特的行业发展模式。

除了杭州和上海双核外，长三角区域还有南京、宁波和合肥等其他城市。它们拥有先进的技术、优秀的工程师以及其他发展契机，同样十分有发展潜力。

在过去的 14 个月中，我的团队一直在为浙江和杭州政府工作，帮助他们制定下一个五年规划。未来五年，杭州将会建成国际金融科技中心，其城市建设目标是"打造全国数字经济第一城"。

杭州 2022 年的发展目标规划已正式发布，规划称，希望在 2022 年到来时，杭州能拥有超过 10 家全球领先企业，能有超过 20 家金融科技行业的上市公司，并希望杭州能拥有全世界最高的金融科技公司市值总和，并希望这一数值能达到 1200 亿元。此外，还提出希望金融科技对整个数字经济的贡献率能超过 20%。

此外，我们也希望吸引更多的工程师、科学家来到杭州，更多的金融科技公司入驻杭州。杭州将通过几个重点任务来实现这一目标。一是聚焦核心技术，确保一流的基础设施（如 5G 通信）。二是专注于关键行业，例如大数据、人工智能、区块链以及其他新技术的发展。三是确保拥有更好的创新生态系统，以吸引或留住人才，并帮助他们实现技术进步和其他创新想法。

　　刚刚我一直在谈论长三角地区和杭州，这并不意味着粤港澳大湾区不重要。粤港澳大湾区几乎和长三角地区并驾齐驱，甚至可能具有更大的发展潜力。粤港澳大湾区在金融科技方面在全球排名第五。我认为，鉴于粤港澳大湾区发展规划在全国范围内引起的巨大正面影响，现在的排名应该更高一些。长三角地区的得分约为 82 分，而粤港澳大湾区约为 73 分，两者相差并不大。

　　有一点十分有趣，研究报告显示，粤港澳大湾区金融科技消费者体验排名第三位，这并不是由于实力不佳，而是因为在香港和澳门，移动支付的使用率不尽如人意。但是粤港澳大湾区金融科技行业在全球排名第六，其行业生态同样排名第六。因此可以看出，粤港澳大湾区拥有长三角地区所没有的一些关键优势。例如，雄厚的区域经济实力、强大的创新能力和"一国两制"的独特制度。这是一把双刃剑，但也赋予了粤港澳大湾区独特的发展潜力，例如，如今金融科技发展，监管是关键，而中国在监管制度方面落后于英国和新加坡，而香港地区正可以从中扮演非常重要的角色，因为香港地区的监管体系与英国、新加坡、澳大利亚更趋一致。也许我们可以将香港和澳门作为某些监管政策的试验区，即所谓"监管沙盒"试验。当然，由于"一带一路"倡议，粤港澳区域一体化的机遇也很大。香港，作为一个国际大都市，可以作为一个超级连接点，将大湾区与世界其他地方联系起来。粤港澳大湾区大有可为。另外，当粤港澳大湾区走向国际时，深圳的实力显然非常强大，因为有微众银行、腾讯和其他金融科技或科技企业支持。香港也是如此。香港集聚了许多人才，特别是在传统金融服务领域，大量人才聚集在银行中。因此，他们相对更需要技术人员和科学家。

　　澳门相较于深圳、广州、香港，体量较小。但是澳门可以作为"一带一路"倡议中对葡萄牙、西班牙及拉丁美洲部分国家的重要输出口，因为澳门在文化和语言上与这些国家及地区关系密切。因此，就金融科技行业的机遇而言，如果中国能够从高性价比、易于使用的金融服务中受益，那么我相信世界其他地区也可以从中受益。

基于我们强大的技术能力,我认为中国经验是可以复制推广的,并且已经在许多国家获得成功。拥有 2.5 亿名用户的印度最大的移动支付公司 Paytm 就是一个强有力的例子。

阿里巴巴和蚂蚁金服是 Paytm 关键的战略伙伴。由于印度消费者对于金融服务的巨大需求,Paytm 如今成为世界上最大的金融科技公司之一。中国的人口基数与金融服务需求较印度更为庞大,因此,中国金融科技的发展前景会更加广阔。长三角地区、粤港澳大湾区以及外向型地区可能对"一带一路"倡议的进一步实施发挥着非常重要的作用。可以说,"一带一路"倡议的一大机遇就是金融科技。金融科技是中国处于领先地位的关键领域。那么在这个新领域,我们需要什么样的人才?在传统金融服务业中,从业者需要善于学习金融学、国际经济学和会计学。以中国工商银行为例,我们会发现其技术员工并不太多。

而统计数据显示,在深圳的微众银行,有 50% 以上的员工从事研发工作,其真实比例可能会更大。现在银行工作的人中,可能有 70%~80% 属于研发人员,而不是像我这样对技术不甚了解的人。我曾经学习过 AI(人工智能),但我不长于此,因此改行去做非技术方向的工作了。但我一直认可中国人的一句俗语"学好数理化,走遍天下都不怕"。STEM(Science, Technology, Engineering, Math,科学、技术、工程、数学)教育对于任何领域都至关重要。

根据我的团队所做的一些研究可以知道,STEM 学科背景将会是金融科技行业所需人才的重要技能要求。当然,你不必是 STEM 学科的毕业生,但是认识一些来自 STEM 学科的朋友也会是一件不错的事情。更重要的是,我们需要通过系统化的培训来吸引更多更优秀的人才。图 3 展示了当前人才技能新要求。

排名	互联网行业	金融行业
1	管理	金融分析
2	项目管理	管理
3	领导力	金融模型
4	Java	顾客服务
5	社交媒体	领导力
6	JavaScript	公司财务
7	Linux	项目管理
8	营销	推销
9	顾客服务	会计
10	战略规划	战略规划

图3 人才技能新要求

资料来源：互联网行业、金融行业数据搜集自领英《2016年中国互联网金融人才白皮书》，金融科技行业数据来自浙大AIF司南研究室。

我个人也从这样的人才引进项目中受益。五年半前，我离开北京加入浙江大学，因为我知道浙江是创业者的沃土。我十分有幸能与我在浙江大学的许多朋友共同创建了浙大 AIF，也是最早的金融科技研究院。交叉学科在浙大 AIF 融会贯通，各取所长。浙江大学的 6 个学院，从计算机科学、数学、法律到其他领域，都为浙大 AIF 贡献了研究力量。我们已经成为中国乃至世界领先的金融科技研究平台。我们将自己建设成为一个完整的生态，我们拥有自己的孵化器，并孵化了一些公司。目前我还没有完全兑现当初加入浙江大学时的承诺，但我坚信我们离这些目标已经越来越近。所以我们一直在努力工作，我们的工作强度甚至高于"996"（早上 9 点上班、晚上 9 点下班，一周工作 6 天的工作制度）。

但是我们也知道，人才不仅仅包括科研型人才，还有管理型人才与应用型人才。基于这个初衷，在金教授和其他领导的帮助之下，我从 2018 年开始着手在浙江大学国际校区创建 ZIBS，即浙江大学国际联合商学院。在 ZIBS，我们关注全球化的事物，金融科技是我们研究的关键领域之一。因此我希望

未来之路——下一个世界金融强国是不是中国?

ZIBS 和浙江大学能够在新经济、新金融和新事物方面为世界带来新变化。我希望我们可以携手浙大智慧,为中国经验做出一些贡献。

我研究金融科技全球中心排名的原因之一是,我在伦敦时,每个人都在谈论金融科技,说伦敦是世界第一。但我不相信,又十分好奇,所以我决定看看结果如何。

我们拥有最佳实践者,因而我们也肩负更大的责任。我们需要为世界提供独特的中国模式、中国经验,并为世界其他地区做出贡献。在大家面前,我不敢说 ZIBS 已然是国际化的,但我们会专注于建成一个国际化的校园。对于 ZIBS 来说,其中的"I"代表国际的与跨学科的。我们着眼于创新。书院制度是一项伟大的创新,但我们想做的不止这些。我们还想要拥有高度的开放性。

最后,我们的愿景是整合多方力量。浙江大学是一个不可多得的起点,伟大的旅途才刚刚启程,我们期待合作伙伴的合作与支持。

第三篇

中国篇

2017年11月19日，在广州召开的第14届国际金融论坛（IFF）全球年会（F20峰会）"全球金融治理：风险、监管与合作"平行会议上发表主题演讲。

2019年6月14日，在上海举行的第十一届陆家嘴论坛（2019）专场活动"中国金融消费者保护论坛"上发表主题演讲。

2019 年 7 月 8 日，出席数字金融开放研究计划启动仪式暨首届学术研讨会，研讨会主题为"数字金融的模式和创新"。

2019 年 9 月 19 日，主持浙江省政协"委员会客厅"第七期会议，会议主题为"金融科技如何赋能多层次资本市场"。

关于将金融科技发展上升为国家战略的建议 *

当前，由科技引发的金融革命正以燎原之势席卷全球，高盛、瑞银、招商银行等国内外金融机构纷纷致力于数字化转型，蚂蚁金服、美国脸书、贝宝等科技企业更是引领着全球金融科技的创新浪潮。环顾全球，美国、英国、新加坡、瑞士等老牌金融强国均已在实质层面将发展金融科技提升到了国家战略高度，力推本国金融业全面转型，抢占世界金融科技高地。而在国内，我国以移动支付为标志的金融科技产业先发优势明显，呈现领先全球的良好态势，中国人民银行通过出台《金融科技（FinTech）发展规划（2019—2021年）》从中央层面开始顶层设计，北京、上海、深圳、杭州等地也纷纷将打造国际金融科技中心作为核心目标。当下新冠肺炎疫情将对我国和世界经济产生持续深远的影响，如果说2003年非典催生了中国电子商务和互联网金融（金融科技）的发展，那么本次疫情必将带来电子商务和金融科技在全球的新一轮跨越

* 本文由作者与浙江大学管理学院博士研究生罗丹合作撰写，系建言献策系列文稿，后经修改刊于2020年5月18日的《半月谈》，详见：http://www.banyuetan.org/jj/detail/20200518/1000200033136091589769281866442799_1.html。

式发展。

在此背景下,鉴于我国以银行为主、以国有为主的金融产业结构和以中央统筹为主的金融治理机制,我们建议将金融科技发展上升为国家战略,并作为"一带一路"倡议的重要内涵,进一步明确发展金融科技的紧迫性和战略性,以一盘棋、一股劲推动我国金融科技发展,助力"一带一路"建设。其战略意义、面临挑战和具体举措如下。

一、战略意义

将金融科技发展上升为国家战略具有三个方面的重大意义。

第一,保持领先优势,持续扩大国际影响。浙江大学互联网金融研究院发布的《2020 全球金融科技中心城市报告》显示,中国正引领着全球金融科技发展,已形成长三角、京津冀、粤港澳三大世界级金融科技高地,北京、上海、深圳、杭州与美国的旧金山、纽约、芝加哥及英国的伦敦共同组成了全球金融科技发展第一梯队,北京更是拔得头筹。把金融科技发展上升为国家战略将进一步统筹我国各地区之间的错位协同发展,巩固中国方阵在金融科技领域的全球领先地位,提升国际话语权,争夺规则制定权。

第二,增益国家战略,全面点燃发展动能。金融科技已成为长三角一体化、京津冀协同发展、粤港澳大湾区建设等国家战略中的独特亮点与显著优势,把金融科技发展上升为国家战略将最大化凝聚战略协同力量,进一步充实发展内容,进一步激发发展动力,并更好地满足"一带一路"倡议"普惠、绿色、可持续发展"的内在要求,高效服务"一带一路"建设。

第三,助推普惠金融,有效实施精准扶贫。以金融科技为我国金融供给侧结构性改革和经济高质量发展的重要抓手和突破口,将有助于解决中小微企业融资难、融资贵这一长期性、世界性难题,有利于提升金融服务实体经济的能力、提高金融服务效率、拓宽金融服务范围，助力乡村振兴、绿色环保与扶贫攻坚事业，加快普惠金融愿景在中国的实现和在世界范围内的推广。

二、面临挑战

虽然我国金融科技发展势头总体良好，但也面临着两大挑战。

一方面，监管落后，行在前而规滞。纵览全球，金融科技发展目前普遍存在监管落后于实践的现象，且已逐渐成为掣肘众多国家（尤其是发展中国家）金融科技可持续发展的主要因素。就国内而言，过去几年网贷行业从野蛮生长到全军覆没与其监管缺位和不当有较大且直接的关系，反映出我国现行的金融监管体系已与金融行业的发展水平、速度和目标不相匹配，监管理念、机制、能力、手段均与英国、新加坡等发达国家存在较大差距，亟待提升。

另一方面，话语权弱，未一统而言轻。与我国金融科技企业丰富的实践经验和领先的全球地位形成强烈对比的是，我国金融科技行业在国际运营、人才培养、经验输出、标准制定、智库研究等方面的意识和能力均有较大欠缺，这不仅与我国作为一个金融科技大国的地位不相称，也与其打造金融科技强国的目标不匹配，如不尽快加强这些弱项将制约中国金融科技的全球影响力提升以及中国金融科技企业的国际化发展。

三、具体举措

将金融科技上升为国家战略是一项立足当前、着眼未来的倡议与设计，重点在"三个协同"。

一是战略协同，将金融科技发展上升为国家战略。由中国人民银行、国家发展改革委等牵头，突出金融科技在"十四五"规划中的战略地位，并围绕《G20数字普惠金融高级原则》和《金融科技（FinTech）发展规划（2019—2021年）》，研究制定如"中国金融科技创新发展行动计划2025""中国数字普惠金融2025"等相应政策规划，进一步强调我国发展金融科技的必要性和紧迫性，明确战略目标及发展路径，持续提升中国金融科技全球影响力，持续增强金融精准服务实体经济能力，持续补齐当前金融体系的普惠短板。

二是市场协同，因地而异加强金融科技全球合作。立足作为我国金融科技创新监管试点的政策优势，将北京打造为"全球金融科技监管试验区"；立足金融科技应用创新冠绝全球的实践优势，将长三角地区打造为"一带一路金融科技应用示范区"，不断提升其金融科技应用对全球的辐射力和渗透度；立足粤港澳大湾区建设的地理制度优势，将粤港澳大湾区打造为"'一带一路'金融科技国际合作先行区"，充分依托香港和澳门加强与英语系、葡（西）语系国家与地区的广泛合作。

三是组织协同，优化金融科技的全球治理机制。由中国人民银行牵头，携手国家标准化管理委员会、中国互联网金融协会，主动对接国际标准化组织（International Organization for Standardization，ISO）、国际货币基金组织（International Monetary Fund，IMF）、国际清算银行（Bank for International Settlements，BIS）等国际机构，共同发起建立全球金融科技协会联盟，加强交流互动，推动形成金融科技产业发展、监管规则、人才认定等方面的国际标准，充分发挥标准化和行业组织在资源配置和话语权提升中的重要作用。

解读中国金融科技 *

　　新加坡政府于 2014 年公布了"智慧国家 2025"的十年计划（之前"智能城市 2015"计划的升级版），是全球第一个智慧国家蓝图，有望使新加坡成为世界首个智慧国家。新加坡总理李显龙在演讲中表示，新加坡打造智慧国家的规划离不开移动支付，移动支付计划也是新加坡政府正在努力促进全岛普遍采用智能技术的五个战略性国家项目之一，新加坡致力于打造智慧国家的想法与中国移动支付的发展密切相关。中国移动支付技术是金融科技的一项伟大而成功的尝试，了解中国的金融科技发展具有十分重要的意义。

一、中国金融科技发展业态概况

　　金融科技主要是指技术带来的金融创新，它能创造新的业务模式、应用、

---

* 本文根据作者于2017年10月接受新加坡亚洲新闻台（Channel News Asia，CNA）纪录片采访时的观点资料收集整理而成。采访原文为英文，由胡静航、李心约整理翻译，张新慧编辑。

流程或产品,从而对金融市场、金融机构或金融服务的提供方式造成重大影响。得益于金融压抑、技术进步、政府支持、监管包容等因素的综合作用,近年来中国的金融科技更是取得了"爆发式"的发展,并逐渐成为全球金融体系中一股颠覆性的力量。可以说,从未有一个金融业态,让人们离"人人生而平等"的金融普惠愿景如此近。

从金融科技产业来看,业界竞争激烈,成为资本的热土。当前,中国约有5000家金融科技公司在角逐。据统计,2016年中国金融科技企业获得的风投总额高达77亿美元,首次超越美国成为全球金融科技投资最活跃的国家。

从金融科技体验来看,金融科技的应用场景逐步扩大,渗透力强,为民众打开了普惠金融的大门。金融科技起初主要应用在支付清算、网络借贷等领域,而随着互联网技术的发展逐渐趋于细分、扩展,形成了如基于区块链等技术的金融智能投顾等投资管理领域及消费金融、保险等众多普惠金融和绿色金融领域,曾经以网贷为主体的互联网金融如今也只是金融科技的技术应用场景之一。金融科技在中国体现了其极强的普惠性,例如使用移动支付、在网贷平台上借款、在互联网基金上投资早已成为多数人的生活习惯。

从金融科技生态环境来看,信用生态逐步建立,政策环境趋于完善,基础设施加快建设。信用生态环境建设是互联网金融发展的基石,我国正在依靠结合大数据等方式打破数据孤岛等瓶颈,提升征信系统的独立性、合规性和协同性,为金融科技发展提供肥沃的土壤。在我国,金融科技的发展被上升到顶层设计的格局中(金融科技被中国人民银行《中国金融业信息技术"十三五"发展规划》列为研究重点),而其政策环境也正在逐步完善,对新兴业态的监管均秉承严控底线、包容创新的理念,而基础设施建设包括数字基础设施和金融基础设施等,是金融科技腾飞的重要硬件支撑。

二、中国移动支付发展环境

随着中国电子商务特别是网络购物的快速增长，网络支付行业获得了空前的发展。而近年来，由于移动互联网技术的普及，移动支付正成为网络支付领域新的发展方向，而移动支付技术的成熟、传统银行卡线下支付的各类限制、移动手机的迅速普及、应用场景的拓宽成为中国移动支付迅速发展的几大原因。

传统银行卡支付在我国普及率较低，为移动支付提供了替代现金的可能。截至 2015 年底，我国人均持有信用卡 0.31 张，普及率较低。在移动支付技术成熟后，方便快捷的移动支付将迅速替代有诸多缺点的现金支付，越过信用卡支付这一阶段一步到位。

智能手机的迅速普及和网络设施的完善为移动支付提供了硬件环境。2016 年，中国每百人拥有移动手机 96.2 部，互联网普及率 54.3%。

应用场景的拓宽为移动支付提供了广阔的发展空间。移动支付已经深入各个生活场景，如医疗、交通、政务、教育等。仅支付宝和微信的"城市服务"部分，就可以提供 300 余项城市服务项目，包括车辆违章缴费、医院挂号、车费支付、水电煤缴费等。

2008 年 2 月 27 日，支付宝发布移动电子商务战略，正式推出手机支付业务。同年 10 月，支付宝公共事业缴费正式上线，支持水、电、煤、通信等缴费，标志着移动支付时代的到来。2013 年 8 月 9 日微信 5.0 发布，新增微信支付功能，向一家独大的支付宝发起挑战，重点也是在抢夺移动端的支付入口和习惯。2014 年初，阿里巴巴和腾讯分别补贴 10 多亿元给自己投资的打车软件对消费者进行补贴，以培养用户移动支付习惯。

作为第三方支付公司，在过去的数年中支付宝一直在完善在线支付效率，为商户和网友提供更为快捷、开放、安全的支付方式。

这种安全的支付模式解决了网购信用难题。支付宝属于担保性质的第三方支付平台，即间付模式。在目前法律机制不完善、信用体系上尚未成熟的情况下，支付宝依托着淘宝这个强大的支付平台，不仅充当了一个资金支付和接收的接口，更承担起了买卖双方的担保角色，迅速占领了市场。而其技术背景和品牌实力的支持给了中国的消费者更多的安全感，也更吸引消费者。

简化和创新的支付方式，提升支付便利度。近年来，支付行业快速发展，人们越来越习惯于使用各种银行卡来进行线下支付。支付宝大大简化了传统网上银行（网银）的烦琐步骤（申请各种证书和开通各种服务），推出了快捷支付、移动支付等业务，使得用户"几乎体会不到支付流程的存在"。良好的购物体验使得用户在购物的同时获得了最大限度的快感，为支付宝在市场上的迅速扩张打下了良好的基础。

营造完善生态链，融入各类支付场景。融入场景是支付最重要的环节之一，直接影响到支付生态圈的构建与生命力。支付宝所打造的移动支付广泛的应用场景包括 B2C（商品到个人的移动营销）、C2B（个人到商户的消费付款）、C2C（个人到个人的转账付款）、O2O（包括线上支付、线下消费提货，线下扫码、线上支付消费等）、LBS（地理位置服务）等，在巨大的需求面前，商家快速普及支付软件，从时间与地点两个维度为客户提供便捷的服务。

三、新加坡发展移动支付

与中国相比，新加坡人口较少而人均 GDP 更高，金融基础设施与数字基础设施均较完善，适合发展"无现金支付"，即移动支付。首先，较少的人口和更高的人均 GDP 使得推行新支付手段变得更为容易。其次，较好的数字基础设施为推行移动支付提供了良好的硬件保障，也大幅提升了推广速度。在智能手机大行其道的大环境下，移动支付可以成为人们最方便的选择。最后，较好的金融基础设施为移动支付提供了坚实的后盾，但与此同时也可能会限制移动支付的发展。由于银行卡普及率高，人们已长期习惯于使用银行卡的便利，移动支付相较于信用卡并没有太大优势，民众及商户更替意愿可能不强（见表 1）。

表 1　新加坡与中国移动支付基本情况对比

指标	新加坡	中国
人口 / 人	550 万	13.67 亿
人均 GDP/ 万美元	5.29	0.81
数字基础设施	境内有极好的网络覆盖，近 80% 的新加坡家庭广泛使用快速互联网和免费无线网络	中国网民规模为 7.51 亿（占全球网民总数的 1/5），互联网普及率为 54.3%
金融基础设施	35% 的新加坡人持有信用卡，90% 的新加坡人持有借记卡，是在线信用卡和借记卡交易最流行的东南亚国家	中国全国人均持有银行卡 4.47 张，其中，人均持有信用卡 0.31 张

每个国家的发展方式和国情决定了商业，尤其是支付方式的差异，移动支付的优点在于便捷性高、成本较低，而信用卡则在现金兑换便捷度等方面略胜一筹。在未来，现金作为一个支付和结算的手段可能会走进历史，相信新加坡政府能选择最适合自己的道路，让金融更加普惠、更加便捷、更加造福所有百姓。

四、移动支付下传统银行的处境

金融科技使得整个金融行业格局正在发生比较大的变化，并逐渐成为全球金融体系中一股推动性的力量。2015 年，时任中国建设银行总行行长在参加李克强总理座谈会的时候说银行是弱势群体，大家不以为然。但在今天看来，面对像支付宝这样的新兴巨头的时候，各个银行还真的可以说是"弱势群体"。新一轮科技革命蓄势待发，以互联网、大数据、云计算等为代表的新兴技术与传统金融加速融合，对银行业的传统优势领域形成了较大的影响。比如利率更高的互联网理财产品对传统银行理财业务的市场冲击、互联网渠道交易高频多发等特征对传统电子银行 IT 架构的交易承载能力带来挑战等等。

但这并不一定意味着传统银行终会过时甚至被淘汰。第一，传统银行与新兴金融科技公司相比有着独特优势。传统银行资本体量庞大，给客户资产带来更多安全性保障，同时银行在社会责任承担上有不容忽视的作用，对普惠金融建设有较大意义。第二，金融科技新生态给银行带来压力的同时，也给银行的转型发展带来了新动力。事实上，"十三五"规划已经对银行业转型升级提出了一系列奋斗目标。银行业应当积极面对新兴技术带来的机遇与挑战，以信息科技引领创新发展，建立开放、弹性、高效、安全的新一代银行系统，提升支持实体经济发展能力，促进普惠金融大发展。

五、中国金融科技发展未来展望

除了无现金社会，中国还将进一步建设服务型、大众型和普惠型的金融，使之能够赋能于我们的实体经济和科技创新。

第一，在供给侧结构性改革的背景下，金融行业也需要"三去一降"。金融体系需要去除自身的杠杆、产能和库存，比如通过对僵尸企业的有序破产解决银行业冗余的"库存资产"，而目前银行零售网络的过剩、保险业的百万营销大军都属于产能过剩；除此之外也要降低成本，不仅是利息成本，交易成本也要降，否则以目前的成本银行业根本无法服务中小企业。

第二，中国还需要"补短板"。比如金融衍生品，2015 年中国的场外衍生品交易规模是 3000 亿元人民币，而美国是 700 多万亿美元，这其中有相当大的发展空间。更加需要补的短板是我们的金融基础设施建设，包括人民币跨境清算系统、人民币利率定价标杆（收益率曲线）的形成与广泛使用、社会诚信体系的建设和金融生态环境的完善（包括金融文化的建设）。

第三，中国要努力建设良好的金融科技新生态。金融科技公司、金融机构、监管者、消费者等金融科技的各主体良性互动、共融发展，更好地服务实体经济，更有利于防范系统性风险，更大程度地保护金融消费者权益，促进提高中国金融科技的国际竞争力。

我们需要铭记金融的初心，只有发展技术创新驱动的提高效率、降低成本和普惠大众的金融创新才是我们的正确选择和未来方向。

六、金融科技变革与民众生活

金融科技带来的新变革已经渗透到了中国广大人民群众生活的方方面面。从微观层面来看，以移动支付为例，它在各种生活场景得到了广泛的应用。在杭州，人们出行可以不带钱包，但不能不带手机。移动支付覆盖了低中高各个层次的消费场景，从小饭馆到五星级酒店，都支持移动支付。同时，移动支付也为人们的生活带来了极大的便利。举一个很小的例子，乘公交、乘地铁再也不用担心没有零钱，用支付宝扫码就能买车票。不仅如此，余额宝等一系列互联网金融产品使每个人都能够随时随地低门槛、甚至无门槛享受到金融的服务。

从宏观层面来看，同样以移动支付为例，据中国人民银行 2016 年支付体系计数据，2016 年移动支付业务达 257.10 亿笔，金额 157.55 万亿元。作为移动支付领域的巨头，支付宝官网显示其拥有 4.5 亿名实名用户，它把我们和金融行业多年想实现的"普惠金融"目标的距离缩短了许多，推动了金融的相对平等化、民主化进程。这既是对行业的重大改变，也是与普通人生活息息相关的巨大变革。

七、金融科技与政府监管

金融科技本身的金融属性决定了它有很强的风险属性,因此政府监管是必要的。

第一,政府应结合国情构建现代金融监管法治体系,借鉴发达国家金融立法现代化经验,完善相关法律制度,特别要加强基础性金融法律规范的建立。虽然通常情况下法律法规的制定速度跟不上市场金融创新,但基础的法律法规可以从底线上规范行为。同时,要改革和优化金融监管体系,完善金融行政执法体系。

第二,金融科技创新与风险监管适度平衡。一方面,对于将新兴的金融科技、商业模式嵌入现有的监管体制和监管框架这一过程,要考虑借鉴"监管沙盒"、监管科技的理念,建立具有包容性的创新管理机制,给金融创新产品多一些容错空间;另一方面,也要逐步建立起金融科技风险全覆盖的长效监管机制,让监管部门对金融科技创新看得透、管得住。

第三,发展监管科技。一方面帮助监管者减轻监管压力,提高监管有效性;另一方面也能通过技术和系统帮助金融机构更好地满足监管规范要求。

除此之外,政府也可在金融科技监管方面加强国际合作,既促进交流合作、引进新技术、分享经验,又通过国际监管来防范系统金融风险。

从模仿者到创新者的转变[*]

作为"中国新四大发明"中的两项，电子商务和电子支付在 2017 年达到新的高峰。2017 年"光棍节"（11 月 11 日）全网销售额约为 2539.7 亿元人民币（约合 382 亿美元）。中国的这些"新发明"，准确来说，应该是"创新"，因为早在以前外国就有类似发明。

电子商务于 20 世纪 90 年代在美国兴起，但亚马逊和其他电子公司的发展速度，却不如阿里巴巴和京东等。以电子支付为例，PayPal（贝宝）是 1998 年在美国成立的，比中国的支付宝被推出要早五年，支付宝是模仿贝宝而来的。

习近平总书记在中国共产党第十九次全国代表大会上的报告中曾 59 次提及"创新"，强调了创新型驱动增长对中国发展的方方面面都至关重要。

除了创新和发明，中国在这些领域的突出地位及其对普通老百姓的生活、

---

* 本文刊于 2017 年 11 月 13 日的《中国日报》（*China Daily*）海外版、客户端、网站。原文为英文，本文为译文，由沈莉翻译，张新慧编辑，详见：http://africa.chinadaily. com.cn/opinion/2017-11/13/content_34471668.htm。

商界和整个社会都带来了深远影响,这一点是举世公认的。

　　然而,关于中国为什么能够在这些新领域超过其他国家,却是众说纷纭。商界领袖们可能会说这是因为创业精神,中国的创业市场欣欣向荣;科技公司则自信断言,这一切都是因为中国科技取得的进步和科技力量;政策制定者们宣称,他们对某些发明持有极度宽松(如果不是鼓励的话)的态度,从而创造了良好的政策环境;而普通民众则骄傲地说,这都是因为他们对新事物抱有极大的热情,愿意尝试新产品新服务,甚至在某些情况下牺牲个人隐私,才使一些商业模式具有可行性。除此之外,许多国外竞争者认为中国的成功是因为其有能力从伟大的"模仿者"转变为创新者。

　　在学术界,观点也不尽相同,一些观察者质疑中国的发明和新思想,还有一些人没能合理分析这些发明,因为它们发展如此之快以至于违背了传统理论。

　　即使没有严谨的学术分析,我们仍然可以有把握地说,上述每一个因素都以这样或那样的方式,为中国在"新经济"时代的突出地位做出了贡献。但同样可以肯定的是,每一个因素或是这些因素都结合在一起,也不足以解释中国所经历的——中国在这些领域崛起,有着不可思议的规模和惊人的速度——也不能解释所有这些变化发生的时机。

　　事实上,中国正是在政治、经济、社会、文化和科技等领域的全面改革中,创造了具有中国特色的稳定的政治环境和强大的创新生态系统,为新经济的快速发展铺平了道路。

英文原文

Transforming from Imitators to Innovators

　　E-commerce and e-payment, two of the "four new inventions of China", reached a new peak this year as the Singles Day sales on Nov. 11 reached 253.97 billion yuan ($38.2 billion). China's "new inventions" can be more accurately described as "innovations", because there have been similar inventions in foreign countries before.

E-commerce emerged in the United States in the 1990s, but Amazon and other e-companies didn't develop as fast as their Chinese counterparts such as Alibaba and jd.com. And e-payment, for example, through PayPal was founded in the US in 1998, five years before its Chinese imitator Alipay.

In his report to the 19th National Congress of the Communist Party of China, General Secretary Xi Jinping mentioned "innovation" 59 times, which highlights how important innovation-driven growth will be for every aspect of China's development.

Innovations or inventions aside, China's prominence in these areas and their profound impact on the lives of ordinary Chinese people, business community and society as a whole have been universally acknowledged.

However, there is much less consensus on why China has leapfrogged the rest of the world in these new areas. Business leaders' answers would most likely be entrepreneurship, which is indeed vibrant in China. Tech companies will confidently and rightly assert the power and progress of China's technology sector as the enabler. Policymakers can claim that they have provided the right policy environment, by taking a remarkably tolerant, if not encouraging, approach toward some of the inventions. And ordinary citizens can proudly say that it is their collective enthusiasm of embracing new products and services, and in some cases their sacrifice of privacy, that has made the business models commercially viable.

Besides, many foreign competitors have attributed China's success to its ability as a great "imitator" to innovator.

In the academia, the views are no less diverse, with some observers questioning the very fact of China's inventions and new ideas while others have not been able to properly analyze the inventions as they have grown so fast that many of them defy conventional theories.

Even without rigorous scholarly analysis, it is probably still safe to say that each and every one of the above factors has contributed, in one way or another, to China's prominence in the age of "new economy". But it is also equally safe to say that each or a combination of them is not sufficient to explain what China has witnessed — the unfathomable magnitude and breathtaking pace of China's rise in these sectors — nor does it explain the timing of all these changes.

In fact, it is the combination of the sweeping changes in political, economic, social, cultural, and technological areas that has created a politically stable environment and powerful innovation ecosystem with uniquely Chinese characteristics, which paves way for the fast development in "new economy".

稳定与创新的平衡

——迎接新金融的监管挑战与能力赤字 *

　　在传统金融不断智能化、科技化的当下，新金融与传统金融的融合发展是时代发展的大势所趋。今天我主要分享一些关于新金融创新发展、金融科技化与智能化趋势，以及其对金融监管和行业稳定带来的挑战等方面的观点和想法。

　　近几年来，"金融科技"（FinTech）似乎成为全球范围内最"火"的一个金融词汇。实际上，金融科技的发展并不局限在最近几年的时间，在过去 70 余年间，从第一台电脑的诞生，到第一张信用卡出现，再到第一台 ATM 机的投入使用……信息技术的飞速革新也在持续推动着金融与科技不断融合的趋势，如今这种趋势在不断地加速，对金融行业产生新一轮的巨大影响。

---

*　本文根据作者于2017年11月19日在广州召开的第14届国际金融论坛（IFF）全球年会（F20峰会）［International Finance Forum 2017 Annual Conference（F20 Summit）］的"全球金融治理：风险、监管与合作"平行会议上所作的主题演讲实录整理而成，由黄慧慧、陈雪如整理，张新慧编辑。

一方面，新金融发展在不断科技化、智能化、虚拟化的过程中，形成了新的模式和特征，也对行业的稳定健康发展产生了一些前所未有的挑战。第一，金融科技具有"去中心化"的特点。在此过程中，金融中介的角色被大大削弱了。然而，在"去中心化"这样一个看似民主、平等的过程中，却掩藏着新的行业分割趋势，可能出现新的中心化特征。如何在这两方面之间得到平衡，是我们面临的一个挑战。第二，金融科技具有"跨界化"的特点。虽然某些金融科技产品具有简单化、标准化的特征，但仍跨越了金融与科技两大部门的综合性产品，具有显著的跨界和虚拟特征，形成了较为复杂的通道和模式。第三，金融科技发展也具有无人化、智能化、机器化的特点。人工智能、大数据、云计算等技术广泛运用在金融科技领域，形成了创新性的成果，也带来了一些风险因素。当谷歌的无人驾驶汽车出了事故时，责任归属难以判定，同样，在金融行业，一些智能模型和算法都靠机器自我学习、自我运算产生，一旦出现偏差或机器通过自我学习变成了一个"坏人"，责任是应归属于其投资人、股东还是程序设计者，现阶段我们同样难以判定。同时，当涉及的金融数据体量非常庞大时，数据在传导过程中一旦泄露，数据安全问题将面临极大的风险并一发不可收拾。因此，金融科技在给我们带来便利的同时，也因为相关领域知识和教育的缺失，使得金融科技在大众化过程中，面临消费者权益无法得到有效保护的问题。

另一方面，金融科技发展也为全球金融监管带来极大的挑战。第一，金融科技、互联网金融的发展超越了监管体制和政策的范围。比如，在第三方支付领域，支付宝 2003 年就已经开始运作，但时隔 8 年，在 2011 年才正式拿到支付牌照。监管滞后于市场现象存在普遍性，"先上车后买票"的现象相对严重，如何缩短监管滞后是发展面临的一个挑战。第二，中国在金融科技领域的监管相对滞后于国际先进做法。虽然有些国家，如英国、新加坡等在金融科技领域的发展不如中国繁荣，但其在监管的规则、体制和主动作为方面做得比较好。周延礼主席（中国保险监督管理委员会原副主席）也提到，我国金融监管也将逐渐起步，中央政府已开始从顶层设计上逐步为金融监管提供一些方向性指引。第三，如何在助力金融科技企业发展的同时实现有效监管。全球主要金融科技巨头前几名基本都是中国的企业，中国的金融科技巨头企业为中国的消费者带来了福利，也为中国在这一新兴领域争取了利益，但金融科技巨头作为系统重要性机构，如何处理好它既要服务于国家话语、国家利益，又要保证它真正属于消费者、为实体经济服务的角色作用，如何对其实现有效监管，也给我们提出了新的挑战。

要实现对金融科技发展的有效监管，我们首先需要确立我们的目标。当下，在经历这一轮金融危机之后，综观政府和领导人关于金融工作和金融科技方面所采取的政策措施，我们应当有以下几个共识：第一，一切工作都要以金融稳定为前提；第二，金融要服务实体经济，要以造福社会、造福人类为目标；第三，金融要处理好创新与稳定、创新与发展之间的关系；第四，金融牵扯到社会大局，如何保护好消费者利益，是我们面临的一个巨大挑战。金融科技、互联网金融的爆发式发展往往发生在发展中国家，例如中国，但在这样的市场中，消费者自我教育、自我保护的能力还不足，监管体制也相对滞后。这就更加需要我们的监管体系、金融科技规则制定的目标相对明确，从而建立一个公平、公正、透明、高效的金融体系。

在国际经验与协调上，金融监管领域是我们的相对短板，需要我们认真思考应当如何制定政策与贯彻执行。全球金融科技发展有三大主要驱动力：一是市场，即用户需求，中国和其他发展中国家一样，最不缺少市场；二是技术，虽然在核心技术领域中国可能与美国还存在一定差距，但是中国的应用技术水平仍处于世界领先地位；三是规则，在规则制定上，我们的政府，包括监管机构、监管体制、监管能力存在明显的短板。值得特别强调的是机构能力建设问题，在顶层设计方面，国家从国务院层面一直持续强调金融的稳定发展，但中国的金融监管方式是属地化管理，各省（区、市）政府都面临着如何管好地区金融发展的问题，工作量非常之大，而地方的金融办往往都依属于发展改革委等部门，人手和资源都非常紧缺。监管人手、人力不足，能力、手段有限问题突出，如何补好能力赤字、人才赤字成为各省（区、市）政府促进金融稳定发展的一个关键挑战。同时，打造一个友善、有效、生态性的监管体系，需要企业主体、行业协会、高校研究机构、媒体等多方的参与和促进，也只有这样，才能实现金融行业的可持续化发展，把金融科技发展推向未来之路。

总而言之，金融科技为中国的金融行业、科技行业和社会发展带来了优势和机遇，同时也带来难以想象的挑战与可能的风险。如何处理好发展与稳定之间的关系，如何处理好中国金融巨头为国争光以及为社会、为全人类造福之间的关系，是我们亟待解决的问题。当然，我们不能忽视监管体制的建设，这是我们的短板所在。在金融科技领域，中国以及发展中国家展现出了不凡的实力，这是我们的机遇所在。未来，相信中国以及发展中国家可以不断突破和创新，从而实现领先世界。

中国金融科技：过去、现在和未来前景 *

从路边小吃到奢华金表，在中国买东西可以说是前所未有的简单，这一切都要归功于移动设备的出现。快速发展的金融科技业，通过快速准确地对接客户需求与商家服务，唤醒了沉睡的货币。虽然这一行为带动了消费，但也滋生了风险。中国的政策制定者们正面临着一个棘手的任务：在不扼杀金融科技潜力的情况下平衡监管。由于中国牢牢确立了该行业的领先地位，政府在寻求改革时几乎没有可借鉴的例子。

一、金融科技在中国崛起的奇迹

金融科技背后的技术十分复杂，但对日常生活的影响却很直接。2003年对中国来说是艰难的一年，非典病毒肆虐，许多人只能居家办公。在中国东部

---

* 本文刊于2017年12月28日中国国际电视台（CGTN）网站。原文为英文，本文为译文，由沈莉翻译，张新慧编辑，详见：https://news.cgtn.com/news/7759444e34637a6333566d54/share_p.html?from=groupmessage。

地区，一家鲜为人知的电子商务公司因此开始提供"网上支付"服务，进而推动和促进了网上交易。十年后，在内蒙古自治区北部偏远地区，同样一个鲜为人知的资产管理机构与上述电子商务公司合作，通过向该公司庞大的网络用户提供货币市场基金产品，一举超越同行业领先者。而以往，货币市场基金仅仅提供给大型机构和企业投资者。这个在线支付服务就是支付宝。支付宝是表明金融科技在中国奇迹般崛起的最佳案例。截至2017年，支付宝拥有超过5亿名用户，是世界上最大的在线和移动支付公司集团。

中国在金融科技的领导地位不仅限于支付领域。互联网保险业也出现了类似的增长。随着消费保险产品的繁荣发展，众安保险——一家网络保险公司，2017年9月在香港证券交易所上市，成为保险业最大的金融科技公司之一。

从宏观角度来看，中国拥有世界一流的金融科技生态系统。浙江大学互联网金融研究院最近的一项研究表明，珠三角（以深圳为核心）、长三角（以杭州和上海为核心）和北京已成为三个世界级的金融科技中心。

二、中国领先是偶然还是必然？

中国成为金融科技领域的领头羊已成为全球共识，我们也为此欢欣鼓舞。但现在，对于中国为什么领先，也出现了不同的言论。

一派认为，中国的金融市场一直在不成熟的制度下艰难发展，金融科技公司正好钻了这一漏洞，支持这一理论的一个有力论据是，货币市场基金"余额宝"和银行存款有不同的规定：余额宝不需缴纳存款准备金。毫无意外，这一理论的支持者往往在银行业。然而，在金融科技领域出现了与之相反的一大观点——货币市场基金作为一种产品已经出现一段时间了，任何人都可以利用这些明显的漏洞。因此，金融科技创新和强大的分销渠道才是使其成功的关键。

其他的争论包括消费者权利受到不平等对待（据报道，金融科技公司并没有严格遵守消费者保护规则，如数据隐私等）或公平竞争（许多金融科技公司对其产品进行大量补贴），撇开不同的理论，可以说，不管中国领先是偶然还是有意为之，正是中国总体上友好的生态系统，使其成为全球金融科技领域的领先者。

三、中国金融科技：发展前景是否黯淡无光？

目前中国政府改变其政策重点，更多地关注金融稳定，一系列监管措施已经出台，以遏制风险，行业参与者倍感压力。政府提供了一些总体指导，但细节部分还不够清楚。政府机构还会继续鼓励金融创新以及金融科技的发展吗？谁应该拥有主要的监管权呢？未来还会颁布哪些规定呢？那些规定又将如何实施呢？市场需要而且正在焦急等待这些问题的明确答案。

人们普遍认为，金融科技崛起，背后主要有三个驱动力：金融服务的市场需求、技术进步和强大有力的政策与监管制度。第一，中国等发展中国家往往对基本金融服务有着强烈的需求，但由于金融抑制，这些需求尚未被满足或没有被完全满足。第二，智能手机的技术进步起到了推动作用，使金融服务能够通过数字技术在任何时间、任何地点覆盖到大量用户。在这方面，腾讯和阿里巴巴作为全球互联网巨头，使中国再次成为该领域的领导者。

第三，中国可能是金融科技发展的最佳基地，当时中国缺少相应的规章制度以及强有力的执行力，从而兴起了创业热潮，还出现了大量资本投资机会。但最近中国风险控制的政策开始摇摆不定，与此同时，抑制创业精神也出现风险，而当初创业精神是使中国领先全球的首要因素。政策风险以及监管的不确定性已经对该行业造成了负面影响，使人们对其发展前景产生了怀疑。中国监管机构是否足够健全，能够在金融创新和稳定之间取得适当的平衡？这一问题的答案将在未来许多年对中国和金融科技领域产生巨大影响。

英文原文

FinTech in China: The Past, Present and Future Prospects

From street food to luxury watches, finding and buying things has never been as easy in China, thanks to mobile devices. The fast-growing FinTech industry has awoken once dormant stashes of money by connecting customer demand to services quickly and accurately. But as it boosts consumption, it also breeds risk. Chinese policymakers have a tricky task at hand: balancing regulation without strangling FinTech's potential. As China firmly established as a leader in the sector, there are few examples for authorities to learn from as they look to reform.

1. China's Miraculous Rise in FinTech

2003 was a tough year for China. The SARS panic shut down the country, leaving many people grounded at home. A little known e-commerce company in an east Chinese city started offering "online payment" services as part of its efforts to enable and facilitate online transactions. Ten years later, a little-known asset manager in the remote northern region of Inner Mongolia leapfrogged industry leaders by working with this company to distribute its simple money market fund products through its vast network of users, offering them access to money market funds that were traditionally reserved for large institutional and corporate investors. The online payment service is called Alipay, and there is no better company to illustrate the miraculous rise of FinTech in China. Until 2017, the company has over 500 million users and is the largest online and mobile payment company in the world. Its parent company Ant Financial has been consistently ranked as the largest and most valuable FinTech company in the world.

China's leadership in FinTech is not just in payment services. In the peer-to-peer lending arena, China's first marketplace lending platform PPMoney was founded two years after the London-based Zopa, the first P2P lending platform in the world. But today, Chinese marketplace lenders account for more than 60 percent of global volume and some of them are global leaders in the sector.

The insurance sector has seen a similar rise. Riding on the boom in consumer insurance products, Zhongan, a purely online insurance provider, was recently listed on the Hong Kong Stock Exchange, making it the largest FinTech player in the insurance sector.

From a macro perspective, China boasts a world-class FinTech ecosystem. A recent study by the Academy of Internet Finance, Zhejiang University, shows that the Pearl River Delta region (with Shenzhen as its core), the Yangtze River Delta region (with Hangzhou and Shanghai as the core) and Beijing have emerged as three world-class FinTech hubs.

2. Global Leader by Accident or Design?

Though there is much celebration and consensus about China's position as a global leader in FinTech, there are different theories about why China is on top.

One school of thought is that the FinTech companies in China exploited loopholes in the Chinese market, which has struggled with less than sophisticated regulations. The one powerful argument in support of this theory is that money market fund Yuebao and bank deposits are subject to different regulations. For example, Yuebao is not subject to deposit reserves. Not surprisingly, this argument has a big following in the banking industry. However, the counter argument from the FinTech world is that the money market fund as a product had been around for a while, and anybody could have taken advantage of the perceived loopholes. Therefore FinTech's innovative and powerful distribution channels made the difference.

Other arguments range from unequal treatment of consumer rights (pure FinTech players reportedly do not strictly abide by consumer protection rules on areas like data privacy) or fair competition (many FinTech players heavily subsidize their products). Different theories aside, it can be said that it is China's generally friendly ecosystem that has made it a global leader in FinTech. Whether or not it was by accident or by design remains highly debatable.

3. FinTech China: Cloudy Prospects?

As the Chinese government shifts its policy priority to focus more on financial stability, a flurry of regulatory and administrative measures have been rolled out to contain risks, and industry players are feeling the pressure. While the government has provided some general guidance, details remain sketchy. Will the government continue to encourage financial innovation and FinTech? Who has the primary regulatory authority? What regulations are coming? How are they going to be applied? The market needs and is anxiously awaiting clarity.

It is generally agreed that there are three primary drivers behind innovation in FinTech: the market demand for affordable financial services, technological progress and a robust policy and regulatory regime. China and the developing world tend to have strong unmet or under-met demand for basic financial services, given financial repression in these markets. Technological progress in smartphones serves as an enabler, making it possible for services to be delivered digitally to large numbers of customers anytime, anywhere. In this area, China again is a leader, with global internet giants like Tencent and Alibaba.

The third enabler is the policy and regulatory environment. China was probably the best playground for FinTech when it had few regulations or lax enforcement, leading to vibrant entrepreneurship and plenty of capital backing up investment opportunities. But the recent policy shift towards risk containment is swinging the pendulum, and along with it the risk of inhibiting the entrepreneurship that has made China a global leader in the first place. The policy risk and regulatory uncertainty have already had a negative impact on the sector, casting doubt over its long-term prospects. Will Chinese regulators be sound enough to strike the right balance between financial innovation and stability? Answers to this question will have huge implications for China and the FinTech sector for many years to come.

中国金融科技的可持续发展需要填补能力赤字[*]

中国在新金融尤其是金融科技领域能够取得今天的领先地位，一要归功于业界的推动，二要归功于我国本身的资源及人口优势。虽然目前金融监管被认为是我们的短板，但是不可否认过去十几年监管的包容态度对金融科技的高速发展做出了重要的贡献。以支付宝为例，支付宝从 2003 年开始运行，政府不仅没有叫停，还在 8 年后颁发了牌照，否则支付宝很可能不会获得今天这样的体量和影响力。所以我们应该感谢这种包容性的态度对金融科技的发展和活力的贡献，应该感谢像在座的中国人民银行科技司李伟司长一样的领导对金融科技的包容和支持，正因为他们，中国的金融科技行业才获得了如此高速、蓬勃的发展。同样要感谢的还有在座的李扬老师，尽管如此忙碌，他还是一直坚持为金融科技行业和学术研究奔走支持。遗憾的是，尽管有像李扬老师这样关注金融科技行业的学界领头羊，但整体来说学界的贡献还是不多、不够。那么

＊　本文根据作者于2018年7月6日出席在北京举行的《中国金融科技运行报告（2018）》发布会暨学术研讨会时所作的主题演讲实录整理而成，由罗曼整理，张新慧编辑。作者为该报告的联合主编。

我今天就作为学界的一分子，希望和大家分享一些对未来金融科技持续发展的想法和观点。

之前有一位土耳其的学生来拜访我，这位学生说我看起来很年轻，但其实我不算年轻。而我们发布的《中国金融科技运行报告（2018）》可以说是"老中青"结合的团队的集体贡献。我们四位编者当中，其他三位都可以说是"青年学者"，我是唯一的"老同志"。所以年轻与否可以说是"没有比较就没有伤害"。而作为消费者如何不被伤害？企业又如何不去伤害别人、伤害社会？这就不得不谈到我今天所要强调的第一个关键的能力——定力。

第一个关键能力：定力。具体来说包括自我克制以及对行为边界和能力边界的把握。

作为金融科技的一个重要业务分支，2018年网贷行业风起云涌，许多投资者一味追逐高额利息而没有真正认识到网贷行业的风险。有些企业更倚仗自己的能力和掌握的大数据和信息优势，做违反商业道德伦理、损害消费者利益的事情。金融科技，特别是互联网金融这些新兴的产业要有定力，要能够自我克制，要有所为，有所不为，谨慎地处理好自己的能力边界和行为边界的问题。因为在金融科技如此迅速发展的情况下，无论是在中国还是在全球范围内，仅仅依靠监管机构及时厘清全部规则实属不易。对于飞速发展的金融科技行业来说，在一定程度上行为边界需要自己把握。

同样需要企业谨慎处理的还有一个业务边界的问题。只要是从事金融业务，都不可避免地会遇到持牌和资质问题。只有在内部依托金融机构规范地自我约束，加之在外部建立一个良好的约束机制和规则环境，才能形成持续的定力机制。在面对快钱诱惑的时候，面对快速做大的诱惑的时候，不是首先考虑抓住制度漏洞、监管套利，而是能看到如何侧重于长远的、可持续的发展，这就是定力。

第二个关键能力：活力。我们所说的活力是在一定边界范围内的活力。需要通过规则的制定取得规范与发展之间，创新与风险之间的平衡。

我在杭州工作，这是一座创新创意气氛浓烈的城市，浙江大学的毕业生自己创业的比例在国内首屈一指。创新可以说是目前我国经济发展一个重要的趋势和增长点，也获得了政府政策的大力支持。然而值得反思的是：创新和金融相结合所形成的金融创新这一概念最近在社会上却声誉堪忧。活力和创新当然是必需的、值得鼓励的，但是经济发展需要什么样的活力和创新来驱动则取决于规范与发展之间的平衡，取决于创新与风险之间的平衡，通过这样的平衡所创造出的一定边界范围内的活力才是我们真正需要的活力。

要取得这一平衡的关键是制度规则设计的弹性和灵活性。金融试验田和"监管沙盒"得以实施的关键因素是规则的灵活制定赋予了创新的试验田和孕育生长的空间。我衷心地希望今后通过平衡、合理的规则制定，中国金融科技行业和生态的活力得以继续保持。

第三个关键能力：耐力。目前中国在金融科技领域具有引领世界的良好势头，但唯有培养好耐力才能让金融科技行业行稳致远。

在当今的全球金融科技领域，中国是重要一极。2018年6月初我所率领的浙江大学互联网金融研究院的研究团队在荷兰举行的金融科技（Money20/20）欧洲大会上发布了《2018全球金融科技中心指数》[1]，得到了多方关注。我们团队对全球范围内30个经济区做了研究和排名，如粤港澳大湾区、长三角地区、旧金山湾区（硅谷）、大伦敦地区、纽约湾区，其中中国的三大经济区在前六名中占到了三席。这说明我们在金融科技领域具有引领世界的势头和良好的基础。但是这个基础牢不牢、实不实，我们能否笑到最后？我想这是我们政府、监管机构、业界都特别关心的。这关乎耐力的问题，而要在金融科技赛道上保持长期领先的势头，业界可能需要进一步提升自己的创造力

---

[1] 该指数报告详见本书第五篇中的《多极联动，天下新局——2018全球金融科技中心城市报告》。

与执行能力。

中国在金融科技领域所引领的"中国模式"发展，是一种爆发式的增长，而"英美模式"相对来说是渐进式发展。在"一带一路"这个大的背景下，这个模式能否被复制到欠发达地区，需要依靠我们的综合能力，需要政、产、学、研形成共识，需要我们监管规则的明晰，需要我们监管能力的提升，需要我们完善标准，需要我们学界研究的跟进。

以监管规则为例，当我们今天在说"监管沙盒"的时候，应该要警醒的是，其实我们的话语权已经被人抢占，因为"监管沙盒"已经在 9～10 个国家与地区得到了应用，获得了全球范围的认知度。以标准制定为例，当我们在谈《中国金融科技运行报告（2018）》的时候，我们也应该知道我们的话语权已经被人抢占，因为"金融科技"（FinTech）这个词是人家两年前才造出来的。那么为什么仅仅在过去两年金融科技的概念就远远胜于互联网金融？这个问题值得学者、政府、业界深刻地思考。

我前不久在剑桥参加了一个金融科技主题讨论会，会议中谈到肯尼亚的第三方支付产品 M-Pesa 在国内非常成功，已经推出十年以上，但在全球范围也没有形成被广泛模仿发展的局面。那么反求诸己，如果要向全世界输出"中国模式"、中国思想，我认为学者们在总结提炼业界案例的时候，在提升理论方面，还要继续加油。我 4 月初在麻省理工学院（MIT）遇到 IMF 的前任首席经济学家，他的研究领域原本不是金融科技，但是很关注金融科技，尤其关注中国的金融科技，他的团队期望研究能否把支付宝这样的生态环境复制到巴西。有更多的人关注金融科技和中国的（也是世界的）行业领导者是一件好事。但反过来，我们中国的大学老师有没有想过站在另外一个高度，将我们优秀的案例、优秀的实践传播出去呢？

金融科技的可持续发展的重中之重就在于人才，不仅要用技术人才、管理人才、监管人才，大学教育更需要人才。可惜我们目前绝大多数金融专业的老师的经验、知识结构和实际及行业前沿的联系远远不够。所以我之前说我们大学对中国金融科技领域的贡献度相对业界等是最低的。如何能够让中国金融科技行业行稳致远?耐力的培养、综合实力的培养是关键,在这方面中国的大学责无旁贷。

最后一个能力是动力。这是文化的问题,是关乎行业和企业走哪条道路的问题,也是不忘初心的问题。

最后,我觉得金融科技要持续发展,文化是第一位的,而文化、情怀、价值观需要达成一致。我十多年前在业界工作时去欧洲工商管理学院(INSEAD)进修,当时认为讲企业文化的老师都是最没有水平的,因为企业文化似乎不能解决实际和具体的操作问题,但后来通过在业界和学界不断的实践、积累、观察和研究,明白了文化其实是最重要的。如果我们的金融创新都是以套利为导向,都是为了把钱从别人的口袋装进自己的口袋,而不是为社会、为国家、为行业服务,那我们为何需要这样的金融创新和金融科技?金融科技和创新也就不会获得健康良性的发展。如果说过去我们的金融科技能快速发展到今天、占领全球领先地位,是因为我们广大消费者的拥抱,因为我们中国地大物博、人口众多、市场巨大;那到了强监管的今天,到了需要走向更高水平和走向全球发展的未来,我们金融科技产业和企业需要快速提升综合能力,处理好我们的能力短板问题。只有这样我们才能构建一个负责任的金融科技产业,才能实现真正绿色、可持续的普惠金融,只有这样,我们社会才会更加美好,人民才会更加幸福。

卖者有责，买者自负

——夯实金融安全规则基础，打造投资者保护生态体系*

在聆听了出席"金融科技链接智慧未来"2018杭州湾论坛上几位同行的演讲发言后，我有几个感想。第一，有人提到了股市的投资者教育似乎更好、投资者更理智，因为当投资者在股市中遭受损失的时候，他们并没有闹事。但是在我看来，对于中国股票投资者来说，他们付出的学费太高了。第二，关于"去杠杆"一词，这个词和其他金融领域的许多词一样，翻译自英文"deleverage"一词。我个人认为应当叫作"降杠杆"而非"去杠杆"，因为金融如果"去掉"杠杆，那我们该如何进行投资呢？第三，关于金融风险。其实，金融风险并不完全是金融机构、金融行业自己的风险，很多风险并非源自金融机构，比如中美贸易摩擦，它会将一些风险传导到金融体系中，在座的各位如

＊ 本文根据作者于2018年10月17日出席由杭州市人民政府主办的"2018杭州湾论坛"主题论坛"金融科技链接智慧未来"时所作的演讲实录整理而成，由陈新元、陈雪如整理，顾雨静编辑。

果是从事金融的,千万不要因为自己似乎是最大的风险而感觉到羞愧,我们并不是金融风险的所有来源。第四,关于互联网金融尤其是网络贷款(网贷)。近来网贷出了一些问题,使得金融科技被污名化了。

接着我将谈谈关于如何夯实金融安全规则基础、打造投资者保护生态体系的问题。

金融行业也是买卖,在金融交易中卖者有责,而买者的责任也应自负,这个原则是通用的。但是金融行业又与其他的行业有所不同,金融所有的交易(产品或服务)几乎都是"看不见摸不着"的,很多又都具有期货交易的性质,因此相对其他行业,信息不对称问题也是最严重的。所以我认为,在金融行业的交易中,应当在一定的条件下实现"卖者有责,买者自负"的原则。

从卖者有责的角度来说,首先,应当保证其销售产品的质量。即便我们认为某种金融产品确实优质,但是我们仍需抱有一颗敬畏之心,因为金融产品中可能存在着一些未知的潜在的风险。其次,作为一名金融从业者,必须学会了解你的客户(Know-your-customer, KYC),在了解的基础上合理地运用适当性的原则去判断该产品是否真的适合客户?是否真的匹配客户的知识经验水平?是否真的可以合理满足客户的需求?客户购买时候的决策机制是否理性?……这些都是需要利用适当性原则去进行判断的。我也曾经在相关金融机构任职过,在一些金融产品尤其是衍生品的交易中,对手方可能是大公司或大型国有企业,具有一定的金融专业知识与经验,在这种情况下我们会仔细了解他们购买这一产品与服务的决策机制是否理性,我们确确实实努力做到知己知彼。也许我们需要建立一个金融产品的"水晶宫",因为在金融交易中我们应像水晶一样透明、通透。

从买者自负的角度来说,我们先举一个例子。在杭州,大街上的车辆会礼让行人,但即便在此前提下,行人在穿行马路的时候,还是不可避免地需要左右张望,这所体现的就是一个人的自我保护意识与自我学习意识。然而有一些投资者，投资一旦遭受了损失就开始闹事，他会说"我投资了 300 万元，现在全部都亏了"。这种投了 300 万资金自己却一点功课都不做、把责任全都推给政府和对方的投资者，其实他自己应该为最后的亏损负很大的责任。除此之外，我们每个人都有贪婪的心理，而金融有时就是在贪婪与恐惧之间寻找平衡点。扪心自问，我们有多少人真的是以投资者的心态去做投资的？目前的金融市场上，更多的是投机者的行为。在这种侥幸心理的驱使下，把责任推给别人、推给政府，期待别人来兜底的，是不负责任的行为，也是不符合买者自负原则的。

"卖方有责、买者自负"原则的前提条件是市场的公平、公正、公开的"三公"。在买卖交易的市场秩序建设方面，我们的政府、监管机构和行业协会都做了很多工作，但是我们仍需要思考以下几个问题——以评级机构为代表的第三方机构，他们是否真的做到了足够的公正与客观？会计师、律师，包括托管银行，是否都在关键的时候真正地履行自己的职责？当金融机构在争抢托管银行、存管银行生意的时候，他们是否真正地看到了作为托管机构所应承担的责任？

作为一名学界分子，不可否认我们学界在很多方面确实做得不够好，金融的理论发展在很大程度上是滞后于实践的。同时，金融媒体也有责任，没有完全尽到理性引导和传播的义务。现在，金融行业发展最缺的不是技术、不是情怀，而是一个完善的厘清各市场主体职责范围和边界的规则与制度体系。

在规则和制度的制定上，目前不管是在中央还是地方，都还有很多内容没有完全明晰。其次，即使我们有了完善的规则与制度，又有多少人能够秉承着对于规则真正的敬畏和尊重？我们的执法方面仍有很多不足，使得许多规则制度得不到有效的遵守和贯彻落实。在我看来，规则与制度体系的完善与否反映了一个国家、一个社会综合治理能力的高低，也关系到一个国家的综合竞争力。因此，一个国家要想真正把金融做好，实际上是非常难的，因为这需要全社会的共识与努力。在金融科技化、智能化、数字化、普惠化、大众化的今天，一味地套用以前的金融管理模式肯定是行不通的，我们需要新的、更完善的规则、制度体系和技术手段为我们的金融发展与创新提供基础性的，同时也更强大的支撑。

令人担忧的是，在我们的金融市场上，"一管就紧、一放就乱"的现象依然存在。虽然科技让金融服务的生产力大大提高，但是围绕金融规则与制度的生产关系的调整还远远不够。所以当下，我们需要补齐金融市场的规则与监管的短板，需要全方位地打造一个投资者保护的生态体系，也需要进一步夯实金融安全规则与基础设施。新金融、新经济时代的到来，需要我们每一位各司其职、各担其责。

中国企业的崛起

——从本土成功走向全球卓越 *

首先我想与大家分享一首歌（现场播放歌曲）"Dream It Possible"，因为这与我们今天的主题、与我的梦想非常契合。四年前，我曾在伦敦商学院就"我的梦想：中国本土企业的崛起"这一主题发表过演讲，今天也很高兴与大家分享类似的题目——"中国企业的崛起：从本土成功走向全球卓越"。

这四年来，中国企业的国际化取得了很多进步，同时也面临不少挑战。目前，中国企业的国际化发展到了一个怎样的程度呢？国际化不仅是对外投资，也包括在国际市场上销售产品、上市融资等跨境行为。令人欣喜的是，我们中国企业不仅做到了走出国门投资，也已经陆续实现在全球股票市场上市。比如，截至2018年，已有67家中国公司在纽约证券交易所上市，另外还有

* 本文根据作者于2018年10月22日出席在杭州举行的"西湖—日内瓦湖"金融与科技创新论坛（简称"双湖论坛"）（"West Lake & Leman Lake" Finance and Technological Innovation Forum）时所作的演讲实录整理而成。演讲原文为英文，本文为译文，由李心约、胡静航、陈雪如翻译、整理，顾雨静编辑。

277家创新公司在纳斯达克证券交易所上市,整体数量仅次于美国上市公司。从宏观层面来说,2017年中国的出口总额是15.33万亿元,约占GDP的18%,比重非常高,也是全球最大。

中国企业的海外并购情况又是如何呢?从图1中我们可以看到,过去几年中国企业的海外并购活动相当活跃,涉及120余家公司、共计数十亿美元的并购额。2018年由于波动性或者周期性的影响,这一数字可能会有所回落。但是中国的企业还是非常乐于去国际市场上闯一闯的,这是一个不可阻挡的趋势。

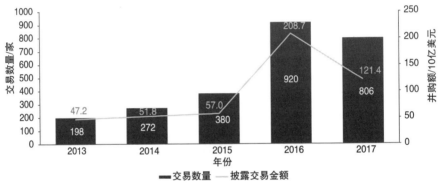

图1   2013—2017年中国企业海外并购数量与交易金额

资料来源:《汤森路透》、《投资中国》及普华永道提供的分析。

马克·鲁西先生刚才举例说瑞士非常注重质量,确实在全球范围内,瑞士常被认作高质量的代表,在品牌质量方面,瑞士品牌放眼世界都是首屈一指的。形成对比的是,在这个榜单上,中国品牌则在49个国家和地区当中排名倒数第一。这在一定程度上反映了中国在品牌方面与其他国家相比还有差距。在中国产品、中国企业、中国群体等形象上,中国的得分较低,确实和其他发达国家存在差距,这也是未来需要我们解决的问题。2017年全球最受认可的"某国制造"排名见图2。

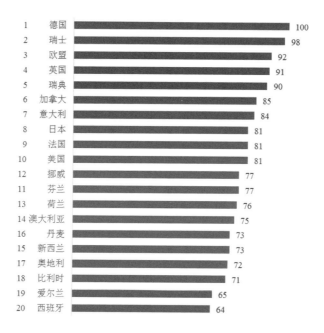

图2　2017年全球最受认可的"某地制造"排名及其分数

资料来源：Statista和Dalia Research[1]。

　　我也选择了银行国际化领域作为一个切入点，看看我们与发达国家存在哪些差距。中国的银行规模非常大，在过去的10～15年里也已经取得了令人瞩目的进步，但就银行国际化的竞争力排名来看，似乎并不是那么靠前。2018年我的研究团队发布了《2018全球银行国际化报告》，选取了境内外数据较全面的64家银行进行了BII（Bank Internationalization Index，银行国际化指数）排名，中国银行是中国几大银行中排名最靠前的，但它的BII指数也只有26.7，国际化程度并不高。而发达国家的一些国际银行，例如渣打、花旗、汇

[1]　2017年初，德国研究机构Statista和Dalia Research进行了一项全球调查研究，从质量、安全标准、设计、持久性等维度出发，邀请来自全球52个国家的43034人，给"某国制造"在自己心目中的形象打分。共计49个国家和地区参与了排名，"德国制造"名列第一，中国制造得分28分，位列最后一名。

丰等，它们的 BII 指数值都要高得多，它们在银行国际化发展方面也确实更加领先。2017 年银行国际化指数排名见图 3。

BII排名	全球银行		发达国家银行		发展中国家银行	
1	渣打银行	67.9	渣打银行（英国）	67.9	阿拉伯银行（约旦）	50.9
2	花旗集团	59.3	花旗集团（美国）	59.3	国民联合银行（巴林）	38.8
3	汇丰集团	53.9	汇丰集团（英国）	53.9	马来亚银行（马来西亚）	31.3
4	西班牙国际银行	53.3	西班牙国际银行（西班牙）	53.3	中国银行（中国）	26.7
5	北欧联合银行	53.3	北欧联合银行（瑞典）	53.3	新卢布尔雅那银行（斯洛文尼亚）	26.0
6	荷兰国际集团	53.2	荷兰国际集团（荷兰）	53.2	中国工商银行（中国）	17.0
7	德意志银行	53.0	德意志银行（德国）	53.0	巴罗达银行（印度）	15.9
8	瑞士瑞信银行	52.8	瑞士瑞信银行（瑞士）	52.8	约旦贸易金融住宅开发银行（约旦）	15.6
9	瑞银集团	51.2	瑞银集团（瑞士）	51.2	布洛姆银行（黎巴嫩）	15.4
10	阿拉伯银行	50.9	法国兴业银行（法国）	43.7	印度银行（印度）	13.9

前九来自发达国家　　　　　　**BII均值54.1** ———— 两倍余 ————▶ **BII均值25.2**

图3　2017年银行国际化指数排名

资料来源：浙大AIF《2018全球银行国际化报告》。

那我们未来更大的希望在哪里？在金融科技等一些新兴行业中，中国企业的弯道超车做得还不错。事实上，我们现在取得的成就，尤其是在新经济领域，让人感到欢欣鼓舞。比如说阿里巴巴，相较亚马逊来说，它在数字经济方面的成绩也不逊色！此外，包括腾讯、华为在内的一系列创新企业，都在全球竞争中处于领先地位。在新金融领域，蚂蚁金服也已经成为世界领先者，这也要感谢杭州创造了一个非常好的促进金融科技发展的生态系统。我们也希望未来能有更多的企业走出杭州，走出浙江，走出中国，拥抱世界。

那么中国企业国际化的特点有哪些呢？第一，起步较晚。十年以前，国内还很少有"中国企业走向世界、走向国际"这类说法。在 2007 年，我国对外直接投资（outbound direct investment，ODI）只是外商直接投资（foreign direct investment，FDI）的约 1/3，我们更多的是吸引外商到中国直接投资，如今势头调转，也就是说现在有更多的中国企业主动拥抱世界。第二，相比发达国家，进行国际化的企业在地理覆盖范围上还比较小，主要集中在广东、上海和浙江等地区。第三，发展非常迅速，却又相对不均衡。比如说在金融科技领域，我们已经有了出色表现，但在别的领域表现则没有那么突出。

在未来，随着全球化的不断深入，世界各地之间的关联度将越来越高，谁将引领中国企业的国际化呢？有人认为是像中国石油这样的大型国有企业，但我想更多的引领者将来自民营企业，比如浙江杭州，它是民营企业之都，特别是在新经济领域有许多优秀的企业。我们也预期在新经济领域涌现更多的领军者。这些国际化的领军者将来自哪些省（区、市）呢？根据商务部、国家统计局、国家外汇管理局联合发布的《2017年度中国对外直接投资统计公报》，2017年地方对外直接投资排名中，上海、广东、浙江分列前三，来自长三角和珠三角区域的创新企业未来也许更有机会成为中国企业国际化的领军者。

中国企业的对外投资又会去向何方呢？以非洲为例，2017年中国流向非洲的投资达41亿美元，同比增长70.8%，主要集中在基础设施领域，以帮助非洲地区进一步改善基础设施建设，以期更好地拥抱未来的经济腾飞。再比如欧洲，2017年中国流向欧洲的投资有184.6亿美元，创历史最高值，同比增长72.7%，其中瑞士则是中国在欧洲的第六大贸易伙伴国。此外值得关注的是，2017年我国对"一带一路"沿线国家的直接投资流量达201.7亿美元，同比增长31.5%，占到同期中国对外直接投资流量的12.7%。

在中国企业国际化的道路上，我认为最好的途径之一可能是在境外市场建立中外合资，这不只在新经济领域，也适用于一些传统经济领域。比如中国工商银行，它在国际化方面开展了诸多创新的尝试，与非洲标准银行在战略股权关系的基础上展开了广泛友好的合作。这样的战略合作伙伴关系，对双方来说都是非常重要且有益的，相信中国工商银行可以通过这样的合作积累更多经验，提升自身的能力，以建立一个更好的国际化银行。

竞争中立也是值得关注的一点。我们的国有企业进行海外投资时常常引发争议，国企的政府背景有时被视为一种威胁。为了发展更好的合作伙伴关系，或许我们可以适当淡化投资方的政府相关背景，从遵循国际经济竞争规律入手，全方位、高标准地提升国际竞争力。

在中国企业走向国际时，我们也需要具备吸引优秀人才的能力，让他们乐意与我们共事、为我们工作。曾经有一个中国公司想并购一家法国公司，即使当时我们提出的价格比第二位高出10%，但被收购企业出于对自己辛苦创建的公司能否被好好经营的担心，仍然不愿意选择这家中国公司。在国际化道路上，我们不仅需要专业的企业人才，也需要专业的创业型、复合型人才。在中国，浙江大学的毕业生投入创业公司工作的比例是最高的，大概20个学生里就有1个选择创业公司。我们也非常鼓励毕业生从事和新经济有关的工作，去接受新的挑战。

除此之外，我对中国企业国际化还有几点建议：一是利用好离岸跳板。例如新加坡等城市国际化程度相当高，有各大国际金融机构的子公司或办事处。与直接投资相比较，借助离岸跳板或许能更简便、快捷地克服语言、国际决策等方面的困难。二是提高品牌认知度。我们的许多企业在产品方面非常优秀，但公司认知度不高，我想未来需要在这方面投入更多关注。三是提高公司治理水平。例如通过增加透明度以更好地适应国际市场要求等。四是重视公司文化建设。品牌以及文化这类软性资源往往容易被企业忽视，但它们实际上是非常重要的。

从国内领先到全球领袖，中国企业国际化的旅程将充满挑战与荆棘，但我相信我们一定能找到最美的风景。开始时我与大家分享了"Dream It Possible"这首歌，我想引用其中的歌词作为结语："We will chase, we will reach, we will fly. We will glow in the dark turning dust to gold, and we'll dream it possible."未来我们将变得更好、更强，愿向前发展的动力永远不会穷尽，这就是我的梦想，我希望中国企业能够从本土冠军成为全球领袖！

科技助跑，中国金融能否实现"换道超车"*

传统国际金融中心面临转型，全球经济出现科技化"灰犀牛"，在两者结合的金融科技领域，中国要为世界提供一个标准样板，前提是更加规范地发展。换句话说，中国能否在金融科技领域保持世界领先的良好发展势头，很大程度上取决于监管能力能否快速提升。目前来看，对金融科技的监管依然是我们的短板，仍需努力补足。

表1显示了截至2018年3月5日市值排名在全球前十的公司，每一家公司的市值都在3000亿美元以上。十家公司中有七家科技公司、三家金融公司，同时排名前六的都是科技公司，反映出传统产业正在让位于新兴产业，例如著名的通用电器就榜上无名；金融巨头正在让位于科技新贵，如花旗、高盛等行业翘楚已排在二十名之后。十家公司中有七家来自美国（苹果、谷歌、亚马逊、微软、脸书、伯克希尔•哈撒韦、摩根大通），三家来自中国（腾讯、阿里巴

* 本文刊于《当代金融家》杂志2018年第6期，为6月刊封面文章"信息时代呼唤信息金融"组稿之一，由陈雪如参与资料收集，顾雨静编辑，详见http://www.aif.zju.edu.cn/news/detail/528.html。

巴、中国工商银行）。

表 1　全球市值前十的公司（截至 2018 年 3 月 5 日）

排名	公司	国家	行业	市值 / 亿美元
1	苹果	美国	科技	8972
2	谷歌	美国	科技	7589
3	亚马逊	美国	科技	7376
4	微软	美国	科技	7210
5	腾讯	中国	科技	5300
6	脸书	美国	科技	5241
7	伯克希尔哈撒韦	美国	金融	4999
8	阿里巴巴	中国	科技	4651
9	摩根大通	美国	金融	3992
10	中国工商银行	中国	金融	3517

资料来源：Dogs of the Dow、浙大AIF、Mary Meeker等。

从榜单中可以看出，新经济、新技术完胜。因为资本市场的估值与企业的科技化程度、数字化程度紧密相关，科技公司拥有很高的市盈率（P/E）和市净率（P/B），而传统金融行业的 P/E 和 P/B 低得可怜。以此为背景，今天我将主要探讨以下问题：现代金融业是如何演变的？当前撼动金融业根基的巨大力量是什么？未来全球金融科技的格局将呈现什么模样？

一、现代金融业的"前世今生"

现代金融业的前世今生，大约持续了 1000 年。

第一阶段是"威尼斯时代"。威尼斯共和国利用优越的地理位置发展海港业务，以海上通道霸占了全球的贸易，仅历经 300 余年就在 13 世纪成为全球贸易霸主，达到顶峰状态。在这一过程中，威尼斯完成了资本的原始积累，并于 1171 年成立了世界上第一家银行——威尼斯银行。莎士比亚创作的经典喜剧《威尼斯商人》中，"好人"安东尼奥借钱不收利息（从现在的眼光看，这种商业模式是不可持续的），"坏人"夏洛克则要割逾期不还款的欠债人身上的一磅肉，从某个侧面反映了彼时威尼斯在国际金融和国际贸易中举足轻重的地位。

第二阶段是"荷兰时代"。荷兰领土面积虽然不大，却创造了多个"第一"。1581 年建国的荷兰于 1602 年建立了全球第一家股份制公司，同时也是全球第一家跨国公司——东印度公司。东印度公司于 1656 年在中国开设分公司，占据了当时全球贸易 50% 的份额，拥有全球 75% 的航运商船。在金融领域，荷兰于 1609 年成立了全球第一家股票交易所——阿姆斯特丹股票交易所，第一家公共银行——阿姆斯特丹银行。不仅如此，存款账户、透支账户等也由东印度公司首创，并沿用至今。历史上第一个金融泡沫也是荷兰人制造的。市场最疯狂的时候，一株郁金香的卖价高达 6700 荷兰盾，约等于 45 个荷兰人一年的收入。随着"郁金香泡沫"最终破灭，荷兰也由盛而衰。

第三阶段是"大英帝国时代"。英国通过拓展殖民地，控制海上霸权，成为盛极一时的日不落帝国。英国金融时代来临，英镑成为世界货币，全球第一家真正意义上的中央银行——英格兰银行，于 1694 年以股份制形式创立。然而，1720 年"南海泡沫"破裂，股市受到重挫，就连著名科学家牛顿也在股市中巨亏 2 万英镑。大英帝国的资本市场和国际经济在这段时期元气大伤，直到百年之后才得以逐渐恢复。

第四阶段是"美利坚时代"。1776 年才建国的美国于 1792 年在纽约签订了《梧桐树协议》，并于 1863 年正式成立纽约证券交易所。股份制的美联储是在多次发生金融危机后才于 1913 年建立的。

回顾金融业的前世今生，可以发现：第一，现代金融业起源于欧洲，始于国际贸易。第二，时代的变迁由经济实力决定。第三，过去的金融基本上以批发金融为主，主要服务于国王、政府、大公司和机构客户，由于这些客户主要集聚在伦敦、纽约等地，顺势形成了这些地区经济中心、金融中心的地位。技术特别是信息技术的进步对这些变迁几乎没有影响力，是需求拉动和制度创新成就了金融业和金融中心。只有时间越接近现代，技术的驱动力、影响力才越得以彰显。

二、中国金融业的追赶定位

中国自改革开放以来，在金融业认真学习英国、美国等既是近代金融业霸主，又是现代国际金融中心的发展经验，以西方主要金融机构为标杆，取得了巨大的进步。2005—2014 年是中国银行业发展的"黄金十年"。经过十年发展，中国银行业快速增长，2014 年税后利润达 2700 亿美元，与美国持平，而在 2005 年这一数字还小得可怜；银行业税后利润年均增长率为 24.8%，西欧、欧盟基本保持为 −3.9%，美国约为 0.7%。但需要指出的是，以这"黄金十年"为标杆，其他发展中国家的银行业发展速度也远高于发达国家。这十年中国 GDP 的年均增长率约为 8%，中国银行业资产的年均复合增长率为 17.7%；时至今日，中国银行业规模已稳居全球第一，资产规模更是近于 GDP 的 3 倍。但中国银行业却大而不强，许多上市银行 P/E 长期处于低位水平，有时 P/B 甚至低于 1。

为了量化中资银行的国际化水平以进一步分析，浙江大学互联网金融研究院金融国际化研究室对中资银行的国际化水平进行了指数评估；并结合五大洲 19 个国家共 49 家银行（包括系统重要性银行）的国际化水平进行分析研究。

研究发现，欧洲银行包揽了银行国际化程度的前十名（见表 2）。以 100 分为满分，2016 年榜单前五名平均得分为 57.67 分，而在中资银行中排名第一的中国银行仅得 26.62 分，这还是在其香港业务计入境外的情况下才取得的。结果显示，尽管中国银行业在对标国际的情况下获取了很大进步，但与国际顶尖银行相比，差距非常明显。

表 2　中国银行国际竞争力对比

银行	2007 年	2008 年	2009 年	2010 年	2011 年	2012 年	2013 年	2014 年	2015 年	2016 年	2016年排名
渣打	–	–	66.75	68.29	67.71	66.45	67.30	67.95	67.08	67.46	1
西班牙国际	–	–	–	–	–	–	–	–	55.78	56.36	2
汇丰	52.49	50.43	51.71	53.36	53.55	54.48	51.30	51.59	51.97	55.37	3
瑞士联合	–	–	–	–	–	–	–	–	54.63	54.71	4
德意志	63.97	52.54	61.53	59.94	53.65	55.74	55.75	56.43	57.53	54.47	5
前五位平均	–	–	–	–	–	–	–	–	57.40	57.67	–
北欧联合	49.65	55.09	54.96	54.27	54.60	54.71	54.49	53.48	51.64	52.16	6
花旗集团	53.64	60.89	58.43	55.47	56.92	54.66	54.16	52.43	51.68	51.77	7
瑞士瑞信	61.09	24.87	59.72	59.96	58.69	56.76	57.30	57.86	54.34	51.38	8
荷兰国际	60.38	63.48	60.15	56.61	56.08	55.52	52.88	54.90	55.83	49.97	9
法国兴业	–	–	–	–	–	–	–	–	43.48	42.93	10
前十位平均	–	–	–	–	–	–	–	–	54.40	53.66	–
巴黎银行	39.54	38.94	41.95	41.63	39.26	41.76	41.92	42.10	42.35	40.18	11
联合信贷	44.48	43.52	43.66	48.31	47.96	44.22	40.95	40.39	41.04	39.92	12
三菱日联	27.96	25.44	26.42	27.18	27.86	27.84	31.14	29.70	35.97	36.69	13
高盛集团	32.78	26.43	29.52	30.26	29.44	31.30	31.29	30.50	32.38	31.59	14
法国农业信贷	27.01	27.80	35.49	35.88	34.03	27.34	33.28	33.39	31.17	31.07	15
前十五位平均	–	–	–	–	–	–	–	–	48.46	47.74	–
日本瑞穗	26.68	22.31	25.09	20.14	20.10	21.33	23.04	25.35	26.36	27.79	16
中国银行	22.14	20.12	19.27	20.04	19.93	20.76	22.23	23.70	24.23	26.62	17
摩根大通	–	28.32	27.06	27.23	30.15	27.65	28.27	27.55	25.88	25.95	18
法国 BPCE	–	–	8.30	11.57	10.08	10.57	11.21	19.75	20.17	20.39	19
中国工商银行	4.01	4.58	5.72	7.27	8.57	10.12	12.11	13.04	14.29	15.96	20
美国银行	12.10	11.89	19.32	16.46	19.29	16.00	16.27	15.45	15.02	15.08	21
苏格兰皇家	–	–	–	–	–	–	28.30	21.76	16.64	8.51	22

续　表

银行	2007 年	2008 年	2009 年	2010 年	2011 年	2012 年	2013 年	2014 年	2015 年	2016 年	2016年排名
中国建设银行	2.68	2.68	3.07	3.30	3.55	3.78	4.57	5.67	7.17	8.25	23
中国农业银行	1.30	1.11	1.72	1.86	1.92	2.84	3.48	4.38	5.19	5.37	24
前二十四位平均	—	—	—	—	—	—	—	—	36.74	36.25	—

资料来源：浙大AIF《百舸争流——驰骋国际市场的中外资银行》。

再看中国的证券业发展。中国于 1914 年成立第一家证券交易所，比全球首家证券交易所的诞生晚了近 300 年。目前已有五家中资证券公司（中信证券、国泰君安、海通证券、华泰证券和广发证券）跻身市值在全球排名前十的证券公司榜单（见表 3），占据榜单的半壁江山。但同样应该看到，中国证券业的影响力、业务拓展能力、研究水平和定价能力与国际顶尖证券公司相比仍有差距。

表3　全球十大证券公司排名（截至 2017 年 8 月 30 日）

排名	公司名称	国家	总市值 / 亿元
1	高盛集团	美国	5848
2	摩根士丹利	美国	5664
3	瑞银集团	瑞士	4377
4	中信证券	中国	2181
5	德意志银行	德国	2180
6	国泰君安	中国	1878
7	海通证券	中国	1755
8	华泰证券	中国	1654
9	野村控股	日本	1503
10	广发证券	中国	1448

资料来源：浙大AIF。

中国保险业的追赶压力也不小。如表4所示，中资保险机构在全球保险业市值排名前十的榜单中占据了三席，但在产品、服务、品牌、风控能力、再保险能力、定价能力甚至行业自律、行业道德等方面，与国际顶尖保险机构依然有很大差距。从指数排行来看，欧洲保险公司表现相对较好，如法国安盛、英国保诚的得分均在80分左右，而在中资保险公司中排名第一的中国太平保险仅得29.6分。

表4　全球十大保险公司排名（截至2017年8月30日）

排名	公司名称	国家	总市值 / 亿元
1	伯克希尔·哈撒韦	美国	29026.39
2	中国平安保险	中国	10469.09
3	中国人寿保险	中国	8451.15
4	安联保险	德国	6503.43
5	友邦保险	中国	6040.33
6	安盛保险	法国	4635.73
7	安达保险	瑞士	4344.91
8	英国宝诚集团	英国	3982.50
9	美国国际集团	美国	3655.78
10	大都会人寿保险	美国	3438.29

资料来源：relbanks.com, World's Top Insurance Companies。

我国金融业在对标国际先进银行、证券和保险机构的过程中取得了很大进步，但总体来看，机构大而不强、行业发展不平衡的现象在银行、证券、保险等行业，直接金融和间接金融以及多层次资本市场中都普遍存在。

与此同时，还有一个更加重要的趋势正在形成。

三、科技化"灰犀牛"推动中国换道超车

这个趋势早已经出现，却像一只"灰犀牛"，在很长时间内都被行业所忽视。这只"灰犀牛"就是金融的科技化。

科技与金融的结合早在 1945 年第一台计算机诞生后就开始了。时至今日，金融科技化的发展过程大致可以分为三个阶段：金融 IT 阶段、互联网金融阶段和智慧金融阶段。

第一阶段是从 20 世纪 40 年代到 90 年代中期的"金融 IT 阶段"。主要表现为传统 IT 软硬件在金融领域的应用，如 50 年代出现了信用卡，60 年代出现了 ATM 机，70 年代开始出现各类金融衍生品等，80 年代英国正式出现"金融工程师"岗位，90 年代客户管理系统彻底改变了以往各个银行系统完全不能对接的局面。随着技术不断创新，金融服务的产品更加多元，服务对象的范围也逐步扩大，触及并开始覆盖到个人客户。

第二阶段是过去 20 年的"互联网金融阶段"。这一阶段源于英美，主要表现为互联网和移动终端在金融领域的使用。1995 年，全球第一家纯网络银行在美国诞生；1998 年，贝宝（PayPal）在美国加利福尼亚州成立，比支付宝的诞生早了五年；2005 年，全球第一家网络借贷平台 Zopa 在英国伦敦成立；2007 年，全球第一家上市网贷平台 Lending Club 在美国硅谷诞生，并于 2014 年在纳斯达克上市……这些足以说明，互联网金融领域的创新更多源于英美，其中一个重要原因就是这些国家的金融从业者拥有极强的创新意识与能力。

在同一阶段，我国互联网金融也出现了"换道超车"的喜人局面。支付宝虽然比贝宝晚五年诞生，但发展至今的规模已经是贝宝的数倍；众安保险成为全球最大的互联网保险企业；等等。换句话说，在金融 IT 阶段，我国与全球领先者的差距依然很大；但到互联网金融阶段，中国已在部分领域实现超越。

当前已进入金融与科技融合的第三阶段，即"智慧金融阶段"。人工智能、区块链、大数据、云计算等新技术风起云涌，与金融的结合也日臻完善。而每一阶段的金融科技化，给行业带来的都是产品创新、服务体验升级、应用场景扩展、内部管理效能提升等飞跃式发展。

总体来看，金融科技的特征大致可以概括为七个方面：迭代加速化、主体多元化、用户大众化、市场全球化、服务实时化、组织扁平化和要素科技化。可以发现，随着后台技术不断走向前方，行业的中间层越来越少；智能终端、大数据风控等技术的出现节省了大量人力物力，行业对从业人员的需求不再仅限于金融、贸易、企业管理、经济等专业型人才，而需要更多同时具备"金融＋技术"背景的复合型人才。

由此促使我们思考：应该继续在同一条跑道上苦苦追赶前方的传统金融中心，还是应该抓住金融科技机遇，实现迅速"换道超车"？

四、金融科技监管短板亟待补足

在世界范围内，正出现一个有趣的现象，中国模仿别人变成了别人模仿中国，"C2C"（copy to China）变成了"CFC"（copy from China）。随着传统国际金融中心面临转型，全球经济出现科技化"灰犀牛"，在两者结合的金融科技领域，目前中国和美国的"独角兽企业"于交易规模、业务种类、产品种类等方面都具备明显优势。值得重视的是，中国在学习阶段实现了超越，中国实践也开始走向世界。因此，在金融科技领域，如何总结中国经验、抢占世界高地、制定全球标准、引领行业发展，是值得所有人深思的问题。

简单来说，传统金融实现科技化转型需要具备三大驱动力，即价值驱动力、技术驱动力和规则驱动力。

首先是价值驱动。中国金融体系的建设尚不完善，很多领域的金融服务还不完备,为金融科技发展提供了生存空间,催生出了"新金融",如支付宝的便捷支付运功和余额宝的存款功能就体现了金融科技创新的价值。

其次是技术驱动。随着越来越多基础技术被应用在金融领域,技术应用正改变着金融服务的表现形式。比如,人工智能的概念早在1956年就被提出,经过技术演变,如今的人工智能已可以用来开发智能投顾系统,利用程序进行投资决策推荐;传统密码学叠加生物技术后,能够在身份识别领域得到较好的应用;大数据技术已被广泛应用于金融反欺诈领域等。可以预期,未来技术在金融行业的应用将越来越普遍,如移动支付、智能投顾、公有云、区块链等,都可以在金融领域发挥其独特的作用。

最后是规则驱动,即监管。一方面,科技极大提升了金融业的生产力;另一方面,相应的生产关系等规则却没有与时俱进。监管部门急需跟上行业发展的脚步,加快对规则、体系、制度等进行调整。总之,中国的金融科技要为世界提供一个标准样板,前提是要更加规范地发展。一是明确战略导向,金融科技一定要以服务实体经济发展为本,具有普惠导向;二是找准战略定位,即金融科技创新的重点是"无中生有"还是"有中生优",是创造新的需求还是改善现有的需求,是服务"存量客户"还是服务"增量客户",是对现有金融产品的补充还是直接与传统金融竞争,等等。过去,得益于天时、地利、人和,中国成功步入了金融科技发展的快车道。未来,价值、技术的驱动力量会持续,同时规则的驱动力量会越来越彰显。换句话说,中国能否在金融科技领域保持世界领先的良好发展势头,很大程度上取决于监管能力能否快速提升。目前来看,对金融科技的监管依然是中国的短板,仍需努力补足。

要以"店小二"精神发展中国现代金融"服务"体系[*]

从学术定义上来看,"金融体系"是一个经济体中资金流动的基本框架,它是资金流动工具(金融资产)、市场参与者(中介机构)和交易方式(市场)等各种金融要素构成的综合体。根据金融学泰斗黄达教授的观点,现代金融体系包括由货币制度所规范的货币流通、金融机构、金融市场、金融工具及金融制度和调控机制这五方面。

而现代金融体系有哪些发展目标呢?习近平总书记曾在党的十九大报告中对今后金融工作的指导思想和核心内容作了相应阐述。2018年5月,由中国人民银行牵头,发展改革委、科技部、工业和信息化部、财政部、农业农村部、商务部、中国银行保险监督管理委员会和中国证券监督管理委员会九部委共同编制的《"十三五"现代金融体系规划》(以下简称《规划》)提出,要着力实现更高水平的金融市场化、着力推动更加全面的金融国际化、着力创新高效

---

[*] 本文根据作者于2019年1月12日出席在北京举行的第二十三届"中国资本市场论坛"时所作的主题演讲整理而成,由姜楠、李心约整理,顾雨静编辑。本届论坛以"资本市场与现代金融体系"为主题。

安全的金融信息化、着力推进完备统一的金融法治化、着力实现金融业治理体系和治理能力现代化五大战略目标。《规划》还提出要健全金融调控体系、建立现代金融监管体系、优化现代金融机构体系、健全金融市场体系、建设高层次开放型金融体系、强化金融基础设施体系、完善支持实体经济的金融服务体系、筑牢金融风险防控处置体系八大任务。要想在"十三五"期间实现这五大战略目标与八大任务,可谓任重道远。

事实上,目前大家对金融体系的认识并不一致,但我总结了五点共识:

第一,金融体系是一个具有社会性的公共产品。

第二,现代金融体系具有多样性。比如美国、英国以资本市场、直接融资为主,而德国、日本则以银行体系、间接融资为主。目前西方发达国家的金融体系也正面临现代化的挑战,因此我们需要建设具有中国特色的现代金融体系。

第三,现代金融应当服务实体经济、服务人类美好的社会。

第四,建设包容性发展、积极有序的金融体系是金融从业者共同的责任与使命。

第五,并非所有金融活动或金融体系都是正面的、有益的。如图1所示,资本可以分为积极资本和消极资本,积极资本是耐心的、负责任的、服务实体经济的资本;而消极资本则只是投机性的资金,即所谓的"热钱"。同样市场也有积极与消极之分,积极的市场相对公平、公正、高效,服务实体经济,服务人类社会的美好;而消极的市场也比比皆是,更遑论如地下钱庄、贩毒市场等一些黑色市场。我们应当促进好的资本流向积极有序、高效、服务实体经济的市场,构建一个高效的、现代的、服务实体经济与人类美

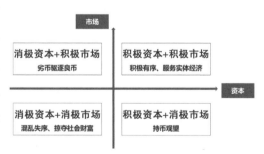

图1　现代金融体系成功的关键要素

好的现代金融体系。

基于以上共识，我对如何更好地实现五大战略目标与八大任务提出三点建议。

第一，找准定位。金融业要放低身段，牢记服务社会、服务实体经济的本分，以五星级"店小二"的姿态和态度来发展中国现代金融"服务"体系。

第二，补好制度短板。与现代金融，特别是金融科技的快速发展相比，中国现行的规则制度仍远远滞后。我们需要认真思考如何正确引导新技术、新市场的发展，用制度鼓励金融向善，让冰冷的金融市场变得更有温情、温度，使其更具普惠性和社会责任感。

第三，用好技术。如果没有充足、强大的技术支持，再好的普惠金融服务社会的广度与深度也远远不够。我们要用技术更好地赋能现代金融，让技术创新的成果为金融体系乃至整个社会带来更加积极的变革。

当前，全球金融体系正处在科技化、智能化的浪潮中，金融理论、金融模型，甚至未来需要的金融人才、金融技能等都正发生革命性的变化。这也为跨越式发展、弯道超车带来了机遇，比如中国金融科技的巨大发展就是源于此。面对挑战与机遇，希望大家不要对资本市场赋予过度的期望或赋予它过度的责任，不要让它有太多的包袱，而更应面向未来、面向世界，进一步思考我们究竟需要一种什么样的影响更大、范围更广的现代金融"服务"体系。

金融科技行业应找准定位，警惕投资
投机性与短期性倾向 *

当前，金融科技已成为业内广泛关注议论的热点。从最早的信息金融发展至互联网金融，再从互联网金融逐渐向智能型金融科技转型，中国金融服务在科技的助力下，效率和质量不断提升。继 2014 年以来，互联网金融连续 5 次被写入政府工作报告。从 2014 年的"健康发展"，到 2015 年"异军突起"，到 2016 年的"规范发展"，到 2017 年的"警惕风险"，再到 2018 年的"健全监管"……转眼，时间来到了 2019 年全国两会，对于互联网金融、金融科技行业，2019 年释放出哪些信号？我们该如何看待接下来互联网金融、金融科技的发展方向？如何解读其背后的监管逻辑？金融科技将迎来哪些机遇？又将面临哪些挑战呢？

---

* 本文根据作者2019年3月8日接受凤凰网WEMONEY采访的采访稿整理而成，记者刘四红，由顾雨静编辑，详见：http://finance.ifeng.com/c/7ksdgPyKk1A。

一、技术、价值和规则等多轮驱动

如果说在过去，我们的互联网金融或者说金融科技的跨越式发展，主要是以由市场需求、用户价值创造与技术创新驱动为主的话，那么在互联网金融的规模、形态快速发展的现在以及未来，我们则要更重视互联网金融的制度与规则，形成技术、价值和规则的多轮驱动、协同发展。互联网金融的创新发展一定要以服务实体经济为前提，但并非服务实体经济的所有需求都一定是好的、健康的，良性的发展应当要服务实体经济的健康需求，同时要建立在风险可控的基础上。在这样一个互联互通、互联网金融行业逐渐实现"自动驾驶"的时代，制度与规则就好比红绿灯、电子警察，保障我们市场中包括政府、平台、投资人、借款人、用户等在内的各个行为主体之间形成良好的氛围，真正做到可持续健康发展。

同时我们也要认识到，金融科技在全球范围内的监管仍存在着严重滞后的现象。传统银行领域有《巴塞尔协议》对资本充足率、流动性等提出要求，但在金融科技领域，却没有统一的监管规则和标准。在欠发达地区，由于金融压抑的情况较为普遍，互联网金融发展的需求更强、发展速度更快，但是令人感到担忧的是，这些地区的金融科技监管往往存在着更严重的能力赤字，监管制度、手段和技术都远远不足。就像我们所说的剪刀差问题，强烈的市场发展需求与监管制度与技术供给之间存在着巨大的落差。在这方面，英国相对走在比较前沿的位置，其推行的"监管沙盒"方案得到了全球 10 多个国家与地区的响应和学习。然而，在全球范围内，金融科技监管仍需要监管规则和理念以及监管方法和手段的快速变革和创新，需要数据与技术的推动，实现更加智慧的监管，这也是我们所要不断努力的方向。

二、警惕投资投机性与短期性倾向

金融与科技的组合，可以看作四个象限的不同组合：积极的金融加上积极的科技，像我们今天使用的支付宝等移动支付软件，不仅给大众带来了便利，给消费者带来了优质的体验，更给社会带来了效率的提升；消极的金融加上消极的科技，比如一些黑色产业，那将会透支我们的未来；积极的金融加上消极的科技，比如一些金融机构虽然有良好的初衷，但是由于对科技的运用能力不足，依然实现不了很好的发展；不良导向的金融结合极强的科技应用能力，例如投机过度的一些比特币和高频交易活动，它们难以对经济实体和人类社会产生积极作用。

在金融科技快速发展的当下，应警惕金融科技投资的投机性与短期性倾向，警惕投资者与从业人员的浮躁情绪。区块链等科技概念被疯炒，一些企业的估值过高，"雷声大雨点小"的情况屡屡出现，这样的金融科技无法得到真正脚踏实地的良性发展。

正如习近平总书记在 2019 年 2 月 22 中共中央政治局第十三次集体学习时强调："金融要为实体经济服务，满足经济社会发展和人民群众需要。"他指出："深化金融供给侧结构性改革必须贯彻落实新发展理念，强化金融服务功能，找准金融服务重点，以服务实体经济、服务人民生活为本。"[1] 在未来发展中，金融科技行业首先应当正确把握导向，服务实体经济的健康需求，服务人类社会的普遍幸福；其次应当切实找准定位，牢记自身服务社会、服务实体经济的本分，以五星级"店小二"的姿态、态度与能力水平来发展中国现代金融（服务）体系。

---

[1]　习近平在中共中央政治局第十三次集体学习时强调 深化金融供给侧结构性改革增强金融服务实体经济能力［N］.人民日报，2019-02-24（1）.

三、金融科技 3.0：智能金融

我们正进入金融科技 3.0——智能金融阶段。随着新技术（人工智能、区块链、大数据、云计算等）与新业态（网络借贷、第三方支付、众筹、互联网保险、网络银行等）的不断成熟和创新，以及其与金融结合的日臻紧密完善，金融科技的发展正逐渐进入智慧化、智能化、无感化的新阶段。

在"金融"与"科技"这两者的关系中，金融更多的是一种制度，是一种生产关系，而科技更多的是一种生产力。两者是相互赋能、相互成就的关系，同时两者可以看作是现代社会经济腾飞的两个翅膀，金融与科技都具有加速器的性质且拥有较大的杠杆性，二者相互作用可以产生更加强大的化学反应。

未来的机遇巨大。一是中国在许多金融科技细分业态的产品种类、应用场景、交易规模和企业数量等方面都实现了一定程度上的超越，在金融科技发展的第三阶段，中国呈现出了领先全球的迅猛态势，在各个细分领域都在不断创新、不断颠覆着市场和消费者的认知。二是"一带一路"倡议也将是我们一个极大的机遇，"一带一路"涉及沿线 60 多个国家和地区，覆盖全球约 63% 的人口，而其中很多国家的金融服务相当落后，相信中国的金融科技发展经验可以较好地适用于这些市场，为他们带去更好的服务与体验，同时也为我们自身的发展提供更广阔的市场空间。

同时，我们面临诸多挑战。一方面，行业形象有待重整。互联网金融、金融科技污名化，许多平台打着互联网金融的招牌，行事却背道而驰，恶意欺骗消费者，损害投资者利益和信心，导致社会上对金融科技企业产生了不信任的状况。另一方面，金融科技的监管尚不成熟。目前金融科技的监管规则尚未清晰，行业准入与退出规则仍有欠缺，行业自律不足，规则的执行力不强，地方政府的监管能力也亟待提升。此外在部分核心技术方面，我国与世界顶尖水平相比,仍稍显弱势。

在未来,我们希望美好金融能够推动科技的良性进步,同时良性的科技进步能反过来促进美好金融的实现。我们希望用更强大的技术、更丰富的场景、更完善的规则去推动形成良性循环,助力人类社会的美好未来。

以梦为马，不负韶华

——这些年我们的"双创"之路 *

　　30年前，有一位叫海子的诗人结束了自己年轻的生命。他虽然已经离我们而去，但留下了很多不朽的诗，其中有一句叫"以梦为马，不负韶华"，意思是，希望把自己的梦想当作前行的方向，不要辜负美好的时光。我今天就想用这一句诗作为主题，谈谈这些年我们的"双创"之路。首先，什么是"双创"？我认为"双创"的内涵正在不断丰富，我今天从三个层面来理解和分享：一是指2014年李克强总理提出的"大众创业、万众创新"，这为我国经济的转型升级注入了强大动力。二是结合我所研究的领域金融科技，谈谈"金融科技+创业创新"。三是"市场创业创新"加上"学术创业创新"，我现在是一名学者，需要研究市场的创业创新与我们学术界的创业创新如何更好地连接与互

---

*　本文根据作者于2019年6月12日出席在杭州市江干区举行的"双创周开幕式暨钱塘之星（第四届）创业创新大赛启动仪式"时所作的主题演讲实录整理而成，由吕佳敏、鲁兰心整理，顾雨静编辑。

动，如何更好地相互赋能。

因此，今天我想围绕这三个方面，来回顾总结一下，在过去五年的"双创"过程中，特别是金融和科技与"双创"结合的过程中，我们做对了什么，我们又做错了什么，我们还缺什么，该补什么。

一、"双创"之路，我们做对了什么？

金融和科技的融合是大势所趋，这个趋势既代表了未来，又代表了过去几十年金融与科技相互促进、共同发展的实践。金融科技发展大致可分为金融IT、互联网金融和智能金融三个阶段。我认为我们抓住这个趋势抓对了。如图1所示，从全球来看，国外的金融科技发展起步比我们早。以英国和美国为代表的西方国家在1980年左右就开始发展金融科技，而我们中国在1988年左右才开始。但是到了2003—2012年的互联网金融阶段，中国就已经开始超越其他国家，开启了换道超车之路，在欧洲、美国还在用信用卡、借记卡的时候，我们的支付宝、微信支付等移动支付就已经做得有声有色。

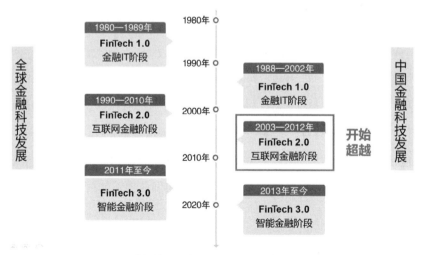

图1　我们做对了什么？中国金融科技弯道超车

与此同时，我们浙大 AIF 从 2017 年起每年发布中国和全球的金融科技中心指数，从金融科技产业、消费者体验、金融科技生态等三个方面对全球城市的金融科技发展进行排名。根据 2018 年 11 月发布的最新成果，我们将全球金融科技排名前三十位的城市划分为 7 个全球中心城市以及 23 个区域中心城市两大类。7 个全球金融科技中心城市依次分别为北京、旧金山、纽约、伦敦、上海、杭州与深圳，其中中国占据了 4 席。23 个区域金融科技中心城市中，亚洲和美洲占据 15 席，欧洲仅占据 7 席，欧洲的苏黎世、阿姆斯特丹分别位于第 29 名和第 30 名。所以根据我们的分析，至少从金融科技的角度出发，中国是领先于欧洲的。

那么进一步来看，为什么中国能够领先？我们又做对了什么？我总结了三个方面的优势：一是我们的应用很优秀。虽然这些应用的原创技术不一定属于我们，但是我们将技术的应用和普及做得非常好。二是消费者支持。因为我们的传统金融服务不够完善，所以消费者非常期待拥抱新金融。三是监管包容。金融科技发展初期，我国为其提供了一个相对包容、鼓励的政策监管环境，如果没有监管的包容，新金融很难发展。

二、我们做错了什么？

接下来，我们来看一下在"双创"这条道路上，我们做错了什么？或者说有哪些地方做得不够好？首先我认为是，当前人们对金融的认识存在诸多偏差和误区，例如，认为金融是现代经济的中心，所以其他行业都以金融为中心，围绕着金融转。这是狭义的，不正确的。又或者是将金融简化为资本市场，把资本市场等同于股票市场，又简单等同于炒股。又或者认为金融就等于赚钱，所以人人都想进金融行业，每个公司都想做金融。还有很多人认为普惠金融就是人人都可以做金融，认为互联网金融等于 P2P，等于骗子，导致"互联网金融"这个词被污名化。此外，许多人认为科技公司都应该去做金融，比如中国的互联网三巨头腾讯、阿里巴巴、百度都在做金融，但其实美国的 Amazon 等科技公司基本上没怎么做金融，是否大部分的科技公司都应该去做金融，都合适做金融呢？这值得我们深思，甚至我认为许多科技公司是被金融"耽误"了。

在此基础上，我把这些年我国金融、科技、创业、创新结合的成效做了一个总结。如图 2 所示，从第一行来看，金融科技近些年取得了迅猛的发展，未来可期，而金融创业和金融创新就不太成功，没有效益的体现，没有成本的溢价，最典型的例子就是 P2P。第二行，以科技为主体，无论是科技金融、科技创业、科技创新，我认为都未来可期，这里的科技金融主要是指用于支持科技发展的金融。接着第三行和第四行，这些年创业金融和创业科技都是发展比较好而且稀缺的，如何完善多层次资本市场，如何用 VC、PE 等来更好地支持科技企业发展非常重要，而我对于创新金融总体持谨慎态度。总结来说，我认为以科技为主体或者说出发点的金融、创业创新，都发展得不错且未来仍有很大的发展空间；但是以金融为主的科技、创业创新，就需要明确金融作为"服务业"的定位，分清主次，应该争做五星级"店小二"，同时坚持"金融服务实体经济的健康需求"的导向，以服务实体经济、服务人民生活为本，这样才能取得更长足的发展。

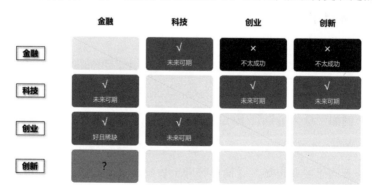

图2　市场创业创新之路

三、我们还缺什么?

前面分析了我们的"双创"之路做对了什么、做错了什么,那么我们未来发展还缺什么呢?我认为,我们缺规则、理论和人才。先说规则,表1显示了我们对全球城市的金融科技监管的排名,可以看到2018年中国金融科技发展的总体排名排在全球前列,但在监管上是做得不够的,除香港监管排名全球第八之外,其他城市没有一个排进前二十名,这是我国金融科技发展的严重短板。除此之外,我国还存在理论发展明显落后于实践的现象,我国的人才培养、局部人群和地区(老年人群、农村地区等)的数字技能相比于西方发达国家也明显不足。规则、理论、人才的缺乏会在很大程度上影响我国金融科技的可持续发展,需引起我们的足够重视。

表1 2018年中国部分城市在全球的金融科技监管排名

城市	全球排名	监管指数值
香港	8	80.00
北京	22	64.23
上海	23	64.15
深圳	23	64.15
杭州	25	64.07
广州	27	61.02
南京	28	60.93

资料来源:浙大AIF司南研究室《2018全球金融科技中心城市报告》。

当然,我国政府以及越来越多的从业人士、学者已经意识到这个问题并且已开始做出努力。所以我相信,首先,我们一定可以持续引领金融科技的全球发展,让世界继续从"中国模仿"到"模仿中国"。其次,国内多个城市在金融科技上的共同发力,将会为全球金融科技发展做出巨大推动,可以看到北京、上海、深圳、杭州等地纷纷提出了金融科技发展战略,2019年5月30

日杭州市委书记周江勇发布了《杭州国际金融科技中心建设专项规划》。最后,"一带一路"无疑将成为金融科技的新市场,而金融科技也将成为"一带一路"倡议的重要内容与突出亮点,因为"一带一路"沿线国家的金融服务相当欠缺,金融科技大有可为。

四、浙大 AIF 的学术创业创新之路

接下来从我想从学术出发,以我所在的浙大 AIF 的发展为例,来谈一谈学术如何配合和支持国家的"双创"。浙大 AIF 成立于 2015 年 4 月,随后在 2015 年 9 月作为会长单位,与蚂蚁金服和浙商银行共同发起成立了浙江互联网金融联合会,希望为金融科技行业的自律发展做出贡献。此后,我们成为全国金融标准化技术委员会互联网金融标准工作组首批成员中的两家学术研究机构之一,还与中国的大数据之都贵阳达成合作,建立了大数据战略重点实验室浙江大学研究基地和大数据金融风控防控重点实验室,之后我们持续走出杭州,依次在北京、上海成立了分院。2017 年 7 月 3 日,我们与杭州江干区政府合作建立的浙大 AIF(江干)产研中心正式落户,开启了政产学研合作的新局面。2018 年 10 月,我们在被称为"天府之国"的成都建立了成都分院,开启了"天堂"与"天府"的互动。同年 11 月,具有重大战略意义的浙江大学国际联合商学院成立,为新时代新人才的培养增添了强大动力。转眼到了 2019 年,5 月 29 日浙大 AIF 贵阳分院成立,5 月 30 日《杭州国际金融科技中心建设专项规划》发布,我和我的团队也为本规划提供了建议。

可以自信却不自满地说,经过这些年的积累,浙大 AIF 已经逐步成为全球金融科技生态缔造者。我们由浙大的经济、管理、计算机、法律等学院共同组建,在原有创始研究中心的基础上,逐步衍生建立了 10 个不同领域的研究室和实验室,有剑桥大学新兴金融研究中心、德国国际合作机构等众多高质量

的国际合作伙伴,我们还参与孵化了趣链科技、邦盛科技、金智塔、摩西信息科技等几家企业。浙大 AIF 生态系统详见图 3。

图 3 浙大 AIF 生态系统

在学术成果方面,我们已经形成了银行国际化指数、金融科技中心指数、中国网贷指数、白沙泉中国并购指数等七个系列指数,以及 15 余本专著和教材。我们有 20 余项国际合作、60 余项政企合作,其中包括在 2017 年 G20 峰会德国担任主席国,以及在 2019 年日本举行的 G20 峰会上,我们的多项成果被采纳或在大会上发表。

所以刚才我也提到,2018 年在浙大 AIF 这一生态发展了三年多的情况下,我们推出了浙江大学国际联合商学院(ZIBS)。我们的追求体现在五个"I"当中①,希望以长三角校区为基地,以大伦敦、大硅谷校区为两翼,充分利用长

---

① "5I"战略详见本书第一篇中的《志之所趋,无远弗届》一文。

三角一体化、杭州大湾区发展的战略机遇,实施以浙大为主、开展"1+N 国际顶尖高校"的多机构、多学科、多层次的伙伴合作战略,聚焦新金融、新零售、新技术、新产业及新市场等领域的商学研究和人才培养。最后,非常开心今天可以在钱塘"以梦为马,不负韶华",在江干"不忘初心,不辱使命",期待和江干同行,与钱塘共进!

为你祈祷

——金融科技时代的监管与消费者保护*

今天我演讲的主题是"为你祈祷——金融科技时代的监管与消费者保护"。或许大家会疑惑，什么是"为你祈祷"？为什么要"祈祷"？我们应该为谁而"祈祷"？又应该如何"祈祷"呢？接下来，我将从金融科技化趋势、金融科技时代消费者面临的特别挑战与金融消费者保护这三大方面展开这一话题。

一、金融科技化趋势

过去几年，金融科技的快速发展与金融数字化趋势颇像是"忽如一夜春风来，千树万树梨花开"。回顾全球金融科技的发展历程，从金融科技 1.0——以传统 IT 软硬件技术为代表的金融 IT 阶段，到金融科技 2.0——以互联网、移

---

* 本文根据作者于2019年6月14日出席在上海举行的第十一届陆家嘴论坛（2019）专场活动"中国金融消费者保护论坛"时所作的主题演讲实录整理而成，由李心约、陈雪如整理，顾雨静编辑。

动终端技术为代表的互联网金融阶段,再到现在的金融科技 3.0——以大数据、区块链、云计算等技术为代表的智能金融阶段,金融与科技一直都在不断结合,科技发展持续不断地推动着金融领域的创新。

值得庆幸的是,在过去一段时间里,中国抓住了金融与科技深度融合的趋势。从更宏观的时间视角来看,我们梳理对比了中国以及全球金融科技发展的三个阶段。我们认为,中国的金融科技发展元年大致是 1988 年,那一年第一台 ATM 机引入中国,而世界第一台 ATM 机则于 1967 年在英国巴克莱银行出现。相比国外,中国在这一阶段的发展晚了约 20 年。以 2003 年阿里巴巴推出支付宝为标志,中国进入 FinTech 2.0 阶段,而支付宝的"师傅"贝宝是 1998 年在美国推出的。需要特别指出的是,在 FinTech 2.0 阶段,中国就已经开始逐渐实现追赶乃至超越了。目前,中国的金融科技在用户规模、应用场景丰富度等很多领域都远超全球水平,这非常令人鼓舞。

2018 年 11 月,我所在的浙大 AIF 团队完成了全球金融科技中心城市指数报告。[①]在报告中,我们对全球 70 多个主要城市的金融科技产业、体验和生态进行了数据分析,得出了全球金融科技发展排在前三十名的城市。其中全球性金融科技中心有 7 个,中国独占 4 席,其中有 2 个来自长三角地区(上海、杭州)。除了 7 个全球金融科技中心,我们还评选出了 23 个区域金融科技中心,其中 10 个位于亚洲及大洋洲,7 个位于美洲,6 个位于欧洲。像杭州、深圳这样以科技见长的中国城市在排名上反而超越了很多传统金融中心,跃居全球金融科技一线城市之列。类似地,美国西雅图(排名第 12 名)这样一个传统金融实力并不强劲的城市,得益于微软、亚马逊等科技企业的总部存在,反而成了一个很有竞争力的金融科技中心。

虽然中国在金融科技方面的总体表现非常不错,但也存在短板,其中最

---

① 该指数报告核心成果详见本书第五篇中的《多极联动,天下新局——2018全球金融科技中心城市报告》。

严重的短板集中在政策监管领域。就 2018 年全球金融科技中心城市指数排名来看，北京、上海、杭州、深圳、广州这 5 个城市在全球金融科技中心指数（Global FinTech Hub Index，GFHI）总排名及产业、体验、生态 3 个子排名上表现都不错，但政策监管指数排名上的表现则拖了后腿，集中排在 20 名左右。香港在政策监管上表现相对较好位列第八，这与"一国两制"基础下，香港借鉴国际经验形成的相对更为开放、包容的总体监管理念和体制有关。总体来看，产业体验生态先行，监管仍为短板（见表1）。

表 1　2018 年全球金融科技中心城市各项指数排名

城市	GFHI	金融科技产业	金融科技体验	金融科技生态	政策监管
北京	1	1	4	4	22
上海	5	5	5	14	23
杭州	6	7	1	16	25
深圳	7	6	2	17	23
香港	10	10	17	13	8
广州	16	25	3	26	27

资料来源：浙大AIF司南研究室《2018全球金融科技中心城市报告》。

二、金融科技时代的金融消费者

在这样一个金融科技蓬勃发展的时代，每一个金融消费者似乎都不可避免地被时代大潮所簇拥，他们面临着哪些新挑战呢？

一般来说，金融服务或消费有三个主要原则。

第一，风险与收益对称。这话说起来容易，但是实际执行时又非常困难。因为风险本身就不可制约，甚至不可测量、难以预估。此外，金融收益常常是预期的概念，并非现货交易，特别是投融资相关的金融交易往往是期货交易。

第二，了解你的客户。这不仅仅代表金融服务供应方要学会了解客户、判断产品是否适合客户，金融消费者本身也至少要对自己的交易对手、消费平台等有最基本的了解。

第三，适当性原则。产品、规模、期限等是否适合投资者或借款人？以网贷行业为例，网贷行业起步于英国，再发展到美国、中国等国家。中国的网贷行业过去几年的发展可以说背离了"适当性"原则。2019年位于美国亚特兰大的网贷公司GreenSky上市融资了8亿美元，这件事情让我颇为感慨。四年前，当中国网贷行业一路高歌时，英国和美国的网贷行业在平稳地发展；而过去这段时间，当中国的网贷行业经历悬崖式下跌的时候，英国和美国的网贷行业仍在成长，这非常值得我们反思。在积极鼓励大家创新创业的同时，我们也不能忘记思考金融科技行业"双创"的经验、总结教训。

相比其他行业，金融行业又有何特殊性？我总结罗列了8个特性。其中，正面或中性的特性有4个，即金融具有可扩展性、预期性、适当性和社会性。与之相对应的是，金融也有4个似乎负面的特性，即金融业的不对称性、资本（金）的投机性、逐利性和金融的风险性，特别是在互联网金融和金融科技的时代，金融的风险会被放大，传播会加快。

金融的这八大特性决定了其公共属性（社会属性）。而在金融全球化、科技化不断加剧的趋势下，金融业产生了过度市场化、自由化、证券化、交易化、短期化、高频化等现象。金融的特殊性使得金融消费者保护与一般的消费者保护有所不同，金融科技大众化、普惠化的趋势进一步加大了金融消费者保护的难度。近几年，中国人民银行受理的金融消费者投诉总数迅速增长，由2016年的18689笔增至2018年的33814笔（见图1）。考虑到投诉机构不同、投诉无门或是放弃投诉等情况，金融消费的实际投诉量肯定要更多，尤其是考虑了我们网贷行业问题之后。图2显示了2018年中国人民银行上海总部金融消费者投诉领域分布。

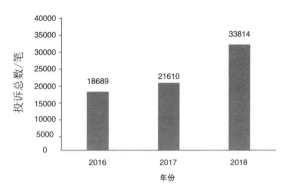

图1　我国金融消费者投诉数量变化趋势

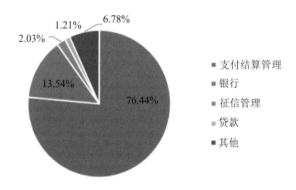

图2　2018年中国人民银行上海总部
金融消费者各领域投诉占比

资料来源：中国人民银行公开资料收集整理而成。

　　金融科技时代保护消费者的另一大难点在于消费者的非理性。消费者常常无法真正合理地评估自身的风险承受能力。例如，当我看到"e租宝"案件中有一名投资者说自己把300多万元全都投了进去时，我的想法一是"真有钱"，二是"真偷懒"，这位投资者在做出投资决策之前，甚至没有到网上查一查或是打电话问问这个平台靠不靠谱。可以说所有的投资行为都是在一定的贪婪和恐惧之间找一个所谓的个人平衡点。非理性的行为不仅会给自己带来损失，也会给社会带来比较多的负面影响。

　　作为一名教育工作者，我认为消费者保护与教育其实是高度相关的。2017 年，为准确把握消费者金融知识水平及金融消费者教育领域中存在的薄弱环节，人民银行第一次全面开展消费者金融素养问卷调查，在每个省级行政单位随机抽取 600 名金融消费者进行问卷调查，全国范围内共收集 18600 个样本。调查发现全国消费者金融素养指数平均分仅为 63.71 分，其中东部和中部地区消费者金融素养指数得分略高于全国平均水平，西部和东北地区消费者金融素养指数得分落后于全国平均水平。此外，消费者对各类金融知识的掌握程度存在着较大的差异。相当一部分金融消费者对金融知识的了解还停留在最基本的存取款业务阶段，对于证券、基金、保险等业务了解甚少，遑论新兴的互联网金融及一些隐蔽的潜在的有极大风险的非法金融活动。消费者的金融知识水平在城乡、区域间和年龄层级不同的人群间也呈现出一定的不平衡特征。由此来看，在当今这个金融科技时代，对消费者进行金融素养教育以及自我教育是非常必要且重要的。

　　概括来讲，在金融普惠化、科技化和国际化的趋势影响下，金融消费的场景与市场空前丰富，许多金融消费者的金融素养呈现一定程度的不足；消费者，特别是不少第一次接触金融的消费者，可能成为落后于金融发展的、面临信息不对称的弱势群体。因此，在金融科技时代，做好金融消费者的保护应该是政策监管更为重要的关注点。

三、金融科技时代的金融消费者保护

　　谈到金融消费者保护，我想引用歌曲《为你祈祷》中的一句歌词："你永远是我手心里的'宝'。"随着时代的飞速发展和科技的进步，消费者所面临的金融市场环境也千变万化。但是无论金融产品和服务如何变化升级，金融服务提供者、行业机构以及我们的政府监管部门都应该始终以消费者为中心，将消费者当作手心里的"宝",不断努力满足金融消费者的多样需求,保障金融消费者的合法权益。

　　那么,在金融科技带来金融大众化普惠化的时代,什么样的产品和服务最适合广大金融消费者呢?在图3中,我构建了一个象限,其横轴是风险程度,纵轴是产品复杂程度。过去我们的传统金融机构往往相对偏向大型、批发型客户,他们对金融认知更好、金融风险容忍度与承受度更高。而在金融科技化趋势下,金融越来越走向普惠、走向大众生活,开始更多地触及中小型客户以及长尾客户。与这类客户谈衍生品、大宗商品交易、ETF等可能不太恰当,因为他们很难理解这些概念。相反,简单明了、安全可靠的产品服务才更适合金融科技时代的大众消费者。在这方面我觉得蚂蚁金服非常智慧,它推出的一些产品,例如余额宝是面向全社会的。最初苹果支付(Apple Pay)将要进入中国市场时,有记者来采访我,问相比于Apple Pay,支付宝和微信支付行不行。我说首先看产品安全度如何,再看覆盖面如何,是否安全可靠、简单明了。基于这些,当时我的回答是:中国的第三方支付软件相对于Apple Pay,安全性并不落后,同时又有更好的便捷性、可得性,很好地满足了普惠金融的最基本诉求。

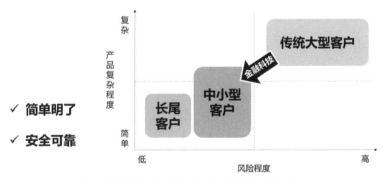

图3　消费者保护:什么样的产品和服务最适合?

在监管层面,我们常常提到"监管沙盒"的概念。"监管沙盒"从英国起步,它推出的主要考虑就是看"消费者是否受益"。对比来看,我们现有的监管体制往往只重在保护(现有)消费者的各种权利(比如获知权,消费自由权、公平交易权、保密权、安全权、求偿求助权等),忽略了整个(潜在)消费者群体是否真正享受到了良好的金融服务。而以"监管沙盒"为代表的监管创新提出了更重要的标准,即以消费者受益为中心,扩展了"金融消费者保护"的内涵,包括支持真正改善消费者生活的创新,降低价格、提高服务质量,增强金融服务的普惠性、便利性和可得性,特别是覆盖了许多被传统金融排斥在外的人群。举例来说,5G 是最近很热的话题,美国质疑华为 5G 的安全性,特别是隐私问题。但对于一些落后的非洲国家来说,通信设备是否会窃听他们的一句话对于他们来说可能没有太多意义,因为他们还处于基本通信需求没有得到较好满足的状态。同理,在基本的金融服务都缺乏的情况下,消费者会权衡利弊,愿意去尝试新的产品与服务,即便可能有点风险。所以从这个意义上来讲,消费者受益、金融消费覆盖范围的扩大,才是推广普惠金融、鼓励金融科技创新的意义所在,也应该是监管的出发点。

具体来看,英国的"监管沙盒"在消费者保护上的具体措施包括:一是必须向消费者充分告知产品或服务存在的风险及风险补偿措施;二是测试企业应制定详细的消费者保护措施,并报 FCA 审核通过;三是参加"监管沙盒"的消费者仍和普通金融消费者一样享有法定的权益;四是企业要对沙盒测试有充分准备,并向 FCA 证明其有足够的财力来应对金融消费者的赔偿要求等。目前,除英国外,"监管沙盒"已在新加坡、澳大利亚、加拿大等全球范围内超过 30 个国家和地区开展实践和试点。

那么,究竟应该由谁来保护消费者呢?我认为这是一个责任共承、风险共担的"系统工程"。

第一,消费者自身要拒绝盲目贪心与侥幸心理,勤学金融知识,加强自

我保护。就好像行人即使走在斑马线上，也仍然要多留心，不能把自己的安全完全交付给别人。消费者要积极思考自身是否存在金融知识的欠缺，合理评估自己承受损失的能力。非常欢迎消费者们到浙大 AIF 来听听我们对金融的朴素解读，到中欧国际金融研究院交流怎样做一个有能力、有理性的金融消费者。

第二，行业内企业要尽职，做好产品和服务；要尽力，做到自律与自我监管；要尽心，真正树立以消费者为主的理念。金融科技企业要时常反思自己是否存在侵害消费者权益的不当行为，是否真正规范、高效、服务实体经济和普惠发展。

第三，政府部门要主导打造一个好的金融生态，在规则制定上不断完善法律法规与相关标准，在政策执行上深度落实、有效执行，在生态建设上不断完善市场生态环境。回看监管规则是否清晰，监管手段、理念、方法是否能够更新，监管执行是否有力，监管生态是否能够助益行业健康发展等。

总的来看，消费者保护需要从我做起。这个"我"，是一个广义的"我"，不仅涵盖消费者，也涵盖一线企业、政府监管层等。中国一流的金融科技需要一流的消费者。理性成熟的金融消费者群体将是政府治理和行业规范的帮手与伙伴，更会是金融行业进步的重要推动力。

金融科技化是大势所趋，在这个大潮中，中国已经在金融科技领域呈现出非常喜人的引领趋势，但同时我们不能忽视的是，在金融科技监管、消费者保护等诸多领域，我们还存在着很多短板。如何延续我们的优势，从而进一步引领全球金融科技的发展潮流，是摆在我们这一代人面前最大的机遇，也是最大的挑战。

大约 100 年前，人类第一次驾驶飞机全程不停歇地飞越了大西洋，当时，世界还处于英美科技领先发展的时代。如今，科技与金融正在实现深度的融合，借助金融科技的快速崛起，我们有没有可能在这样一个时代助推中华民族的崛起?我有一个小小的愿望,想与各位分享。曾经某个P2P网贷企业创始人对我说,他们过去几年是被金融耽误的科技公司。那么我希望从今以后,再也没有被金融耽误的科技,只有被科技赋能的金融;没有被金融科技伤害的消费者,只有受益于金融科技的消费者;没有被监管耽误的金融科技发展,只有被规则赋能、成全的普惠金融。

今天,科技赋能金融,普惠金融的梦想似乎离我们越来越近了。普惠金融的跨越机会正在我们面前,和100余年前美国飞行员第一次跨越大西洋一样,充满着划时代的意义。谈到金融科技时代的消费者保护的时候我们引用了一首歌曲,叫作《为你祈祷》。其实,为你祈祷,不仅仅是为金融科技时代更加完善的金融消费者保护而祈祷,更是为我们未来更加健康的金融科技发展和更为广阔的普惠金融梦想而祈祷,这份"祈祷"需要我们所有消费者、行业内企业和政府监管部门乃至全社会的共同奋斗和努力。为了这份梦想,也为了我们共同的更好的明天,让我们一起祈祷,一起祝福,一起努力。

凡益之道，与时偕行
——金融机构的数字化转型 *

今天会议的主题是"聚贤汇智：数字化转型与组织变革"，重点是持牌金融机构的数字化，此处的持牌金融机构不一定是传统金融机构。那么持牌金融机构为什么要数字化？他们数字化转型的关键何在？我想到了习近平总书记引用过的《易经》中的一句话，"凡益之道，与时偕行"，即把握时机，做与时代相一致的决策，向未来前行，我觉得非常适合今天的主题。接下来，我将从三个方面出发：一是谈一谈所谓的金融科技，或者金融科技化、金融数字化从过去发展到今天，现状如何。二是谈一谈金融科技的未来，我们的未来在哪里。三是谈一谈金融机构数字化成功的关键因素。

---

* 本文根据作者于2019年6月19日出席在北京举行的"聚贤汇智：数字化转型与组织变革——2019韦莱韬悦亚太金融科技峰会"时所作的主题演讲实录整理而成，由顾月整理，顾雨静编辑。

一、金融科技的当下

　　凡益之道，与时偕行。何为"时"？唐朝诗人岑参有这样一句诗："忽如一夜春风来，千树万树梨花开。"我觉得金融科技化的趋势、金融数字化的服务可能也会给人类似的感觉。十年前，全球市值最高的公司多是能源类、银行类企业；而十年之后的今天，全球最有价值的公司几乎都是科技公司。即使是唯一排名前十的金融机构——摩根大通，也将自己定位为技术公司，因为摩根大通每天处理的清算业务金额甚至会超过许多地区的生产总值，而这背后，没有强大的技术支撑是不可能实现的。所以"忽如春风一夜来"，我们便进入了科技的时代，而金融与科技的融合要远远领先于其他许多行业。

　　当然，这一融合趋势既代表了未来，也代表了过去几十年金融与科技相互促进、共同发展的实践，全球（主要是英国与美国）金融科技的发展大致可以分为三个阶段：金融 IT 阶段、互联网金融阶段、智能金融或智慧金融阶段。相比之下，中国在 1988 年引入第一个 ATM 机时进入 FinTech1.0 阶段（金融 IT 阶段），起步晚于英国和美国。但是在 2003—2012 年的互联网金融阶段，中国就已经开始呈现出超越其他国家并开启换道超车之路的态势。中国的科技公司在赋能金融服务上遥遥领先于其他国家，我们希望打造数字金融，利用数字技术让全球的数字金融支付变得更加容易。当然，脸书、亚马逊等国外企业虽然因为种种原因起步较晚，但其后发力量也不可小觑。

　　我所在的浙江大学互联网金融研究院对金融科技在全球的发展做了一些尝试性研究，每年发布中国和全球的金融科技中心指数，从金融科技产业、消费者体验、金融科技生态等三个方面对全球城市的金融科技发展状况进行排名。根据 2018 年 11 月发布的最新成果，我们将全球金融科技排名前三十的城市与排名前三十的传统金融中心进行了对比，两类中心城市差别十分明显。研究显示，香港是全球排名第三的传统金融中心，但在金融科技方面，排名下降到了第十名。反观杭州，虽然传统金融不甚发达，最大的银行浙商银行资产仅过 1 万亿元（2019 年），几乎没有本地的保险公司，甚至未进入传统金融中心前三十名的榜单，但是杭州在新金融领域的发展有目共睹。作为全球排名第六的金融科技中心城市，杭州拥有的不仅仅是蚂蚁金服这一家龙头企业，同盾科技、邦盛科技等一批金融科技企业都在积极赋能金融，协助金融机构更好地进行定价、实现风控、促进合规。

二、金融科技的未来

讲完了金融科技的当下，我们再谈谈未来，未来的金融科技趋势是什么？"河海不择细流，故能就其深"，河海不舍弃小的水流，方能成就其博广、精深，这与金融科技未来发展趋势不谋而合：一是金融科技必将走向全球，越来越多的国家和地区将加入这场数字化的实践；二是持牌金融机构的数字化转型将愈加深入，金融将更好地服务小微企业与大众。

第一大趋势是金融科技的全球化。新兴国家与地区将有望成为金融科技持续发展的重要力量，当前很多国家和地区，特别是欠发达地区，都有金融抑制的现象，许多人无法享受基本的金融服务，但智能手机比较普及，这使得金融科技有更大的发展空间，简单的金融服务成为可能。同时，金融科技的发展需要全球各个国家的共同努力，现在，许多国家与地区纷纷提出金融科技的发展战略，我所在的杭州也在 2019 年 5 月 30 日提出打造国际金融科技中心。此外，像瑞士、新加坡等发达国家也在积极发展金融科技，现在全球最大的金融科技展会就在新加坡，而众多金融科技业务更多地发生在印度尼西亚等东南亚国家，也契合了"一带一路"的发展倡议。事实上，金融科技在"一带一路"沿线的许多国家都有着绝佳的发展机遇：印度尼西亚、印度、巴基斯坦、孟加拉国等东南亚、南亚国家人口众多，金融欠发达，是很多金融科技企业发展海外业务的首选之地；非洲有 50 多个国家，10 多亿人口，普惠金融空间广阔；中东欧的主要国家近几年也在积极发展数字金融，未来将是我们很好的合作伙伴。

金融科技发展的第二大趋势是除了新金融开辟新市场外，持牌金融机构的数字化转型也将成为主流趋势，且这一趋势已经愈发明显地体现在市场对金融机构价值的判断上。以中国市值最高的 20 家上市银行为例，可以发现，仅有招商银行与宁波银行的市净率超过 1，即市场对其估值超过了银行自身的账面价值。这两家银行都在金融科技领域有较大的投入，数字化转型做得比较好，市净率高，市场认可度很高。招商银行 App 的使用效果很好，用户体验非常好，市场认可度自然也会提高。然而，即便是这两家数字化转型表现突出的传统银行，与互联网银行相比，其员工人均服务客户数仍然较低，在人工效率方面仍有很大的进步空间。

所以，持牌金融机构应该认识到：数字化转型是未来金融业的重要发展趋势，应当抓住这个机遇，积极拥抱金融科技，实现转型升级，否则未来会十分辛苦。中国有数千家银行，越来越多的银行开始走上数字化的道路：兴业银行在 2015 年成立了中国第一家金融科技子公司，中信银行与百度合作成立了首家获批的独立法人形式的直销银行——百信银行，2019 年平安保险的成员企业金融壹账通推出了金融业首个开放平台 Gamma O 赋能开放银行等，这些都说明尽管持牌金融机构的转型步伐比我们期待的稍慢了一些，但行业整体都在努力转型。

三、金融机构数字化转型的关键

凡益之道，与时偕行。何为"益"？郑板桥说"一枝一叶总关情"，即使他本人在官场并未身居高位，但是老百姓的每一件事情都牵动着他的心。同样，在金融服务行业，每一个用户的每一事情都应该牵动着服务者的心，这反映了金融机构数字化转型最重要的一个关键词——普惠。中小企业融资难、融资贵是一个世界性、长期性的难题，我们国家在这方面做了非常多的努力，但直到 2018 年底，普惠金融领域的贷款余额仍然不足全国金融机构人民币贷款总余额的 10%。那么，如何推动普惠金融呢？首先，要认识到金融的初心是真正地服务企业、服务实体经济，一旦偏离这个初心，就会产生金融泡沫，甚至金融危机，这一点以史为鉴即可知晓。所以，要实现普惠，金融便必须向实体经济靠拢，要做"店小二"服务实体经济。当全球还在对金融行业的定位有很多不同想法的时候，我们国家已经明确"金融要为实体经济服务，满足经济社会发展和人民群众需要"，这是非常值得称道的。其次，要找到金融服务实体经济的最佳方法，数字化的技术和能力在此时便显得尤为重要。我们将微众银行、网商银行与普惠金融的代表企业格莱珉银行进行了简单对比，微众银行与网商银行成立时间短、员工人数少，但服务的客户更多，发放的小微贷款余额更多。如何在较短时间内快速推动普惠金融的发展？或许数字化便是我们的答案。

金融机构转型的第二个关键词是生态。从产品到渠道，从智能客服的应用到大数据风控的实现，从内部事业部设立到外部合作，都是综合生态建设的过程。从渠道建设来看，当前几乎所有银行都在努力拓展线上获客渠道，其中手机客户端成为热门，一家银行的 App 的活跃度可以极大地反映其与客户之间的互动有效性，也可以有效体现该银行的数字化转型程度。从客户服务来看，金融体验最为关键，银行需要通过"金融 + 场景"的方式为客户搭建起一个完整而舒适的金融生态，帮助客户更便利地生活。根据浙大 AIF 的研究，有 88% 的银行都已开通了针对不同日常生活场景的缴费服务，23% 的中小银行提供了健康挂号这一类的生活服务。从对外合作来看，完整的数字化生态的打造需要科技公司与持牌金融机构的相向而行，也需要学术机构的积极参与。浙大 AIF 作为一个创新生态的建设者，借助中国在金融科技领域相对领先的实践，也做了一些相关的研究工作，并通过跨学科、全球化的合作平台，参与孵化了一批金融科技企业（包括邦盛科技、摩西信息科技、金智塔等），也算是为中国的金融科技发展做出了一定贡献。当然我们更加期待未来能与越来越多的科技公司、金融机构携手共进，共同建设数字化时代的金融科技生态。

最后，我认为金融机构数字化转型的第三个关键词是人才。以微众银行社会招聘需求的岗位分布为例，在其所需人才中，技术研发类人才占比高达46%。因此，在金融机构大力推进数字化转型的新时代，单纯的金融、营销、企业管理知识已然不足以支撑其发展，计算机知识、编程能力、研发能力成为关键，或者说复合型人才的培养成为重点。

总而言之，在当下，科技赋能金融的趋势愈加明显，中国则有幸引领金融科技的全球浪潮。而在未来，金融科技的实践将走向全球，持牌金融机构的数字化将成为其持续发展的重要力量。金融机构的数字化转型需要把握普惠导向、创新生态、综合人才这三个关键，只有这样，才能时刻与时偕行、永葆金融初心！

第四篇

国际篇

2017 年 12 月 5 日，在第四届世界互联网大会——"乌镇互联网＋峰会·中国数字经济论坛——数字经济构建智慧未来"论坛上发表"数字经济的中国实践与全球机遇"主题演讲。

2018 年 5 月 17 日，在上海举行的 2018 韦莱韬悦亚太金融科技论坛上发表演讲。

2018 年 11 月 14 日，在 Money20/20 中国大会上发布 2018 全球金融科技中心城市报告（2018 Global FinTech Hub Report）。

2019 年 1 月 5 日，作为中国人民大学国际货币研究所联席所长出席在中国人民大学召开的"纪念改革开放 40 周年新年座谈会暨货币金融圆桌会议·2018 冬"和货币金融青年圆桌会议。

金融科技的全球格局与未来机遇[*]

一、金融科技的全球格局

全球金融科技的发展历经三个阶段，从金融科技 1.0——金融 IT 阶段（以传统 IT 软硬件技术为代表），到金融科技 2.0——互联网金融阶段（以互联网、移动终端技术为代表），再到现在的金融科技 3.0——智能金融阶段（以大数据、区块链、云计算等技术为代表），金融与科技一直不断结合，甚至可以说没有一次金融创新的背后没有科技的推动。

从资本活跃度来看，美国与中国在"吸金"方面有很大优势，2016 年美国金融科技领域共吸引投资 145 亿美元，位列全球第一，而中国以 72 亿美元的总投资位列第二。从用户活跃度来看，中国、印度等一些发展中国家具有巨大

---

[*] 本文根据作者2017年11月16日受邀参加"2017韦莱韬悦智慧人才与金融科技管理创新峰会"时所作的主题演讲实录整理而成，由李心约、胡静航、吕佳敏整理，张新慧编辑。

的潜力。在金融领域有一个专业术语叫作金融抑制，是指在欠发达的国家，我们有大量的被金融排斥在外的群体（如乡村地区的人们），他们往往不能得到有效的金融服务。但是新的技术给了这些群体得到金融服务的新机会，而且他们也比发达国家的人们更加愿意拥抱新技术带来的新服务。以第三方支付为例，发展中国家的民众往往乐于接受新的支付手段，而在金融业更发达的国家，由于传统的金融服务发展比较完善，人们则反而不大乐于使用新的支付手段。

从行业格局来看，近些年包括网贷、众筹、第三方支付、互联网保险和区块链在内的各类金融科技行业逐渐成为全球金融体系的颠覆力量。网贷，应该说是处在风口浪尖的一个行业，在经历 2015 年这个行业拐点后，从爆发式野蛮增长回归到稳定发展，截至 2017 年全球有 5000 多家网贷平台，累计成交量超过 4000 亿美元；众筹与网贷有一定的共通之处，也是资金融通的一种新型方式，其分类主要包括产品众筹、公益众筹、股权众筹、债权众筹等，特别是债权众筹与网贷非常接近，因此浙大 AIF 在与金智塔、英国 TAB 公司和 BBD 英国共同发布的全球众筹指数（CAMFI）中也将网贷计算入内；第三方支付起源于美国，但在中国有了很大程度的发挥，取得了一系列令人兴奋的发展；互联网保险和区块链也是时下的热点（见图 1）。

图1　全球金融科技行业格局

资料来源：浙大AIF。

二、金融科技的中国道路

中国的金融科技发展历程有几个关键事件：2003 年阿里巴巴推出支付宝；2007 年首家网贷平台拍拍贷成立；2013 年余额宝上线，同年首家互联网保险公司众安在线在上海开业；2015 年政府提出规范化发展互联网金融行业，宜人贷在美国纽约证券交易所上市；2017 年众安保险在香港证券交易所上市；等等。这些重要的时点都记录着中国金融科技的发展轨迹。

从更宏观的时间视角来看，我们梳理了全球金融科技发展的三个阶段。与国内的金融科技发展阶段对比，可以比较清晰地得出一些结论（见图2）。我们认为中国的金融科技发展元年是 1988 年，因为那时候第一台 ATM 机被引入中国。世界上第一台 ATM 机 1967 年在英国巴克莱银行出现，相比国外，中国差不多晚了 20 年，很多在中国做金融的人都知道当时我们的差距有多大。从 2003 年开始，中国进入 FinTech 2.0 阶段，这个阶段的开始以 2003 年阿里巴巴推出支付宝为标志，而支付宝的"师傅"贝宝是 1998 年在美国推出的。特别

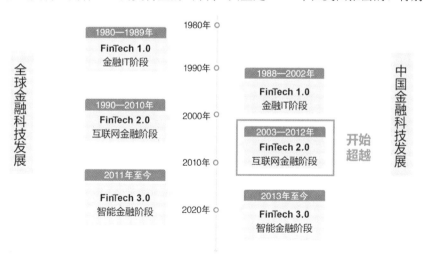

图2　金融科技发展的国际对比

资料来源：浙大AIF。

需要指出的是，在 FinTech 2.0 阶段，我国开始超越，我们的用户规模、应用场景丰富度等都远超全球平均水平。这其中有非常多可能的原因，比如我们的金融抑制程度比较高，以及我们的人口规模、市场比其他国家大得多。

同样地，从几个主要的金融科技业态来看中国金融科技的发展现状。网贷起源于英国，截至 2017 年，中国的网贷平台有 2253 家，几乎占了全球网贷平台数的一半。众筹平台数量也不少，有 247 家。第三方支付是我们最大的一个亮点，相对来说是比较规范的一个行业，有持牌等要求，目前有 248 家企业；大数据征信以及区块链也是我们在过去一段时间大力发展、极力推动的，目前我国有 130 多家大数据征信企业，虽然在监管方面可能将来也面临一个"先上车后买票"的过程（见图 3）。

图3　中国金融科技行业格局

资料来源：浙大AIF。

从全球范围来看，中国的金融科技发展水平究竟处于什么位置呢？世界是不是在看中国？我认为我们非常幸运，要感谢业界的努力，让中国前几名的金融科技企业已达到全世界前列的水平，包括陆金所、蚂蚁金服等。结合更具体的数据分析：2017 年第一季度支付宝月活跃用户数高达 3.53 亿户，是贝宝的 1.7 倍左右，而日均交易额为 778 亿元人民币，是贝宝的 40 倍左右；另外两家互联网银行——微众银行和网商银行，它们的资产规模都较小，但这两家互联网银行服务的用户数相当多，比如微众银行的用户超过 1500 万户，网商银行服务小微企业和经营者的数量达到 271 万户（见图 4）。

月活跃用户：3.53亿户
日均交易额：778亿元

月活跃用户：2.1亿户
日均交易额：19.26亿元

指标	微众银行	网商银行
资产总额/亿元	520	615
各项贷款总额/亿元	308	329
累计发放贷款/亿元	1987	1151
笔均放款额/元	8000	17000
累计用户数/万户	1500	271

图4 典型金融科技企业对比

当然，世界看中国不仅是看金融科技产业板块，也关注我们的商业模式、新产品等。如果说支付宝最初有向贝宝学习，那么今天的支付宝在功能、产品、服务、生态等方面都要远远超过贝宝。同样的，作为"双 11"消费保险的互联网保险也具有独创性。可以看出，从商业模式、服务业态包括组织架构等方面来看，中国可能已经是世界第一了。

再从金融科技生态来看，近期浙江大学互联网金融研究院发布了金融科技中心指数，专门从金融科技产业、用户体验、生态等三大维度出发衡量了中国的 37 个城市的金融科技发展水平。我们研究认为中国有三大世界级的金融科技集聚区或者说金融科技高地，这三个地区集中在粤港澳大湾区（包括深圳、广州、香港等）、大杭州湾（以上海和杭州为核心，涵盖南京、宁波以及合肥等）以及京津冀加上雄安。这三个地区从金融科技企业规模、投资数额、独角兽数量等指标上来看，都在全国乃至全世界有相当领先的地位。

三、金融科技的未来机遇

如果说过去中国互联网金融或者说金融科技的跨越式发展在很大程度是由市场和客户价值驱动的话,那么现在以及未来,我们则要更加重视金融科技制度与规则,形成技术、价值和规则的多轮驱动、协同发展,而不是让制度、人才拖发展的后腿。

此外,我们还要重视新时代下的金融科技智库建设以更好地把握机遇,包括加强金融科技理论研究,加快科研成果转化,推进国际交流,实现研究全球化等。以浙江大学互联网金融研究院为例,浙大 AIF 一直在提倡政产学研结合,也在做推动全球化的工作,例如数字基础设施、数字技能普及课题入选 2017 年德国 G20 峰会政策建议,与金智塔、英国 TAB、BBD 英国合作"金智塔全球网贷与众筹指数",与英国剑桥大学 CCAF 共同开展英国外交部"金融科技监管沙盒——中英合作推动金融创新"课题等等,我们也希望能够代表中国走向世界。

金融和科技生来就有太多的共性,是最好的融合"伙伴"。中国非常幸运,在区块链、云计算、人工智能等方面相对不落后,甚至可以说与美国有并驾齐驱的态势,能够在金融科技这个领域"换道超车"。在未来,"一带一路"倡议也将是我们一个极大的机遇,"一带一路"涉及沿线 60 多个国家和地区,而其中很多国家享受的金融服务相当落后,相信中国的一些经验与金融科技可以为他们带去更好的服务与体验,同时也为我们自身的发展提供极大的助力!

数字经济的中国实践与全球机遇 *

今天，我希望从数字经济的定义、内涵与外延，数字经济的中国实践经验与全球格局以及未来数字经济发展的全球机遇三个角度出发，与大家分享我在数字经济领域的观点。

一、数字经济的定义与规模

数字经济作为一个比较新的概念，拥有丰富的内涵和外延。财新智库将其定义为由信息技术革新驱动的经济增长。基于此定义，我们可以从两个方面来解读数字经济。一方面，从内涵角度，数字经济体现为基础电信、软件服务、互联网技术等科技创新所带来的信息产业增加值的提升、数字产业化的不断发展。另一方面，从外延角度，这些科技创新与信息技术发展也为农业、工

---
* 本文根据作者于2017年12月5日出席"乌镇互联网+峰会·中国数字经济论坛——数字经济构建智慧未来"（2017 4th World Internet Conference Wuzhen Summit）时所作的主题演讲实录整理而成，由陈雪如整理，顾雨静编辑。论坛由财新传媒等主办。

业和服务业等产业带来了新的发展模式,对其他产业的创新发展做出了贡献,
促进了产业数字化的实现。

数字经济的规模到底有多大?其重要性又有多强呢?如表 1 所示,截至
2017 年 11 月底,全球市值排名前十的上市公司中,有 7 家属于数字经济领
域,腾讯和阿里巴巴作为中国数字经济发展的代表,也快步跻身前十的行列。
根据 2017 年世界互联网大会在乌镇公布的数据,全球互联网的渗透率已经达
到了 51%,为数字经济的全球化发展与创新提供了良好的环境。

表 1 全球前二十大上市公司市值排名(截至 2017 年 11 月 30 日)

排名	公司	国家	行业	市值 / 亿美元
1	苹果	美国	科技	8702
2	谷歌	美国	科技	7014
3	微软	美国	科技	6429
4	亚马逊	美国	消费服务	5550
5	脸书	美国	科技	5078
6	腾讯	中国	科技	4898
7	伯克希尔·哈撒韦	美国	金融	4672
8	阿里巴巴	中国	消费服务	4580
9	强生公司	美国	卫生保健	3756
10	摩根大通	美国	金融	3599
11	埃克森美孚	美国	石油天然气	3486
12	中国工商银行	中国	金融	3190
13	美国银行	美国	金融	2950
14	沃尔玛	美国	零售	2914
15	富国银行	美国	金融	2791
16	雀巢	瑞士	消费品	2713
17	荷兰皇家壳牌	荷兰	石油天然气	2651
18	维萨	美国	科技	2492
19	中国移动	中国	电信服务	2453
20	汇丰控股	美国	金融	2396

资料来源:Dogs of the Dow、浙大AIF。

二、数字经济的全球格局

　　纵观数字经济的全球发展格局，美国仍位于引领数字经济产业发展的主导地位，但是，中国作为数字经济规模全球第二的国家，呈现出快速崛起之势。数字经济规模的全球排名与 GDP 规模排名有一些类似之处，但是相比于中美 GDP 规模的差距，两者在数字经济规模上的差异更为显著。同时，英国也超过德国（GDP 规模全球第四），成为全球第四大数字经济发展体。这在一定程度上反映了在全球范围内，各个国家数字经济发展的节奏和步伐并不完全一致。如图 1 所示，在过去的 20 年里，中国的数字经济规模实现了 25.1% 的年复合增长率，是中国 GDP 年复合增长率的 3 倍，也是美国、英国等发达经济体数字经济增长率的 3 倍。然而，值得我们期待的是，虽然中国的数字经济发展已经处于世界领先水平，但是数字经济占中国整体经济体量的比例还是比较小的，未来仍有很大的发展空间。

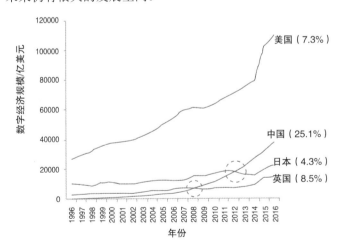

图1　1996 —2016年美、中、日、英数字经济规模与年复合增长率（GAGR）

资料来源：中国信息百人会、浙大AIF。

经过数十年的发展,中国已经在多个领域成为全球数字经济的领导者,积聚了雄厚的技术实力和丰富的创新经验。2005年,中国零售电商的交易价值不足全球总规模的1%,而2016年,中国则已经超越美国成为世界最大的零售电商交易国,交易价值占到全球总规模的42.4%。在全球电子商务的快速发展过程中,中国走在了世界的前端。从移动支付领域来看,2016年中国移动支付的总规模超过7900亿美元,是美国的11倍之多,移动支付多样化的场景应用在中国也成为现象级的事件,被称为"新四大发明"之一。

在全球262家"独角兽"公司中,有1/3是中国企业,虽然总体企业数量少于美国,但是估值总和已经与美国相当,"中美争雄"格局初步形成。在关键数字技术领域,中国的创业投资和初创企业生态圈的建设水平,均位列全球前三名。特别值得关注的是,在金融科技领域,中国投资者在2016年的总投资额超过71.58亿美元,超过美国的54亿美元,位列榜首。不可否认,在数字经济及其相关领域,中国不仅面临着最好的时代,也将迎来令人振奋的未来。

二、数字经济的中国实践

数字经济的发展悄然改变了我们的生活。不管你发现与否,我们的衣食住行似乎都已经离不开它。2017年"双11"全网总销售额超过了2529亿元人民币,产生了13.8亿个包裹,其中移动端销售比例超过91%。与美国的电子商务规模相比,早在2016年,中国的日均销售额就已经达到了美国的2倍,物流包裹投递量达到美国的9倍之多,而中国的高峰销售额则为美国的7倍,高峰物流处理量为美国的12倍。在这些巨额的销售数据和巨量的物流数据背后,是对支付技术、计算技术发展和创新的考验,而中国的科技企业也用强大的技术创新与处理能力推动了数字经济的发展。

2016 年，阿里巴巴的支付系统的处理能力达到了 120000 笔 / 秒，约为美国领先的在线支付系统处理能力的 3 倍；而 2016 年，计算能力的世界纪录则由腾讯拥有，达到了每分钟 61TB 的处理量。中国的科技企业，不仅仅是阿里巴巴与腾讯，还包括华为、联想、苏宁、小米等，在自身技术创新与快速发展的同时，也作为中国数字经济的代表走出了国门，在全球多个国家和地区进行了战略布局，在各个领域逐渐成长为优秀的国际化企业。

在这个时代，我们的科技企业似乎生来就具有国际化的特质（born-global）。2017 年，阿里巴巴来自速卖通和来赞达的海外年度活跃买家数合计达到 8300 万家，这甚至超过了很多国家的人口总数。在 2017 年的互联网大会上马云提到，未来阿里巴巴希望能够实现 50% 销售额都来自海外的目标，这一目标虽然看来还有些遥远，但是不能忽略的是，2017 年阿里巴巴的海外销售额已经实现 300% 的年度增长率，海外购的表现十分亮眼。

三、中国数字经济成功的原因

中国在数字经济领域取得了巨大的成功，背后的原因究竟是什么呢？我想这可能可以归因于以下几点：一是中国拥有庞大的市场体量，为数字经济企业的创新发展提供了良好的市场基础；二是中国的市场需求长久以来被抑制，亟需创新型的经济发展模式来满足社会和人民的需求；三是依赖于技术红利的释放，科技的进步革新为数字经济的发展提供了可能；四是归功于雄厚的资本参与，中国良好的数字经济发展环境也吸引了来自国内外资金的广泛参与和推动；五是近年来中国良好的创新生态环境也为数字经济的发展提供了广阔的土壤。

四、数字经济的全球机遇

数字经济未来的发展不仅依赖于包括大数据、云计算、区块链等在内的新技术的发展，也对新资源提出了新的需求。未来，数据将逐渐成为新的最重要的"自然"资源之一，而中国依赖于人口与市场的优势也将在这一资源领域占据一些优势。与此同时，越来越多的数字经济新场景也将不断融入我们的生活之中，数字零售、数字社交、数字金融等领域的探索发展也将更为深刻地影响人类的行为习惯和社会前进的步伐，中国在这一领域毋庸置疑处于相对领先的地位。未来，除了中国以外，一些发展中国家，尤其是"一带一路"沿线国家和地区也具备巨大的发展潜力，或将成为数字经济发展的新市场。

如表2所示，"一带一路"沿线的64个国家，在一定程度上与15年前的中国有着很多的相似之处：经济欠发达，人均GDP只有3700美元左右；人口众多，占世界总人口比率达43.4%；总体市场潜在需求非常旺盛，但基础设施相对比较落后。那么该如何推进数字经济在"一带一路"沿线国家和地区的发展呢？浙大AIF 2017年参与了G20德国峰会的两个课题研究，其中特别提到了"一带一路"沿线国家的发展不仅要关注物理基础设施，更重要的是数字基础设施的建设。同时，在促进发展中国家数字转型的过程中，数字技能的培训与基础设施的建设同等重要，只有提升"一带一路"沿线国家和地区民众的数字技能，智能手机以及其他数字设施的功能才能真正得到发挥。

表2 "一带一路"沿线国家经济数据一览

指　标	中国	"一带一路"沿线64国
GDP/万亿美元	11.2	12.0
人均GDP/美元	8866	3740
人口总量/亿人	13.8	32.1
贸易量全球占比/%	11.2	21.7

注：中国对外贸易顺差总额约为5000亿美元，对"一带一路"沿线64国贸易顺差总额约2214亿美元，约占44%。

资料来源：世界银行。

诚然，电子商务是未来全球数字经济发展的重要机遇，但是数字经济的另外一些生态，比如数字娱乐、数字音乐，特别是数字金融，可能更有机会作为排头兵"走出去"，带领"一带一路"沿线国家和地区实现新的发展。印度的基础设施条件比较差，改善和建设基础设施需要比较长的时间，但就是在这样的情形下，蚂蚁金服入股的支付软件 Paytm 在印度可以迅速积累超过 2 亿的用户。无独有偶，肯尼亚的基础设施建设也非常落后，但是在移动支付领域拥有比较先进的技术。或许越是在欠发达的地区，数字金融越有可能形成星星之火可以燎原之势。

五、数字经济的未来

数字经济已经带领我们进入了一个全新的时代，我们也正在经历一个经济快速发展、迈开新步伐的时期。数字经济的增长率高于总体经济的增长率，在数字经济领域，中国也与美国呈现了并驾齐驱之势。中国在数字经济领域的实践经验证明，数字经济可以改变我们的生活，也可以让欠发达国家和地区借此实现弯道超车。面对未来，数字经济将会在新技术、新资源、新场景和新市场的不断开发下，给中国的金融科技企业、数字经济企业带来良好的机遇，"一带一路"沿线国家和地区也应该是中国企业国际化发展的一个重要切入口，在这一过程中，数字金融可能会先行一步，希望我们的企业能够抓住这一良好的机遇。

最后，我想在乌镇许下一个小小的愿望，我希望我们的数字经济能做一个"五好学生"，希望我们的数字经济能够把好方向、用好技术、分好红利、建好生态、做好布局！

数字经济描绘的振奋前景 *

　　中国的经验足以说明，在发展中国家中，科技是如何改变生活以及改变社会的。

　　数字经济通常被定义为由信息技术创新驱动的经济增长。在基础通信服务、软件服务和互联网技术等领域中，技术创新带来的信息产业和数字产业发展都是数字经济的体现。

　　在很大程度上，信息产业和数字产业的发展也为农业、工业和服务业等行业提供了新的经济增长方式。

　　庞大的数字经济是全球经济增长的关键。截至 2017 年 11 月底，在全球十大市值最高的上市公司中，有七家属于数字经济领域。腾讯和阿里巴巴是中国数字经济迅速增长的两个典型代表，在前十中都占有一席之地。

---

* 本文刊于2018年1月19日《中国日报》（*China Daily*）非洲版，由作者与浙江大学管理学院博士生陈雪如合作完成。原文为英文，本文为译文，由陈海润翻译，顾雨静编辑，详见：http://africa.chinadaily.com.cn/weekly/2018-01/19/content_35538974.htm?-from=timeline&isappinstalled=0。

从全球角度来看，作为数字经济规模排名第二的国家，中国在该领域发展迅速。在过去的 20 年中，中国的数字经济年增长率为 25.1%，约为美国、日本和英国增长率的 3 倍。

经过 20 多年的发展，中国已在许多领域成为数字经济全球领导者，具有丰富的创新经验。2005 年，中国零售电商的交易额还不到全球的 1%。但中国零售电商的交易额占到全球总额的 42.4% 左右。在移动支付领域，2016 年中国的交易额超过了 7900 亿美元（约合 6470 亿欧元、5710 亿英镑），约为美国的 11 倍；而在金融科技领域，中国投资总额超过 71 亿美元，相比较而言，美国则只有 54 亿美元。

数字经济的发展逐渐地改变了我们的生活方式。2017 年"双 11"期间，网络销售收入总额突破 2500 亿元，其中约 91% 的份额是通过手机支付创造的。这些巨大数额的背后是移动支付技术的发展和创新。中国科技企业利用强大的科技创新和数据处理技术推动了数字经济的发展。包括阿里巴巴、腾讯、华为、小米在内的一大批中国科技公司也走出国门。

毫无疑问，在数字经济和相关领域，由于极大的市场潜力、科学技术的进步、雄厚的国内外资本，以及过去几年里营造的良好的创新生态系统等因素，中国有着巨大的机遇和令人振奋的前景。

未来，数据将成为最重要的资源，中国庞大的人口和市场将在大数据的积累方面占据优势。此外，数字经济新的应用方式会越来越多地涌入我们的日常生活，数字零售、数字社交和数字金融将更加深刻地影响人们的生活方式和社会进步，中国无疑将在这个领域发挥主导作用。

在帮助参与"一带一路"倡议的国家和地区实现数字化转型时，数字化技能的培训对他们来说和基础设施建设同样重要。只有当这些国家和地区的人们的数字技能得到提升时，智能手机和其他数字设备才能在这里起作用。虽然印度的基础设施相对落后，但支付软件 Paytm 在印度迅速获得了超过 2 亿名的用户。肯尼亚的基础设施同样非常落后，但在移动支付领域也拥有先进的技术。经验表明，数字金融很可能在欠发达地区发展起来，一旦机遇出现，将大规模地发展。

数字经济带领我们进入了一个新时代。中国在数字经济领域的经验表明，数字经济可以改变我们的生活，并为欠发达国家提供了在这个领域超越其他国家的机会。未来，中国无疑将会在这个领域进行更多的创新。金融科技企业和数字经济企业应该抓住机遇，迎接挑战并完成突破。

英文原文

Digital Economy Offers Exciting Prospects

From China's experiences, less-developed countries can see how technology changes lives and transforms societies.

The digital economy is usually defined as economic growth that has been driven by innovation of information technologies. So the digital economy could be shown in the information industry and digital industry development that are brought by technology innovation in basic telecommunication service, software services and internet technologies.

To a larger extent, the development of the information industry and digital industry also bring new growth modes for other sectors, including agriculture, industry and services.

The digital economy is large and the key to global economic growth. By the end of November, seven of the world's top 10 listed companies that had the highest market value belonged to the digital economy. Tencent and Alibaba, two representatives of China's rapid growth in the digital economy, were among the top 10.

From a global perspective, China, as the second-largest country in terms of the size of its digital economy, has been growing rapidly in this sector. In the past 20 years, China's digital economy has grown by 25.1 percent annually–about three times the growth rates of the United States, Japan and the United Kingdom.

After 20 years' development, China has become the global leader in many sectors of the digital economy and has rich innovation experience. In 2005, Chinese online retailers' trade value was less than 1 percent of that of the whole world. But now China's online retailers' trade value accounts for about 42.4 percent of the global total. In the mobile payment sector, China in 2016 surpassed $790 billion (647 billion euros; £571 billion), which is about 11 times that of the US. In the financial technology sector, Chinese investors' total investment volume exceeds $7.1 billion, compared with the US' $5.4 billion.

The development of the digital economy has also gradually changed our lifestyles. During the Singles Day in 2017, online sales revenue topped 250 billion yuan, and about 91 percent was paid through mobile phones. Behind these huge figures are the development and innovation in payment technology. Chinese technology companies have used strong technology innovation and data processing abilities to push forward the development of the digital economy. A big group of Chinese technology companies, including Alibaba, Tencent, Huawei and Xiaomi, also went abroad.

Undoubtedly, in the digital economy and related areas, China has great opportunities and exciting prospects, due to such factors as the big Chinese market, technological progress, rich capital from China and overseas, and the great ecosystem for innovation in the past few years.

In the future, data will become the most important resource, and China's large population and market will also present advantages in data resources. Moreover, an increasing number of new scenarios of digital economy will come into our daily lives, with digital retailing, digital social networking and digital finance more profoundly affecting lifestyles and social progress, and China will definitely play a leading role in this sector.

While helping countries and regions involved in the Belt and Road Initiative to realize digital transition, the training of digital skills and construction of infrastructure are of equal importance. Only when digital skills of people in these countries and regions have increased will smartphones and other digital devices be able to function there. Although the infrastructure of India is relatively poor, the payment software Paytm nonetheless has rapidly gained more than 200 million users. Kenya's infrastructure is also bad, but it also has advanced technology in the mobile payment sector. Experience shows that digital finance is very likely to be developed in the less-developed regions and will develop on a large scale once the opportunities arise.

The digital economy has led us into a new age, and China's experiences in the digital economy sector show that digital economy can change our lives and offer opportunities for less-developed countries to overtake other countries in this sector. In the future, China will definitely innovate more in this sector, and FinTech enterprises and digital economy companies should seize the opportunities and take the challenges to make breakthroughs.

抱朴守拙，行稳致远

——互联网金融的中国道路与世界机遇 *

互联网金融近些年快速发展，确实带给所有中国人走出去时的自豪感。受益于中国互联网金融企业在全球的探索和领跑，中国在金融科技、新金融领域拥有了更多的话语权，现在越来越多国家和地区的商家支持支付宝支付。在学术界，现代金融理论的标准和话语权基本都被西方垄断，但是互联网金融给了中国学者更多的机遇。记得 2015 年，我在沃顿商学院聊 "Internet Finance"，那时还没有出现 FinTech（金融科技）这个词。我当时演讲的主题是 "Can a Single Spark Start a Prairie Fire？"（星星之火，可以燎原吗？），台下众人听得云里雾里，有人甚至以为我要讲中国革命，其实不然，我只是想表达在新兴市场发生了一个新现象，而这个现象有可能将重塑整个金融体系。今天我想用一

---

* 本文根据作者于2018年3月30日出席蚂蚁金服举办的"新金融、新风险、新思路：2018互联网金融内审内控交流峰会"时所作的主题演讲实录整理而成。由罗丹整理，张新慧编辑。

些朴实的话语谈谈我作为一个学者对于整个行业的看法。

（现场播放歌曲）

不知该往哪里去

我是不是该安静地走开

还是该勇敢留下来

我也不知道那么多无奈

可不可以都重来

——郭富城《我是不是该安静地走开》

我想借用以上这几句歌词作为引入，因为它们或多或少体现出当前互联网金融行业的现状，也能反映出业界内心的无奈和彷徨。最近互联网金融的"名声"不太好，网贷行业的一些阴暗面被曝光，有时从业者也会迷茫，觉得自己"不知该往哪里去"：是应该逃离这个漩涡，"安静地走开"，还是应该坚持当年进入金融行业的初心，"勇敢地留下来"？现在有些企业也很无奈，他们当年也是响应国家的"双创"号召，满腔热血地投入金融创新的浪潮，但当如今提到似乎已经被污名化的"金融创新"一词时，他们可能会开始思考：如果生活能够重来，他们是否还会选择入行？2015我创立浙大 AIF，彼时"互联网金融"这个名字非常好，但到后来特别是在 FinTech（金融科技）出现以后，在这样的背景下，常有人建议我把研究院的名字改掉，我总是一笑了之。我始终认为，叫什么不重要，说什么也不重要，做什么才重要。

在这样的大背景下，我希望与大家分享的是：第一，互联网金融的是非功过，回顾一下互联网金融行业的全球格局和中国现状；第二，构建互联网金融生态圈，从我个人视角来看如何打造互联网金融行业的良性生态圈；第三，中国道路与世界机遇，在全球化过程中互联网金融行业该如何走好中国道路，把握世界机遇。

一、互联网金融的是非功过

就互联网金融的全球格局而言，不论以什么视角来看，中国都是领跑者之一。在投融资方面，中国显然是遥遥领先；在估值方面，虽然行业本身呈现出中美齐头并进、各有特色的态势，但明显中国的行业估值偏高，这可能是因为我们的市场更大、应用场景更多；但我们也应该看到，在核心技术层面，美国略胜一筹。因此，多方因素促成了"中国＋美国＋其他"的世界互联网金融格局，形成了一种互联网金融的 G2 模式。毋庸置疑的是，在中国，特别在像杭州、深圳等创新创业气氛比较活跃的城市，互联网金融企业一直在努力创新，靠艰苦奋斗拼搏出一片广阔的市场，而不是停步苦等监管层颁发牌照。而这也是全球创新创业活跃区域的共同特点。纵览国内，三大世界级金融科技高地正在逐步形成。2017 年 9 月，浙大 AIF 团队发布了《2017 中国金融科技中心指数》[①]，从企业、用户、政府三大市场参与主体出发，以金融科技产业、金融科技体验和金融科技生态为三大维度构建指标体系，着眼于网贷、众筹、第三方支付、大数据征信、区块链五大行业，以全国 37 个直辖市、计划单列市、副省级城市和省会城市为样本对象，对各个城市的金融科技发展现状进行数据呈现和量化分析。基于指数结果，我们提出了当今中国的三大世界级金融科技高地，包括既是经济重镇又是金融科技重镇的京津冀地区（包括雄安），以深圳为核心的粤港澳大湾区以及上海和杭州双核引领的长三角地区（上海、杭州、宁波、南京、合肥五城均位列前二十名）。可以看到，长三角地区在中国这三大金融科技高地中优势明显，其相对于京津冀地区来说区域发展更为均衡，相对粤港澳大湾区来说区域文化相对接近而更易和谐（粤港澳联通需跨越边境口岸），而其优越的地理位置又方便辐射全国。2017 年 11 月，时任浙江

---

① 该指数报告核心成果详见本书第五篇中的《普惠共享，触及未来——2017 中国金融科技中心指数报告》。

省委常委、杭州市委书记赵一德便提出打造杭州为国际金融科技中心的重大战略部署，我们也参与了一些基础性的工作。

虽然互联网金融行业成绩斐然，但是争议不断。图1为"互联网金融"和"金融科技"的百度搜索指数，可以发现"互联网金融"词条的百度搜索指数从2014年开始激增，后逐步下降并趋于平缓，同时"金融科技"词条搜索指数逐步上升，其社会关注度逐年增长。最近互联网诈骗、信息泄露、隐私换便利等事件层出不穷，例如许多网贷平台买卖用户信贷信息，形成"数据灰色产业链"，而社会舆论不加辨别就把这些不良现象全扣在互联网金融行业的头上，造成互联网金融行业似乎风波不断，迫使很多人忙着澄清，试图撇清关系，这一污名化的过程非常令人痛心。

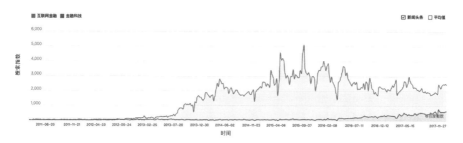

图1 "互联网金融"和"金融科技"搜索频率

资料来源：百度指数。

为己正名，需兼顾三大属性方能稳步前行。互联网金融有三大属性：一是技术属性，离开技术的互联网金融是空中楼阁。二是金融属性，互联网金融的本质就是提供直接或者间接金融服务。三是社会属性，也就是社会责任问题。有人说自己是做金融的，资本的本质就是逐利；也有人说自己只是做技术的，不在乎技术用在哪里。可是我想说，资本可能是无情的，但做金融的人应该是有温情、具有社会责任的；技术可能是中性的，但是我们应该思考如何合理使用技术，使其向善且为社会服务，而不是利用技术优势伤害社会，例如最近出现的大数据"杀熟"现象就是一个反面典型,令人痛心。社会赋予了金融公共属性的职能,互联网更具普惠平等的特点,互联网金融更加应该让每个人都获得幸福感,也就是互联网金融行业里常说的"小确幸"。如果互联网金融企业了解其服务对象,却利用信息优势伤害社会,那就与普惠平等的基本理念背道而驰了。因此,各位业界领袖责任重大,我们需要引导行业向善,倡导行业自律,赢回社会信任。

除此之外,沉淀内涵方能潜心创新。互联网金融行业从来不缺概念,我们也在不断地追逐热点,比如首次代币发售 ICO(initial coin offering)、现金贷等等。虽说中美两国共同引领世界的互联网金融发展,但与美国相比,我们确实更多地浮于概念,而在技术、规则上略逊一筹,显得有些心浮气躁。我们应更加关注在互联网金融领域的技术突破创新、消费者权益保护、法律体系完善等等。

所以,我们究竟该如何打造良好的互联网金融行业生态?

二、构建互联网金融生态圈

作为经济社会的一部分,我们互联网金融行业也有责任打造绿水青山型的互联网金融行业生态圈,这需要企业、用户、学术界、政府部门等相关方的共同努力(见图2)。

首先,企业需要有可持续发展的社会责任感,严格做好内审内控,做好消费者教育和权益保护工作,不能只顾攫取利益而把问题抛给社会。最近(2018 年)今日头条被曝光其利用大数据,千方百计逃避监管,在监管能力更弱的二、三线城市密集投放违规广告,这就是典型的社会责任感缺失。

其次,用户也需要知悉权责,诚信理性消费。例如,有些网贷平台的收益率高达 30% 甚至 40%,有些消费者受利益驱使便不辨风险重金投资,落得血本无归时就期待政府来"兜底"。

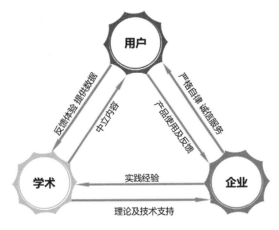

图2　金融生态圈

资料来源：浙大AIF。

再次，学术界在支持中国互联网金融行业方面义不容辞。学术界虽与业界本身存在差异，但往来密切，学术界在为业界提供理论支持、技术支撑和人才培养方面肩负重任，应该着重研究业界的痛点和短板，为业界提供建设性意见和建议，帮助行业健康发展。此外，学术界还是各利益相关方之间沟通的缓冲地带，聚集各方共同研讨该如何厘清各方权益和责任，真正打造最优的互联网金融生态圈。例如，有时候企业可能不便找监管机构直接沟通，那学界就可以作为缓冲区，协助各方更有效地进行信息传达。

最后，政府监管机构应该守土有责，优化监管体系，大幅提升监管能力，这可能是我们目前面临的最大挑战。就在前几天（2018年3月29日），浙大AIF与英国剑桥大学新兴金融研究中心（CCAF）共同举办了"金融科技监管：国际实践与中国机遇"研讨会，为此我们的课题组分别调查了业界和监管机构对互联网金融行业监管的看法。有意思的是，监管机构的意见与业界的意见出现了较大的差异。监管机构的被访人普遍认为我们已经基本拥有了一套较为完善的金融科技监管体系,而业界被访人认为目前的监管体系并不完善,在监管主体、监管方式、备案要求等方面仍有较多不详尽、不确定之处,且可预见性不强。此外,2018年两会报告也提到需要提升监管效能、强化金融监管协调机制,这可能是我们目前构建生态圈需要面对的最大挑战,也是最大机遇。因此,政府需要认真履行监管职能,提升监管能力,直面挑战。

总而言之,所谓"律己足以服人,身先足以率人",互联网金融生态圈的各个主体应培育诚信文化,践行各方责任。

三、中国道路与世界机遇

一般而言,互联网金融的发展有三大驱动力,那就是价值驱动、技术驱动和规则驱动。首先是需求驱动,即企业推出的所有产品需要有真正的应用场景。例如蚂蚁金服的分布式应用数据库 OceanBase,离不开蚂蚁金服强大的数据应用场景支持。其次是技术驱动。一个日益明显的现象是,过去存在的基础技术正逐渐被应用在金融领域并发挥着越来越大的作用,应用技术正逐渐改变金融服务的表现形式,而中国在此方面表现不错。最后是规则驱动。科技极大地提升了金融服务业的生产力,但相应的生产关系等规则没有与时俱进,需要跟上脚步,加快调整。监管能力的提升是中国成为世界级互联网金融大国的巨大机遇,必须牢牢把握。

在三大驱动力的推动下,金融的科技化正在加速,这一趋势已经出现在了我们的生活中,不像是一只"黑天鹅",而更像是一只在很长时间内都被行业忽视的"灰犀牛"。在过去很长一段时间里,技术特别是信息技术对行业几乎没有影响,往往是需求拉动和制度创新成就了金融业和金融中心。而时至今日,技术的驱动力、影响力逐渐显现。

金融的科技化的发展过程大致可以分为三个阶段,即"金融 IT 阶段"、

"互联网金融阶段"和"智慧金融阶段"。第一阶段是从 20 世纪 40 年代到 90 年代中期的"金融 IT 阶段"。其间，主要体现的是传统 IT 的软硬件在金融领域的应用，例如 50 年代出现了信用卡，60 年代出现了 ATM 机，70 年代开始出现各类金融衍生品等。随着技术不断创新，金融服务的产品更加多元，其服务的对象范围也逐步扩大，覆盖到了个人客户。第二阶段是过去的 20 年左右所经历的"互联网金融阶段"。这一阶段同样源于英美，主要体现为互联网和移动终端在金融行业的使用。可喜的是，在这一阶段，我国出现了"换道超车"的喜人局面，比如支付宝虽然较贝宝晚成立，但其现在的规模已经是贝宝的数倍，可以说我们是非常成功的学习者和模仿者。在金融 IT 阶段，我国与领先者的差距依然很大；但在互联网金融这个阶段，中国已然有所超越。第三阶段是我们正在迈入的"智慧金融阶段"，此阶段最重要的特征便是信息技术的巨大变革和其不容小觑的驱动力。技术驱动可以降低成本、提升效益、控制风险，让用户获得更好的体验。可以说，每一次金融科技化的背后都是科技力量在推动，不同的阶段和不同的科技为我们带来了产品创新、服务体验升级、应用场景扩展、内部管理效能提升等等。

金融科技化的浪潮使得那些我们曾视作标杆、努力追赶的传统金融中心正在逐渐丧失优势。在金融科技化的互联网金融发展阶段，中国得益于天时地利人和实现了跨越式发展和"换道超车"，呈现出领先全球的喜人态势。我们的理念也正在变化，不再把欧美的标准和产品奉若圭臬，比如阿里巴巴去 IOE 化（在 IT 架构中去掉 IBM 的小型机、Oracle 的数据库和 EMC 的存储设备），并自己开发 OceanBase 等系统，就是这种理念转变的体现。

无论是在中国还是英美发达国家，互联网金融的发展都经历了从起步到调整，再到规范发展的阶段，只是中国相对来说脚步更快一些。这可能是因为当其他国家都在循序渐进的时候，我们勤奋工作，利用一切时间。比如在网贷行业中，全球第一家网贷平台 Zopa 13 年来的总成交量不过 285 亿元人民币左右，甚至还不到陆金所两个月的成交量（陆金所 2018 年 2 月和 3 月成交量共约 306 亿元）。中国的互联网金融行业自 2014 年起开始爆发式增长，到 2015 年已有近万家企业，至今仍有逾 2000 家运营中。

在有着较强可扩展性、可复制性的互联网金融领域，中国和美国的独角兽企业在交易规模、业务种类、产品种类等方面优势均十分明显。更重要的是，中国在学习阶段实现了超越，中国实践也开始走向世界。如今，一个绝佳的历史机遇已经出现，即从中国模仿别人（copy to China）到别人模仿中国（copy from China），例如蚂蚁金服的业务量已经远远超过他的"师父"贝宝。我们曾在同一条跑道上苦苦追赶前方的传统金融中心，但当前面的标杆出现问题时，我们发现前方没有了模仿对象，那是不是该迅速抓住机遇，换道超车？因此，在互联网金融领域，如何总结中国实践、抢占世界高地、制定全球标准、引领世界发展，是值得所有人深思的问题。

而中国的互联网金融要想做到这一点，为世界提供一个好样板，就应当做好两点，即"走进去"和"走出去"。"走进去"指的是互联网金融企业应当沉淀内心，走进百姓生活，赋能实体经济，而非像 ICO 一样只是在虚拟世界疯狂炒作。"走出去"主要指把握"一带一路"机遇，将中国的互联网金融经验进行扩展、复制。互联网金融"星星之火、可以燎原"的"农村包围城市"道路非常适合"一带一路"倡议，因为许多"一带一路"沿线国家和地区的金融并不发达，而这些国家和地区正好是互联网金融发展的沃土。

此外，如图 3 所示，互联网金融的健康发展离不开正确的价值观和合适的战略定位。就价值观而言，第一，互联网金融要以服务升级为导向，以服务健康需求为导向。第二，互联网金融需要践行普惠精神，真正为社会创造财富，普惠大众，而不能将技术带来的红利统统收入私人囊中却拒绝与社会分享。第三，互联网金融企业需要以服务来创造社会价值，为社会提供优良商品和服务，这是立足之本。

图3　互联网金融价值观

资料来源：浙大AIF。

就战略定位而言，如图4所示，互联网金融行业应从产品、场景和客户三方面进行精准定位。首先，其产品相对传统金融而言应该更加简单、透明、标准化；其次，其应用场景应该是无时无地不在，渗透到用户生活的方方面面，打破传统金融在时间和空间上的限制；最后，其客户群体往往是之前没有被传统金融服务到位的客户，其服务满足的应当是如小微企业、农村金融或高端客户的零散需求，而非传统银行的主要客户的主要需求。

图4　互联网金融战略定位

资料来源：浙大AIF。

图 5 直观地展现了互联网金融与传统金融在产品和客户方面的定位差异。图中，横坐标轴表示客户规模大小，纵坐标轴表示产品复杂程度。可以看到，传统金融主要面向大中型客户和较为复杂的产品；而互联网金融主要面向长尾客户与中小客户，以及大型客户的零散标准化需求。

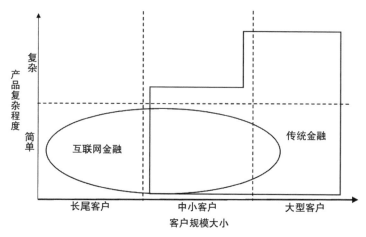

图5　互联网金融与传统金融的定位差异

资料来源：浙大AIF。

总而言之，中国互联网金融的崛起，需要我们有所担当，我将其总结为"RISE"（"崛起"）（见图6）。第一是 R——责任性与坚韧性（responsible and resilient），这是我们在经历高速发展后面临挑战时倍加需要的；第二是 I——包容性与创新性（inclusive and innovative），特别需要指出的是我们需要的是有效的技术创新，而非简单以套利为目的的创新；第三是 S——具有可持续性与智能性（sustainable and smart）；第四是 E——建立高效生态系统（efficient ecosystem），也就是企业要知道在如何提升效益、降低成本的同时，将获得的红利与用户和社会去分享，而不是利用信息优势去欺负那些本来就被不平等对待的弱势群体。

图6　互联网金融的担当（"RISE"）

资料来源：浙大AIF。

互联网金融在中国取得了翻天覆地的变化，我们有足够的理由为自己骄傲。我们如果想要行稳致远，就需要解决如自律、监管等多方面问题，建立绿水青山型的互联网金融生态圈，我们要回归初心，抱朴守拙，讷言敏行。只有如此，我们才会继续进步，行稳致远。这将是行业之大幸，中国之大幸。

普惠金融:科技助力与边界探索*

    2005 年,联合国正式提出"普惠金融"(inclusive finance)的概念,当时也被称为包容性金融。我本人曾经在金融界工作过,在 2005 年的时候,金融界和学术界都有一个所谓的"二八定律",即 20% 的客户带来了商业银行 80% 的利润。不夸张地说,其实那时的"二八定律",可以说是"1∶99 定律"。当时的银行几乎只做批发业务,追溯到 20 世纪 90 年代时,甚至出现过很多已经是银行客户的中小企业被银行"踢出"客户名单的情况。这在很大程度上是政策因素和过度市场化导致的,但这并不是中国所特有的现象。当时无论是在中国还是其他发达国家,金融业务大多以批发业务为主。因此在这样的历史背景下,联合国在 2005 年提出普惠金融的概念是适时的。

    2016 年,国务院印发了《推进普惠金融发展规划(2016—2020 年)》,其

* 本文根据作者于2018年4月28日出席在北京举行的"第二届中国信用科技与普惠金融论坛"时所作的主题演讲实录整理而成,由陈雪如整理,顾雨静编辑。论坛由中国人民大学国家发展与战略研究院(简称人大国发院)、国家金融与发展实验室金融科技研究中心等共同主办。

中包含了实现普惠金融的三大目标，分别为：提高金融服务覆盖率、提高金融服务可得性以及提高金融服务的满意度。这三个目标设定得非常好，但是不免让我们想起了2008年引发全球金融危机的次级抵押贷款（次贷）产品。众所周知，次贷是用于服务没有传统信用资格的客户的，按照这三个标准，次贷产品大大提高了金融的覆盖率，增加了金融的可得性，金融服务满意度在金融危机爆发前也处于相对较高的水平，然而它却引发了全球性的金融危机。所以，要想实现普惠金融还需要一个关键要素，即责任心。当时的次贷产品其实是一种不负责任的金融，因此它不可延续，甚至造成了严重后果。

那么为何提出以科技助力普惠金融的发展呢？因为我们的普惠理想如果没有技术参与，可能就难以落地实现。从数据上来看，技术的确在很大程度上推动了普惠金融的发展。2017年，全球有38亿成年人拥有银行账户或移动支付账户，占比为69%，而这一比例在2011年时仅为51%。其中的增长大多来自发展中国家，再比如从2014年至2017年，全球通过数字化支付方式汇款和收款的账户拥有人比例从67%上升至76%，在发展中国家这一比例从57%上升至70%。目前，一些发展中国家，尤其是中国的数字化程度远远高于部分发达国家，所以从这个意义上来讲，科技让中国在数字普惠金融这个领域上实现了"换道超车"。虽然现在全球仍有约17亿的成年人没有银行账户，但是他们中约有2/3拥有手机，这给普惠金融的实现创造了条件和机遇。在中国，蚂蚁金服可以通过手机实现"310"原则的借贷，即3分钟提交申请，1秒钟账户到钱，0人工干预。这项服务在过去四年的时间里累计服务了超过4000万名用户，累计信贷总额超7000亿元。正是技术的助力使得我们在很短的时间内能够获得高效的金融服务。说起普惠金融，大家都会提到孟加拉国，但事实上孟加拉国在普惠金融方面的投入耗时很长却收效甚微，而中国却在短时间内实现了快速进步。这也佐证了，理想虽美好，但如果缺少科技的助力，其过程会非常漫长。

在这里，我希望讨论一下普惠金融的边界问题，同时就如何处理好这些普惠金融边界问题提出我自己的一些观点和想法。

第一，普惠金融的地域边界。科技的发展让当今社会金融服务的地域边界几乎不存在了。对于整个金融行业来说，这是一项巨大的、正面的、革命性的发展和进步，也大大提高了当今金融体系的整体运行效率。

第二，普惠金融的客户边界。科技的赋能使得中小客户在一定程度上可以几乎平等地获得与大型客户一样的金融服务。从这个角度来说，普惠金融的客户边界得到了极大的扩展，更多的长尾客户被纳入金融机构服务范围，金融机构服务的客户更加宽泛且多样了。这对于社会经济发展来说，也是一件非常正面积极的事情。

第三，普惠金融的渠道边界。近年来，为客户提供金融服务的渠道，已经逐渐实现近乎完全的数字化了。大家都知道，以前瑞银集团（UBS）是全球私人银行业务做得最好的机构之一，但它在渠道数字化方面进展得较慢，主要原因在于 UBS 对其客户的定位一直都是超高净值的商务人群，它认为这类人群不需要 App 式的服务。但是当 UBS 将业务扩展到杭州地区的时候，它遇到了很大的问题，杭州的很多科技新贵都是 UBS 的私人银行客户，但当他们面对 UBS 的金融服务的时候，表现出了不解："能不能别总是跑到我这儿来找我？你能不能把你的渠道数字化、智能化？"所以说，金融服务的渠道边界也在逐渐地模糊，渠道数字化发展也是大势所趋。

第四，普惠金融的产品边界。所谓的产品边界，就是简单金融产品与复杂金融产品的边界。在金融行业，我们所熟悉的一个铁律就是金融的适当性原则。一个金融产品或服务是否适合特定的用户、用户的承受能力如何、用户是否适应这个产品或服务的流程，都是决定金融产品和服务好坏的关键因素。只有与用户需求相符合的、适当的产品和服务才是好的金融产品和服务，这也就是关于普惠金融的产品边界应主要考虑的问题。

第五，普惠金融的政策边界。科技的进步让金融的一些概念以及金融机构持牌与非持牌的边界相比过去来说更加模糊了。前段时间很多人谈论"大众创业、万众创新"，谈论"普惠金融"，似乎每个人都在做金融、从事金融行业。这也就引发了所谓的普惠金融的政策边界问题。合理地定义从而构建出健康的行业环境需要政策积极的指引和监督。

第六，普惠金融的市场边界。普惠金融虽然具有社会性的导向，但也需要实现一定程度的市场化，从而通过可持续发展的市场模式去解决问题。政府政策的参与有时可能过多地干预了本来应该属于市场自我运行、自我调整的机制。例如，最近我们经常谈论的精准扶贫，是一个非常好的、有益于全社会健康发展的事情，政府在其中扮演了十分重要的角色。但未来我们也许应该更多地思考，是否可以更多地通过市场的机制而非政府的力量来更加有效、可持续地推动精准扶贫和普惠金融的实施和发展。

第七，普惠金融的风险边界。互联网金融、金融科技的出现，从某种程度上缓解了一些信息不对称的问题，从而消除了一些潜在的风险因素，但是也在另一个层面产生了一些新的风险，比如网络安全风险，可能就是未来金融行业发展会面临的最大的风险之一。科技的飞速发展使得风险的传导速度加快，隐蔽性提高，风险的边界越来越大。以前像银行这样的金融机构往往只需关注信用风险，如今随着风险边界的不断扩张，越来越多的风险都需要被纳入防范和控制的范围之内了。

第八，传统金融与新金融的边界。这就涉及金融业务的边界问题。传统金融与新金融的边界问题还有很多值得探讨的地方。一方面，技术寡头现象的出现可能对企业的行为边界产生考验，金融科技企业作为行业的一部分，是否应该对自身的行为有一定的克制，从而保障整个社会的持续健康发展？另一方面，金融科技的用户在金融便捷性和个人隐私之间也经历了一些抉择和权衡。大家都知道杭州有两个全球最大的视频监控公司，一个是海康威视，还有一个是大华科技。在杭州，每个人一天大约会被拍照 100 次，无论你身处酒店、大街上，甚至是在家里。这些科技企业为我们提供更加便捷的服务，但如果使用不当或许也会侵蚀我们的个人隐私。作为消费者，我们的边界又在哪里呢？金融服务，尤其是普惠金融，对于消费者来说是一种权利，但是我们在享受这种权利的同时，也需要更多地去理解金融服务的内涵，维护权益、争取权利，智慧地享受金融产品和服务带给我们的便捷。

总结来说，我认为普惠金融是推动社会经济发展的一个非常好的目标，也是一个理想主义的目标。以信用为基础，科技为手段，我们当今的普惠金融理想主义目标比历史上任何时期都更加接近于现实。然而，我们的金融排斥现象可能在未来很长一段时间内还是会以某种形式存在，因此，我们要处理好普惠金融的这些边界问题。普惠金融的边界问题实际上就是规则的问题、治理机制的问题，以及如何处理好激励和约束的关系的问题。只有建立好普惠金融相应的规则和机制，实现科技的驱动与规则的引领，我们的普惠金融才能真正地实现健康可持续的发展。

智慧科技创造智慧未来 *

Metrocosm[①] 的创始人麦克斯·加尔卡（Max Galka）曾使用经过数字化和地理编码的数据集制作过一个从公元前 3700 年至今的长达约 6000 年的世界城市发展过程视频。在视频中我们可以看到，城市的发展沿着亚欧大陆逐渐展开，而大量的城市聚集出现不过是发生在近几百年的短短时间中的事情。

一、城市的变迁与发展

考古研究表明，目前世界上已知的最古老的城市是叙利亚的大马士革（Damascus）。考古学家发现了其在 1.1 万年前就有人类居住的证据，亚历山大大帝、罗马人、奥斯曼人和阿拉伯人都曾经过这里，并留下了令人印象深刻的

---

* 本文根据作者于2018年9月7日出席在青岛举行的"2018年第五届全球知识经济大会"上所作的主题演讲实录整理而成，演讲原文为英文，本文为译文，由陈雪如整理翻译，顾雨静编辑。
① Metrocosm是一个由麦克斯·加尔卡创建的用于收录其数字地图和数据可视化作品的网站。

文化和历史遗产。如今，这里是一座拥有 250 万人口的城市，在 2008 年还被授予了"阿拉伯文化之都"的称号。然而，当战争来袭，这座古老的城市也被战火摧毁得面目全非，失去了它本来的宁静与繁荣。在中国，最古老的城市堪属古都洛阳。洛阳大约于 4000 年前建城，坐落在中华大地的中部地区，是中国的四大古都之一。如今，这里居住着 710 万人口，其中约 200 万人是城市居民，2017 年地区生产总值达到了 4343.1 亿元。虽然在中国，这样的人口和经济规模只能算得上是三线城市，但是放眼世界，洛阳也可称为一个大都市了。

时代的发展也造就了城市的变迁。阿拉伯联合酋长国的迪拜在 20 世纪 80 年代之前还只是一片平坦的沙漠之地，如今已经成为中东地区的经济金融中心，拥有约 500 万人口，1000 亿美元的地区生产总值以及世界上最高的人工建筑哈利法塔，被誉为"用金钱建造起来的城市"。美国的洛杉矶也同样经历了快速而剧烈的变迁。从 1848 年加利福尼亚发现金矿开始，"淘金热"（Gold Rush）将世界各地的人们带向这里，科技、娱乐、教育等新兴产业的繁荣也为洛杉矶带来了源源不断的活力，使之成为美国西部最大的城市，也被人们称为"天使之城"（City of Angels）。我们现在所在的青岛，也是一座美丽而年轻的城市。这座海港城市如今居住着超过 900 万居民，2017 年地区生产总值达到 1.1 万亿元，同时还孕育了青岛啤酒、海尔等一大批行业内优秀的全球领军企业。

从这些城市的发展历史中，我们可以看到和平稳定的社会和政治环境对于一个城市乃至国家发展的重要性，而良好的产业与商业环境则可以加速城市的繁荣与崛起。教育尤其是大学高等教育的普及、城市公共基础设施的建设以及科技的创新发展则为城市持续健康成长和未来发展带来更多的可能性，为城市居民的安居乐业提供更多的保障。

按照宜居程度，在世界范围内，奥地利的维也纳连续几年被"世界宜居城市排行榜"评为最宜居的城市。维也纳的人口规模约 180 万，占奥地利总人口的 20.6%；2015 年地区生产总值约 865 亿欧元（约为青岛的 5%），占全国总量的 25.7%；主要产业为服务业等第三产业，被誉为"世界音乐之都"。

按照人口规模，世界上最大的城市当属日本东京。东京的常住人口达到 3800 万人，占日本人口总规模的 29%；2015 年经济总量为 18970 亿美元，占日本 GDP 总量的 44%；金融产业高度发达，是日本乃至世界范围内名副其实的经济金融中心。

按照人口密度，世界上最拥挤的城市则是孟加拉国的达卡（Dhaka），居民总数约 1400 万人，只占全国人口总规模的 8%，但人口密度达到 46000 人 / 平方公里；2014 年地区生产总值约 370 亿美元，占孟加拉国经济总量的 14%。在高密度的人口环境下，失业和贫困也成了城市发展的阻碍。2013 年达卡的失业率接近 20%，有约 16% 的人口生活在贫困线之下。

二、城市发展所遇到的问题与挑战

从古至今，城市的发展都面临着各种各样的问题，而进入现代社会，随着科技与工业的不断发展，城市移民与城市化步伐的不断加快，城市的发展与居民生活质量的提升也迎来了新的冲击和挑战。

其一是交通问题。随着汽车作为交通运输工具的逐渐普及，大中城市无一不面临着严重的交通拥堵问题，使得人们的出行受到了很大的阻碍，生活幸福度指数大幅下降。

其二是环境问题。工业生产、汽车尾气、工业及生活垃圾所造成的环境污染严重影响了人类生活环境质量，空气污染、水污染、光污染、土壤污染等现象层出不穷，也影响到了除人类以外其他生物的生存。

其三是能源问题。随着人口数量和密度的不断上升，能源问题也逐渐成为困扰人类生存发展的关键问题之一。城市资源和地球资源都是极度有限的，基于目前已有一些区域出现水资源、矿产资源匮乏的情况，如何实现长久、可持续的发展，着实是一个巨大挑战。

其四是规划问题。城市的良好发展离不开合理的规划。良好的住房规划、城市基础设施规划乃至城市整体发展规划，对于城市居民生活质量的提升、城市产业与经济的发展等都具有举足轻重的作用。

其五是保障问题。城市的保障问题不仅关乎于社会治安保障，为居民提供安全稳定的生活环境，也关乎于社会养老保障、医疗保障等一系列切合民生发展的关键问题。城市的发展终归需要以居民为中心，不断提高居民生活质量，保障居民的权利与利益。

三、我们需要什么样的城市？

那么，我们到底需要一个什么样的城市呢？有人说压在现代城市居民身上的是看病难、住房难、上学难这"三座大山"，由此，医疗、住房和教育对于城市发展和居民生活的重要性不言而喻，而如何跨越这"三座大山"，我们未来又将建设怎样的城市呢？——智慧城市成为我们新的选择和方向。

智慧城市广义上指运用信息和通信技术手段感测、分析、整合城市运行核心系统的各项关键信息，从而对包括民生、环保、公共安全、城市服务、工商业活动在内的各种需求做出智能响应。其实质是利用先进的信息技术，实现城市智慧式管理和运行，进而为城市中的人创造更美好的生活，促进城市和谐、可持续地成长。智慧城市与新兴产业、创新科技的结合，成为未来城市发展新的经济增长点，也成为未来城市发展演进的必然趋势，致力于为人类构建更加美好的生活。建设智慧城市需要从以下三个方面入手。

其一是打造创新型的经济。创新不仅仅是科技、产业、商业上的创新，也需要生产力知识与技术水平的提升以及知识密集型企业创新力量的不断加强。

其二是完善城市基础设施。智慧城市必然是建立在智慧的城市基础设施的基础之上的，智慧的交通系统、能源系统、安保系统以及环境保护系统等都是城市发展闭环系统中的重要单元和组成部分。

其三是提升政府管理与服务水平。智慧城市的发展同样需要智慧的管理，政府所扮演的角色和承担的责任就显得尤为重要。智能政府管理系统（E-government）乃至一个更具包容性、灵活性的政府管理与服务环境的建立，都将促进政府管理与服务水平的提升，使之更好地服务于智慧城市的居民。

四、智慧科技创造智慧未来

当下，我们的城市发展面临着很好的机遇。以印度为例，在印度，城市基础设施，尤其是金融基础设施建设相对比较落后，而改善基础设施耗时较长，导致印度居民在很长一段时间内无法享受良好的金融服务。但是随着支付软件 Paytm 的进入，印度在金融科技尤其是第三方支付领域迅速崛起，Paytm 在短期内迅速积累了超过 2 亿名的用户，极大地提升了当地金融服务的水平。无独有偶，肯尼亚与印度一样，同属于物理基础设施非常落后，但移动支付领域非常领先的情况，金融科技、数字金融在这些欠发达地区呈现出了"星星之火，可以燎原"之势，为其未来发展带来更多的可能性。

科技的创新与发展是智慧城市与智慧未来的力量源泉。科技的进步为我们带来更加智慧的基础设施、更加智慧的工作方式、更加智慧的教育、更加智慧的政府管理，最终构筑了更加智慧的我们，而我们也一直为之不断探索、不断努力。在中国，有一个崭新的城市——雄安，就带着这样的期望向着智慧城市的方向不断成长。成立于 2017 年 4 月的雄安新区，距离北京仅 110 公里，秉承着关于高质量城市化愿景的最佳诠释的期望，向着创新智能、绿色生态、幸福宜居三大方向不断前行。也许，中国的雄安就是我们未来的智慧之城。让我们共同努力并期待吧。

金融科技全球趋势及东盟机遇 *

一、金融科技的全球格局与趋势

众所周知，金融科技正以燎原之势迅猛发展并逐渐成为全球金融和经济发展的全新驱动力和增长点，截至目前，全球的金融科技发展到底呈现何种格局呢？我在此引用一下浙大 AIF 司南研究室 2018 年 6 月在荷兰阿姆斯特丹召开的 Money 20/20 欧洲大会上发布的全球金融科技中心指数（Global FinTech Hub Index，GFHI）成果。我们从金融科技产业、体验和生态这三个维度出发，以优秀金融科技企业数量、资本实力、用户金融科技使用率、当地宏观经济环境、高校科研、政策监管等为数据依据，衡量了全球 20 多个地区及 30 多个城市的金融科技发展，全球金融科技正呈现亚洲、美洲走在前列，欧洲发展稍

---

* 本文根据作者于 2018 年 9 月 12 日出席在马来西亚吉隆坡举行的 2018 东盟支付峰会（2018 ASEAN Payment Summit）时所作的主题演讲实录整理而成。演讲原文为英文，本文为译文，由吕佳敏整理翻译，张新慧编辑。

缓,"一带一路"沿线国家和地区积极追赶的发展格局。

根据全球金融科技中心的排名结果,我们还将全球金融科技区域划分为全球金融科技中心、区域金融科技中心和新兴金融科技中心这三大类。全球金融科技中心共有6个,如图1所示,依次分别是中国的长三角地区、美国的旧金山湾区(硅谷)、中国的京津冀地区、英国的大伦敦地区、中国的粤港澳大湾区以及美国的纽约湾区,其中中国占据3席,美国占据2席,英国占据1席。区域金融科技中心共有9个,如图2所示,其中东盟成员新加坡就在此列,正凭借其先进的金融科技监管、优越的地理位置和制度设计、发达的国际化程度等优势成为区域的金融科技中心。而新兴金融科技中心,目前我们只列了瑞士及法兰克福地区,但是我相信大吉隆坡地区或者说整个马来西亚,非常有望成为新兴的金融科技中心。

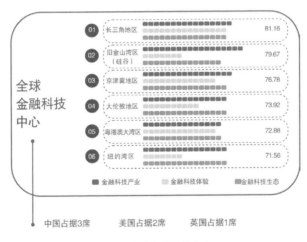

图1 全球金融科技中心

资料来源:浙大AIF。

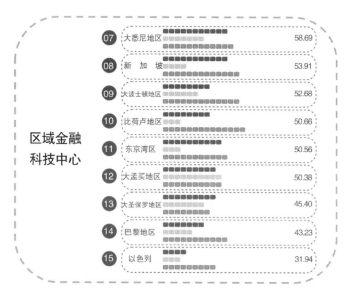

图2　区域金融科技中心

资料来源：浙大AIF。

在这样的全球金融科技格局下，未来金融科技发展会呈现何种趋势？我认为可以牢牢抓住"技术、监管、市场"这三大关键词。

第一，技术越来越成为金融科技发展的关键。无论是历史上第一台POS机、ATM机的出现，还是让普通人1元钱就可以买基金的余额宝，又或是到现在以大数据、云计算、区块链为技术支撑的各类新金融业态或产品，这些金融创新背后无一没有技术的推动。金融科技行业和企业可以有非常伟大的情怀，但如果没有技术的驱动，是很难继续发展的。

第二，监管越来越对金融科技健康持续发展产生影响。在这一领域，我认为包括中国在内的很多国家甚至一些发达国家的监管模式、监管理念、监管能力都是相对落后的，也没有一个相对统一的监管标准，还有很长的路要走。在我们的GFHI排名中，大伦敦地区能拿到区域金融科技生态的全球第一名，很大一部分归功于英国推出的"监管沙盒"的率先试点实施。在东盟的国家中，新加坡、马来西亚等国也陆续开展了"监管沙盒"，这是一个很好的尝试。

第三，市场驱动和用户拥抱的重要性将会越来越强。金融科技企业需要越来越重视广大新兴市场，尤其是"一带一路"沿线国家和地区；需要越来越重视用户本身，需要真正以用户为中心去设计产品。

二、中国金融科技发展现状

中国的金融科技正如前面说到的，正在引领全球金融科技领域发展。这里将选取中国金融科技投融资、移动支付行业规模、金融科技在农村领域的应用、区块链行业发展这四个内容为切入点，介绍中国金融科技发展现状。首先，据相关研究，在 2008 年到 2018 年的十年间，中国金融科技产业每年吸引的风险投资资金从 1 亿元人民币上升到了 1000 亿元人民币，虽然以上数据未必完全准确，但至少可以充分体现出中国整个金融科技产业的爆炸式发展。其次，从移动支付行业来看，2017 年中国的移动支付交易额高达 15 万亿美元，比中国的 GDP 总量（12 万亿美元）还要高。而且支付宝及微信支付这两大巨头，占据了中国移动支付 92% 的市场份额。再次，从金融科技在农村的应用来看，中国政府非常关注农村相关的普惠金融发展，因此在过去的几年中，阿里巴巴、京东这样的电商巨头，以及蚂蚁金服等金融科技企业，都积极与各地政府合作，为农村地区提供金融科技产品及服务，解决"最后一公里"问题并取得了显著的成效。

最后，再来看看中国的区块链行业，相信会有你意想不到的结论。截至 2018 年 9 月，全中国约有 500 家区块链企业，且吸引的投资额在四年间上涨了 380%。从全球区块链相关的专利来看，中国可谓是遥遥领先，全球拥有区块链专利数最多的 30 家企业及机构中，有 21 家来自中国，仅有 3 家来自美国。特别要指出的是，浙大 AIF 孵化的一家区块链企业——趣链科技，在此榜单中排名第十一，前不久刚获得了 15 亿元人民币的风投。此外，全球区块链专利中，有 382 个专利来自中国，而美国仅有 104 个，足以可见中国在全球区块链行业中的地位。

三、东盟金融科技发展现状及机遇

关于东盟的金融科技发展，如图 3 所示，一方面，在东盟 10 个成员方中，新加坡是当之无愧的"东盟金融科技中心"，不仅拥有东盟 39% 的金融科技企业，而且在移动支付领域也占据了 28% 的企业份额。此外，印度尼西亚及马来西亚位列第二与第三，分别占据了东盟金融科技企业总数的 20% 与 15%。另一方面，如图 4 所示，东盟的金融科技企业风投融资也非常活跃，2017 年风投融资总额为 3.66 亿美元，且 2012 年到 2017 年五年间的复合年均增长率高达 92%。

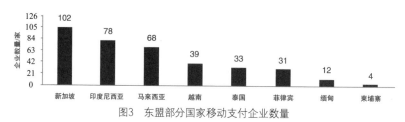

图3 东盟部分国家移动支付企业数量

资料来源：Tracxn 2017。

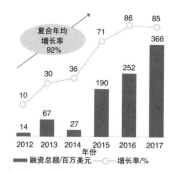

图4 东盟金融科技企业风投融资复合年均增长率

那么未来，东盟的金融科技发展机遇在哪里？我认为众多的人口、不足的金融服务、较低的互联网渗透率及东盟一体化的趋势，都为东盟金融科技的发展带来了巨大机遇。表1是一组对照数据。

表 1　中国及东盟部分国家宏观数据对比

指标	中国	东盟	马来西亚	印度尼西亚	新加坡	印度	南非
GDP/10 亿美元	12238	2767.6	314.5	1016.0	323.9	2597.0	349.4
人口 / 百万人	1386.0	647.3	31.6	264.0	5.6	1339.0	56.7
网络普及率 /%	53.2	58.0	78.8	25.4	81.0	29.5	54
银行账户开设率 /%	94	–	85	48	98	80	67
信用卡普及率 /%	21	–	21	2	49	3	9

资料来源：World Bank、IMF。

以印度尼西亚为例，印度尼西亚人口为 2.6 亿人，居世界第四位，且其中 30 岁以下人口占比超过 50%（2017 年数据），众多的年轻消费者为金融科技发展提供了巨大的市场。而与之形成对比的是，仅有 48% 的印度尼西亚人开设过正式银行账户，17.2% 的人从金融机构借过款，2% 使用信用卡，大约 6000 万家中小企业依然使用手写等手工方式来处理支付交易，面临严重的金融服务缺口，金融需求格外强烈。除此之外，虽然目前印度尼西亚网络普及率仅为 25.4%，但是手机和互联网普及率正在不断上升，金融科技可以帮助印度尼西亚直接跳出传统的"银行卡、信用卡"路线，接受最新的金融科技服务。

我对东盟的金融科技发展很有信心，我希望中国与东盟各国能够加深双方金融科技企业、政府及学界的交流，我也希望浙大 AIF 作为金融科技发展生态中的一环，可以持续贡献我们的力量。

农村包围城市？

——金融科技的中美模式竞争与全球格局变迁 *

　　近年来，在金融科技、数字经济等新兴行业内，中国的企业虽然起步较晚，但逐渐展现出后发先至的趋势。在金融科技领域，电子货币、加密货币的出现，让零成本或接近零成本的价值的传递成为可能，这在当今的中国也已然成为现实。在中国，如果付款人使用微信或支付宝支付 5 角钱，收款人就会立即收到 5 角钱，支付宝和微信（截至 2018 年 4 月）均没有扣取任何转换费用；而在国际汇款中，卖家每卖出一件价值 29 美元的商品，最后只收到 9 美元，20 美元都被银行系统以各种费用的形式收入囊中。目前，由于在规则、系统、技术、客户习惯等方面，各个国家之间还存在不少问题和差异，这项技术和经验还无法在全球范围内得以通行和实现。金融科技的发展在全球各国有不同的

* 本文根据作者于2018年4月12日出席由美国麻省理工学院与浙大AIF合作举行的"中美金融科技发展对比"讲座时所作的主题演讲实录整理而成，由胡静航、张新慧、顾雨静、陈雪如整理，张新慧编辑。

发展路径、现状格局和未来前景，未来在哪些细分领域可能会有更好的发展？
哪些地域的金融科技发展可能会引领世界格局？

一、金融科技在全球的发展格局与现状

世界金融科技的发展大体经历了三个阶段：在金融科技发展的第一阶段，
金融和技术开始结合，技术在金融产品和业务发展中逐渐开始扮演重要角色并
起到决定性作用；在金融科技的第二阶段，即国内的互联网金融阶段中，大量
的金融交易、产品、服务都实现了在线化、移动化，金融活动的效率得到了极
大的提高；如今，我们逐渐迈向了金融科技发展的第三阶段，有人把它称之为
"ABCDS"阶段，即 AI（人工智能）、blockchain（区块链）、cloud computing（云
计算）、big data（大数据）、security（安全），也有人把它称为"BASIC"阶段，
意为技术安全开始受到广泛的关注，成为一切金融科技服务的基础。

**金融科技的第一阶段是从 20 世纪 40 年代到 90 年代中期的"金融 IT 阶
段"**。1950 年美国开始使用信用卡，而直到 2004 年，在世界金融即将进入互
联网金融阶段时，信用卡才在中国普及，这之间的差距可想而知。在金融科技
发展的第一阶段，中国相较于美国及世界其他发达国家，落后了差不多 50 年。

**金融科技的第二阶段是从 20 世纪 90 年代后期逐渐开始崛起的"互联网金
融阶段"**。在过去的 20 年里，中国的金融科技发展十分迅速，人们的生活方式
也因此发生了巨大的改变，移动支付等新型互联网金融产品和服务开始成为人
们日常生活的必备品。中国互联网金融的发展伴随着人们对于互联网依赖程度
的逐渐增强，在 2003 年的非典阶段，人们的日常出行受到了一定的影响，一
些生活需求通过互联网渠道来满足，阿里巴巴等一些初创电商企业也由此找到
发展契机，实现了初步的成长。如果没有经历非典，那么中国的互联网金融发
展也许会往后推迟五六年，从这一点上我们可以看出，在危机之中有时也会有

意想不到的新的机遇。

过去,在传统金融方面,中国和发达国家之间的差距较大,中国在国际金融领域也没有实质的话语权。但经过中国互联网金融企业实践者们的努力,在金融科技这个新兴的产业上,中国第一次离世界之巅如此接近,让我们这些研究金融科技的学者多少有了些面子和底气。然而,在金融科技的第二阶段即互联网金融阶段,虽然中国在各个应用领域基本都实现了追平甚至超越,但在一些核心技术方面相比于世界顶尖水平来说,仍稍显弱势。"2017中国金融科技中心指数"的研究结果显示,目前,中国金融科技有四个一线城市:北京、上海、深圳和杭州。如果抛弃行政区划,换以区域替代,长三角(上海、杭州双核)、京津冀、粤港澳(核心深圳)三个经济圈则位居中国金融科技发展的前列。

金融科技第三阶段是现在我们正在探索进入的"智慧金融阶段"。随着人工智能、区块链、大数据、云计算等新技术的不断成熟和创新,以及其与金融日臻紧密完善的结合,金融科技的发展也逐渐进入了智慧化、智能化的新阶段。从金融科技的业态来看,网络借贷、第三方支付、众筹、互联网保险、网络银行等其实都不是中国所独创的,但其在中国的发展势如破竹,取得了卓越的成绩。

例如,众安保险作为一家互联网保险公司,在香港上市之初市值就高达1000亿港币,保单数量超过80亿笔。这样的成绩源于它在产品和服务方面的快速创新,如相继推出了手机碎屏险、衣服褪色险在内的一系列满足客户特殊需求的、具有鲜明中国特色的金融产品和服务。

中国在许多金融科技细分业态的产品种类、应用场景、交易规模和企业数量等方面都实现了一定程度上的超越,在金融科技发展的第三阶段,中国呈现出了领先全球的迅猛态势,在各个细分领域都在不断创新、不断颠覆着市场和消费者的认知。当然,在这一过程中,我们也遇到了一些问题,金融科技在不断推陈出新的过程中同样面临着一系列艰巨的挑战。

二、金融科技发展面临的挑战

在中国，随着互联网金融的出现和金融科技创新变革的不断深化，金融科技的发展也面临着一些挑战。

第一，行业形象有待重整。"互联网金融"一词，乃至"金融科技"一词被污名化。许多平台打着互联网金融的招牌，行事却背道而驰，恶意欺骗消费者，损害投资者利益和信心，导致社会上对互联网金融企业产生了普遍不信任的状况。

第二，金融科技投资的投机性、短期性太强。近年来，中国经济社会实现了快速的发展，很多投资者无法进行耐心、长期的投资，一些投资周期本应在 7～8 年的创业投资被强制压缩在 3～4 年内实现，金融科技投资的氛围中也出现了一些浮躁的情绪，区块链等金融科技概念被疯炒，一些企业的估值过高，"雷声大雨点小"的情况屡屡出现，金融科技无法得到真正脚踏实地的良性发展。

第三，金融科技的监管尚不成熟。值得肯定的是，中国金融监管在制度上有很大优势，中国是金融监管最好的试验田，只是目前金融科技的监管规则尚未清晰，行业准入规则仍有欠缺，行业自律不足，规则的执行力不强，同时缺乏沟通，地方政府的监管能力也亟待提升。当下"双创"（大众创业、万众创新）、普惠金融这些词汇非常流行和热门，但是对于不熟悉、不深入了解的人来说往往容易产生误导，如果不建立完善的监管体系和规则，就无法切实地保障消费者和投资者的权利和安全。这些问题在美国乃至世界范围内也都是普遍存在的，如果中国在规则领域进行更好的完善，那将很有可能赶超美国。

此外，全球金融科技的监管也缺乏协同一致的规则。例如，现下 ICO 及比特币在中国内地被禁止,很多投资者就借机转战中国香港地区、日本等地,出现了以邻为壑的地域监管套利情况。在监管主体方面,各个国家和地区之间也没有明确相应的金融科技监管部门来协调与其他国家和地区之间的金融科技监管问题,各国(地区)的标准(如果有的话)尚未统一。在金融科技监管方面,相对来说英国做得较好,以金融行为监管局FCA(Financial Conduct Authority)为主推出了一系列金融科技监管方面的创新性政策。中国也在不断改进中,从以前的"一行三会"到如今的"一行两会",力争对金融科技的发展实现有效监管。总体而言,在金融科技领域,我们需要携手全球各个国家,共同营造一个良币驱逐劣币的、健康稳定的金融科技发展环境,这是非常重要和关键的世界性课题。

三、金融科技发展未来展望

目前,在金融科技领域,中美基本实现了齐头并进,各有千秋。在AI等核心技术领域,美国的技术实力强于中国;而在数据可得性、丰富性和市场开拓等方面,中国又领先于美国。在金融科技的规则监管等方面,中美都在持续探索进展中,而英国则实现了相对的领先。

未来,我们认为中国的金融科技将从模仿世界、学习英美,转变为被许多国家,尤其是发展中国家所模仿。考虑到隐私、竞争性等各方面的问题,美国的金融科技发展模式更适合于发达国家去模仿学习,因为发达国家具有相似的属性,也不愿为了金融科技的发展而牺牲其他太多既得利益和权利(如个人隐私)。而那些人口众多、金融欠发达的国家(例如巴西、印度、印度尼西亚、墨西哥、巴基斯坦等)往往最适合模仿中国的金融科技模式。中美金融科技发展的两条道路,相当于一条(美国)是城市道路,而另一条(中国)是农村道路,而未来的趋势也许可能是"农村包围城市"。因为金融科技企业的发展需要试验场，需要大量的市场、数据以及众多零散的用户需求。相对来讲，在发展中国家，由于传统金融的覆盖面较窄，金融科技的发展面对着一个非常庞大的"农村市场"，也就面临着最广泛、最具潜力的发展机遇。中国的金融科技发展模式如果可以通过"一带一路"在发展中国家得到有效的复制和推广，并且能够通过不断的探索创新在行业规则、金融监管和国际人才与智库发展领域实现突破，那么中国所率领的"农村阵营"赢得全球金融科技发展胜利的概率就会很大。

目前，金融科技所涉及的范围更多集中在零售领域，而随着金融科技的深入发展，技术变革也将越来越多地渗入蔓延到批发领域（批发金融、大型机构类金融等）。在过去，金融科技满足了一部分传统金融没有服务到的客户的需求，而事实上一些高端客户的零散需求也可以通过金融科技来满足。新的应用场景扩展未来或许也将为金融科技的发展注入新的活力，当然这也需要对消费者需求的不断满足以及技术的不断创新应用。除此之外，金融科技规则在金融科技发展过程中将起到越来越大的作用。未来，如果中国的金融科技想要走出中国、走向世界，那么，构建一个良好的金融科技规则并使之成为全球性的规则，从而在全球范围内具有很高的可复制性就十分关键和重要。金融科技作为一个新兴的金融行业要具有清晰的自我定位，并在历史发展的基础上不断进行补充和提高，不断谋求新的、可持续的、健康的发展。

中国过去几年在互联网金融领域实现了"换道超车"。中国互联网金融行业的成功也表明了中国金融科技的发展模式在全球范围内有推广的可行性。同时，在某些领域，中国也有机会引领全球，下一个驱动互联网金融市场的细分市场很可能就是保险行业或理财行业，这两个行业具有重要的地位且发展空间很大，需求水平也正在逐步上升，但两者目前的产品个性化不足、体验感不够，仍需要挖掘深度、提高密度、增加厚度。我们要管理好我们的期望值，积极应对可能面临的一些挑战，特别是在规则领域和话语权领域。我们金融科技从业者的定位，是要为社会服务、为实体经济服务，而不是仅仅满足于为自己赚取利益。

　　总而言之，就中国金融科技行业发展如何引领全球发展，我需要再提起[①]"RISE"（"崛起"）原则，该原则表明，自 21 世纪以来，人类社会越来越像一个村落，任何一个行业甚至企业在各自领域取得的突破都可能产生蝴蝶效应一样的巨大影响。让我们一起奋斗，一起为人类的未来书写更多的可能性。

---

① "RISE"原则详见本书第四篇中的《抱朴守拙，行稳致远——互联网金融的中国道路与世界机遇》一文。

金融科技的全球机遇与人才需求 *

一、金融科技的全球机遇

首先，金融科技的机遇体现在新的客户群体、新的市场。从 ATM 机到 POS 机，从家庭银行到部分传统银行业务通过互联网实现，从众筹到余额宝，这些新产品、新服务的背后都有信息技术的支持，可以说新技术推动了新的产品、新的业态、新的服务，新技术推动产生了新金融。在金融科技领域，亚洲、美洲可以说是走在世界的前列，亚洲以中国和印度等国家为主，而美洲指的是广义的美洲，其中北美洲的美国最为突出。相对于亚洲、美洲，欧洲的发展则较为缓慢。而"一带一路"沿线 60 多个国家和地区的人口占了全世界人口的一半以上，金融科技带给他们的影响和变化是前所未有的，金融科技在这些

---

* 本文根据作者于2018年5月17日出席"2018韦莱韬悦亚太金融科技论坛"（2018 APAC FinTech Conference）时所作的主题演讲实录整理而成，由胡静航、李心约、吕佳敏整理，顾雨静编辑。

国家和地区的发展也在日趋推进。

其次，金融科技的机遇还体现在新的力量，以中国、印度等为代表的新兴国家和地区的金融科技发展迅猛且潜力巨大。具体来说，新兴力量的金融科技平均采纳率（应用率）遥遥领先，中国为69%，印度为52%，用户接受度很高。相反，在传统金融比较成熟的国家和地区，比如日本、加拿大，消费者相对保守的消费习惯难以改变，现有的金融秩序难以打破，所以金融科技的平均采纳率还不到20%。此外，这些新兴国家和地区涌现出了很多优秀的金融科技企业，且布局超前。以中国为例，中国的几家科技巨头——阿里巴巴、腾讯、平安、百度等，在金融行业的布局几乎实现了全覆盖，而美国的一些科技公司，比如亚马逊、微软、谷歌、苹果、脸书，虽然市值领先，但在金融行业的布局并不全面（见表1）。

表1 中美两国科技企业在金融行业的布局

国家	企业	支付	保险	个人贷款	中小企业贷款	信用评级	货币市场	财富管理	众筹	外汇
中国	阿里巴巴	支付宝	蚂蚁金服众安保险	蚂蚁金服个人贷	网商银行中小企业贷	芝麻信用	余额宝	蚂蚁金服支付宝	蚂蚁达客	支付宝
	腾讯	微信支付	众安保险	微粒贷	微粒贷	微众银行			京东	
	平安	平安银行	平安保险众安保险	平安银行	平安银行	平安保险	平安资管	平安资管	陆金所	平安银行
	百度	百度钱包				有		有		
美国	亚马逊		电子设备损坏险		中小企业贷（亚马逊贷款）					
	微软	微软钱包								
	谷歌	谷歌钱包安卓支付								
	苹果	苹果支付								
	脸书	脸书支付								

资料来源：Schulte Research Estimates, Zenith。

为什么金融科技会呈现出这样的世界发展格局呢？除了大家常提到的金融抑制、政策监管等原因，我认为还有一个理由——相对于传统物理基础设施而言，信息基础设施存在天然优势。物理基础设施、传统金融基础设施（金融网点）投资大、缺口弥补难、建设耗时长。根据亚洲开发银行的报告，从 2016 年到 2030 年，考虑到气候成本，亚洲地区的基础建设投资需求将超过 26 万亿美元，即平均每年需要投入 1.7 万亿美元，但目前实际每年只能投入 8800 亿美元。世界银行和亚洲开发银行合计有 4000 多亿美元的资本金，此外，像一些新的开发机构，比如亚洲基础设施投资银行、金砖国家新开发银行（NDB）合计也只有 1000 多亿美元的资本金，相对这个巨大的投资缺口而言是远远不够的。而且基础设施建设存在耗时长、见效慢的缺点，欠发达国家想要在这些方面迎头赶上难度非常大。图 1 显示了各地区所需投资占 GDP 的比重。

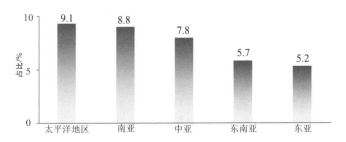

图1　各地区所需投资占GDP比重

资料来源：亚洲开发银行《满足亚洲基础设施建设需求》报告。

　　而与之形成鲜明对比的是，以电子信息技术为基础的金融科技，拥有覆盖广、追赶易、见效快的显著优点。这点我感触很深，我从浦东机场赶往会场，遇到堵车，耗时超过 75 分钟，无法准时到达会场，于是我只能发很多条微信消息给我的助手说明我可能会晚到，形成鲜明对比的是，我发的微信消息不过几秒钟就传达到了。所以物理设施要想改进非常困难，但是信息流、资金流、电子货币相对快很多。而且，根据 2017 年世界互联网渗透情况，全球 53.6% 的家庭拥有互联网，48.0% 的个人使用互联网，42.2 亿人拥有活跃移动宽带订阅。其中个人网络用户占比方面，分区域来看，英国、德国、法国的个

人使用互联网比例位居前三位;美国的比例却不高,只有 76.2%;在亚洲,日
韩等国的互联网普及率也较高,但是中国仅有 53.2%,这个数字可能存在一定
的低估,但可以想象当我们的互联网渗透率还比较低的时候,我们的金融科技
已经呈现领先的趋势,那么当我们的互联网渗透率达到 90% 时,我们的金融
科技发展又会呈现出怎样的繁荣局面呢? 2017 年部分国家 / 地区个人网络用
户占比情况见图 2。

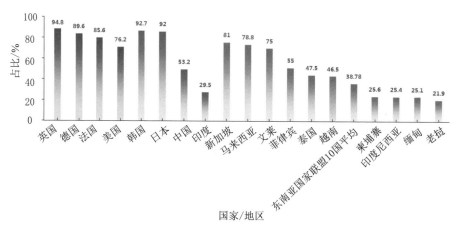

图2　2017年部分国家/地区个人网络用户占比

资料来源:浙大AIF,国际电信联盟《2017年衡量信息社会报告》。

再看印度和肯尼亚,他们的物理基础设施建设还非常落后,需要很多年
去改善,中国好几十年前也是同样的情况,我上大学的时候从江苏到北京需
要两天的时间,中国花了好几十年才达到目前的水平。但是在金融科技领域,
特别是支付这方面,印度仅通过几年的时间就做得非常好了,印度公司 Paytm
现在差不多有 2.5 亿名用户;而肯尼亚,尽管物理基础设施建设很落后,但其
移动支付在全球都负有盛名(见图 3)。

图3 鲜明对比：新金融带来新机遇

二、金融科技的人才需求

新金融带来了上述的新机遇，同时也产生了新模式。表2以中国几个典型的银行模式为例：从规模体量来看，中国工商银行总资产规模达24万亿元，有46万名员工，是一家规模非常庞大的银行机构，在电子化、科技化方面也做得比较好；中间是来自浙江的民营银行——泰隆商业银行，1993年从信用社慢慢起步，资产规模在1200亿元左右，有约300家分支机构，约7600名员工，规模相对较小；最右边是来自深圳的微众银行（WeBank），成立时间很短，资产规模也不大，约为500亿元，有约1000名员工。但在没有聘用许多客户经理做销售的情况下，微众银行在极短的时间里就积累了3000万名微粒贷用户。

表2 三种典型银行模式对比

项目	中国工商银行	浙江泰隆商业银行	微众银行
成立时间	1984 年	1993 年	2014 年
资产规模 / 亿元	240000	1200	500
机构数量 / 家	17000	300	1
员工数量 / 人	460000	7600	1000
用户数	578.4 万名企业客户，5.3 亿名个人客户	380 万笔小微企业贷款	3000 万名微粒贷用户
贷款余额 / 亿元	130000	800	300
平均每笔贷款额 / 元	—	258000	8000

资料来源：各银行官网或年报。

而新模式衍生出了对人才的新需求。我们对中国工商银行的人才分布和 WeBank 进行比较,如图 4 所示,中国工商银行的信息科技人才占比仅为 3.2%,管理层占比却有 6.7%,从事个人银行业务的客户经理类职员就更多了。与之相比,微众银行有 57% 的人员从事 R&D 研发,后台管理及业务支持人员中可能也有不少从事与科技相关的工种,这就很鲜明地反映了未来人才需求新趋势。我曾经也是学人工智能的,但因为种种原因,我离开了科技去做管理、做金融,离科技越来越远,非常遗憾。现在我招博士生的首要条件就是要跨学科,最好有物理、数学、人工智能等理工科背景,这类背景的人才可以更好地做一些跨学科的研究。

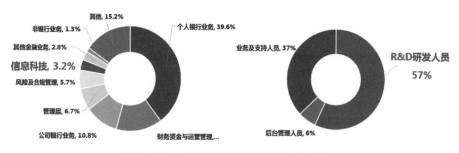

图4　中国工商银行与微众银行各部门员工占比

资料来源:《中国工商银行股份有限公司2016年度报告》、微众银行零售信贷总监方震宇在"2017朗迪金融科技峰会"上的演讲。

接下来我从专业和技能两个方面出发,进一步讨论人才需求的新变化。首先是专业的新要求。如图 5 所示,对比三大类企业,左边是互联网行业,中间是传统的金融行业,最右边是所谓的金融科技行业。左边两列数据来自领英的《2016 年中国互联网金融人才白皮书》。最右边这列是最新的数据,是浙大 AIF 司南研究室团队从 20 多万条金融科技企业招聘信息里面提取、分析出的关键词。可以看到，互联网行业比较青睐计算机科学、企业经营管理等专业的人才，传统的金融行业喜欢企业经营管理、经济学等专业的人才，而金融科技行业则更加偏好金融（学）、信息工程与计算机等专业的人才。

排名	互联网行业	金融行业	金融科技行业
1	计算机科学	企业经营管理	金融（学）
2	企业经营管理	经济学	信息工程
3	语言文学	计算机科学	计算机
4	电子电气工程	数学	市场营销
5	新闻传播	语言文学	财务管理
6	经济学	工业工程与管理科学	控制
7	工业工程与管理科学	法律	新闻传媒
8	数学	电子电气工程	经济（学）
9	工程	新闻传媒	行政管理
10	法学	科学	法律

图5 互联网行业、金融行业、金融科技行业人才专业需求

资料来源：互联网行业、金融行业数据搜集自领英《2016年中国互联网金融人才白皮书》；金融科技行业数据由浙大AIF司南研究室从20多万条金融科技企业招聘信息（2016年1月—2018年1月）文本中分析得出。

其次是技能的新要求。如图6所示，传统的金融行业看重企业管理、领导力等技能，而金融科技行业会更重视金融分析、软件测试与开发等技能，同时还特别提到了风险管理、Linux、Java等技能。可见，金融科技企业对人才的专业、技能需求是很不一样的，更加强调复合学科背景和技能。

排名	互联网行业	金融行业	金融科技行业
1	管理	金融分析	金融
2	项目管理	管理	营销
3	领导力	金融模型	测试
4	Java	顾客服务	开发
5	社交媒体	领导力	财务
6	JavaScript	公司财务	媒体宣传
7	Linux	项目管理	调研
8	营销	推销	风险管理
9	顾客服务	会计	Linux
10	战略规划	战略规划	Java

图6　互联网行业、金融行业、金融科技行业人才技能需求

资料来源：互联网行业、金融行业数据搜集自领英《2016年中国互联网金融人才白皮书》；金融科技行业数据由浙大AIF司南研究室对20多万条金融科技企业招聘信息（2016年1月—2018年1月）进行文本分析得出。

三、金融科技的人才培养

人才需求的快速变化使得大学的责任越来越重，培养适应新时代要求的金融科技人才变得越来越迫切。但是值得注意的是，目前我们金融科技人才的学历水平仍需提高。根据浙大 AIF 司南研究室《2017 中国金融科技中心指数》[1]的数据，北京的金融科技企业只有 62% 的员工拥有大学本科或研究生以上学历，上海在 55% 左右，杭州只有 52%。虽然我们并不唯学历论，但是这样的员工学历水平绝对是偏低的，我觉得很可能是因为有一些企业可能属于"挂羊

---

① 该指数报告核心成果详见本书第五篇中的《普惠共享，触及未来——2017中国金融科技中心指数报告》。

头卖狗肉"，号称金融科技，但实则不是；除此之外，还有大量的所谓金融科技公司招收了一大波的催收人员。这就与浙大 AIF 和韦莱韬悦联合研究的金融科技才商（FTQ）指数息息相关了，即金融科技企业的金融科技元素体现在哪里？人才配置如何？程度如何？另外从金融科技企业员工薪酬来看，如图 7所示，上海平均薪酬约 9576 元，杭州排第三，约 7901 元。我认为如果是在真正的金融科技企业的真正的金融科技人才，他们的平均薪酬应该更高才合理。对于金融科技企业，虽然强调以人为本，但也应该以科技为核心驱动力。

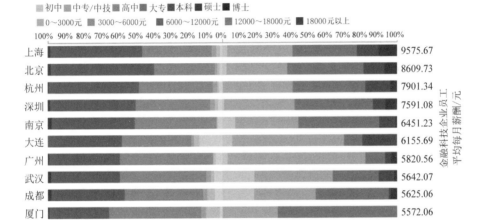

图7 各城市金融科技企业员工薪酬及学历分布

资料来源：浙大AIF《2017中国金融科技中心指数》。

注：图中数据来源为"天眼查"网站，数据统计时间为2016年1月至2017年7月。0%左侧为学历分布，右侧为薪酬分布。

那如何培养金融科技人才呢？我认为我们要从政、产、学、研这几方面共同引导。金融科技变化速度很快，但是中国的大学跟进得很慢，面临很大压力，当然这也是一个全球范围内的普遍性问题。那么如何利用政、产、学、研的力量来培养符合金融科技行业需求的人才呢？我们做了一些尝试。浙江大学互联网金融研究院成立以来共发布了 7 个系列指数，出版了 9 本专著教材，还开展了 10 余项国际合作、50 余个政企项目（截至 2018 年），当然未来我们也会继续努力。

2017 年我们发布了中国金融科技中心排行榜，对国内 37 个城市、39 个维度的指标都做了数据搜集和分析，但是我在英国参会的时候受到了刺激：我国的金融科技做得如此之好，这点却没有充分体现在我们在世界金融科技领域的话语权以及各种金融科技的排名中。因此，浙大 AIF 正在做全球金融科技中心的排名，我们希望跟上业界的步伐去为中国发声，去引领全球金融科技研究和推广。

金融科技正在改变，并将越来越多地改变我们的世界。科技让金融行业的生产力大大提高，作为金融行业重要的生产要素，人才的作用会越来越重要。但是目前人才供求关系、结构性的矛盾非常突出，我们需要新型的政、产、学、研一体的培养方式，需要新型的伙伴、合作方式与人力资源关系。亚洲，特别是中国、印度等发展中国家，在这一轮金融科技的发展中正在引领世界的发展，这对全球普惠金融的意义非常重大。而在其中，中国应当担起责任，引领未来，让我们共同创造一个普惠金融的幸福未来！

中欧应共走金融科技的丝绸之路 *

近年来，一些全球化和开放政策的传统拥护者似乎已经抛弃了原有的观念：他们建立新贸易壁垒，增加关税，施加投资限制，排斥多边机构，并破坏了亲手建立的与世界发展息息相关的全球体系。

在这种保护主义和单边主义蔓延的全球背景下，欧盟与中国成为全球化与多边主义的两个最坚定与最重要的伙伴。而数字经济与"一带一路"倡议，正是中欧合作加强"一带一路"地区联系的最好舞台。

一、数字经济

数字技术的出现与应用是当代最激动人心的发展之一。得益于独特的行

---

* 本文是作者于2018年7月第二十次中国欧盟领导人会晤期间受邀发表的署名文章，属于中国欧盟领导人会晤政策报告的一部分，由《中国日报》（*China Daily*）和欧洲学院中欧研究中心共同发起的新智库平台China Watch Institute（中国观察智库）发布。原文为英文，本文为译文，由朱昀朗翻译，张新慧编辑。详见：http://www.chinawatch. cn/a/201807/05/WS5b3d8866a3106beef4410063.html。

业生态,中国成为数字经济发展的领导者,在这条道路上不断开拓。

数字经济的核心是数字金融,或称"金融技术"。尽管数字经济的增长速度远远高于 GDP 平均,但从本质上来说,数字金融的潜力不止如此。因为金融产品和服务能够以更低的价格和更快的速度在线交付,而无须受到供应链和实体设施的限制,这赋予了数字金融更大的发展空间。

较之数字经济,中国在数字金融中的领导地位也许更为重要。根据浙江大学互联网金融研究院司南研究室的最新研究,中国已有 3 个地区在数字金融方面取得显著成果,与美国的硅谷、大纽约地区以及英国的大伦敦地区一并成为全球数字金融中心。

二、丝绸之路

广泛认为,欧盟与中国之间横跨亚欧大陆的广大地区都在"一带一路"倡议的范围之内。这一地区不仅涵盖了世界上约 1/3 的国家(多于 1/3 的人口),其发展更是世界发展的最大契机之一。

当今,我们面对的许多问题直接发生于或发源于这个多样且充满不确定性的地区。鉴于其临近欧洲的地理位置,该地区问题的有效解决能够对附近地区产生辐射效应,从而起到一举两得的效果。

"一带一路"倡议致力通过对于数字与实体基础设施的投资以加强地区各国的联系,同时,这也是欧盟不应错过的发展机遇。欧盟与中国在"一带一路"倡议中的合作,将不可避免地包含在数字经济领域的紧密合作。可以预见的是,通过与中国的密切合作与共同探索,欧盟的数字经济将获得长足的发展。

三、数字金融的丝绸之路

许多因素促成了中国在金融科技领域的领导地位，譬如，传统金融服务未能满足中国庞大人口的金融服务需求，而金融科技具有易访问性、可用性和可负担性的特点，已在实际应用中被证明是金融服务缺乏或服务水平不足的完美解决方案。

这种以需求驱动发展的"中国模式"已经在一些具有类似特征的市场中得到了成功的复制，印度的 Paytm 就是范例之一。Paytm 与蚂蚁金服（Ant Financial）建立了战略合作伙伴关系。通过借鉴后者在中国市场的经验，同时综合印度市场的特点，Paytm 迅速扩展其范围和规模，最终取得了成功。Paytm 现已为印度超过 2.5 亿人提供服务，并成为印度乃至世界最大的在线支付平台之一。

四、中欧共谋金融科技发展

俗话说，"星星之火，可以燎原"。乘着这股席卷中国与印度的金融科技革命之风，"一带一路"沿线国家和地区也有望加入其中，探索数字金融的美好未来。因此，欧盟与中国应当携起手来，共同建立中欧金融科技工作小组，致力促进、引导"一带一路"沿线国家和地区数字金融的发展。

通过与中国携手合作，欧盟不仅能够增强与"一带一路"沿线国家和地区的连通性，还将增强其在该地区的影响力，此外，欧盟也将拓展其自身在数字经济领域的发展前景。

中国有句古话，"远亲不如近邻"。随着"一带一路"地区联结纽带的逐步加固，随着"一带一路"沿线各国和地区对于数字经济、金融科技的逐步探索，欧盟与中国将从地理上万里相隔的"远亲"变为地球村咫尺相依的"邻居"。在与保护主义以及孤立主义作斗争的当下，这样的伙伴关系将发挥重要作用，为世界人民所欢迎。

英文原文

EU, China should Embark on Silk Road of FinTech

Recently, some traditional champions of globalization and open-door policies seem to have turned their back on them: erecting new barriers, introducing new trade tariffs, imposing new investment restrictions, sidelining multilateral institutions, and undermining the global system on which the world relies to function and they themselves have helped build.

It is against this global backdrop of protectionism and unilateralism that the European Union and China have emerged as the two most staunch and important partners for globalization and multilateralism. There are no better areas than the digital economy and the Belt and Road Initiative that they could collaborate to enhance connectivity across the BRI region.

1. Digital Finance

One of the most exciting developments in our era is the vital role of digital technologies. Thanks to its unique ecosystem, China has emerged as a leader in the digital economy.

At the core of the digital economy is digital finance, which is often used interchangeably with financial technologies. While the digital economy has been growing much faster than the average GDP, digital finance, by its nature, has the potential to growing even faster, and has been doing so, because financial products and services can be digitally delivered cheaper and faster, without the constraints of supply chains and physical infrastructure, which would take more money and time.

China's leadership in digital finance is probably even more significant. According to a recent study conducted by the Sinai Lab in the Academy of Internet Finance, Zhejiang University, three regions in China have emerged as global FinTech hubs, alongside Silicon Valley and Greater New York in the US and Greater London in the UK.

2. The Silk Road

Many consider the vast region between the EU and China as falling into the parameters of BRI. The region represents not just a third of the nations in the world (and an even higher percentage of the global population), but also the biggest opportunity for the world to become a better place.

Many problems we face today either are happening within this diverse and difficult region, or are traceable, in their origin, to the region. Given its geographical proximity to Europe, solving the problems in this region means solving many of their problems at its doorsteps and reducing the problems inside Europe.

BRI, with its focus on improving connectivity through investments in digital and physical infrastructure in the region, is an opportunity that the European Union should not miss. Collaboration with China in BRI will inevitably include close partnership in the digital economy, for which Europe needs a catalyst to catch up.

3. The Silk Road of digital finance

Many factors have contributed to China's leadership in FinTech, among which is the large population whose financial service needs have been unmet by traditional mainstream financial service providers. With universal access, availability and affordability, FinTech has proven to be the perfect solution to the unserved or underserved demand for financial services.

This demand-driven "China model" has already been replicated, with remarkable success, in some markets in this region with similar characteristics. Paytm in India is just one of such successes. Thanks to its strategic partnership with Ant Financial, a global FinTech leader from China, Paytm has been able to expand its scope and scale so quickly that it now serves more than 250 million people in India, making it one of the largest payment platforms in the world.

4. EU-China FinTech task force

As the saying goes, a single spark can start a prairie fire. The vast region is expected to join the FinTech revolution, just as it has been sweeping China and India. It is in this context that the EU and China should consider setting up a EU-China FinTech task force to coordinate their effort in promoting and guiding the development of digital finance in this region.

By joining hands with China, the EU will not only enhance connectivity across the region, but also enhance its influence in this region and its own prospects in the digital economy.

A nearby neighbor is more important than a faraway relative, according to a Chinese saying. With enhanced connectivity across the BRI region with a focus on the digital economy and FinTech, the EU and China will transform their relationship from faraway relatives into nearby neighbors in the global village. Such a partnership will be most welcome as the world battles protectionism and isolationism.

金融科技如何赋能未来? *

　　我们常言，要展望未来。而如果要展望未来，我们应当先回首过去，看看过去的 20 年或者 40 年是什么样的。20 年前，也就是 1998 年，正值亚洲金融危机。当时大家正忙于应对金融危机，无暇顾及其他，正是从那时开始，互联网金融慢慢走进了人们的生活，贝宝（PayPal）于这一年在美国诞生，金融科技逐渐萌芽。10 年前，也就是 2008 年，那时也正逢一场席卷欧美的金融危机。虽然欧美国家认为这是一场全球性的金融危机，但实际上亚洲并没有遭受很大的影响，只不过欧美国家总会单方面地认为发生在自己身上的事情就是全球性的。在那时，金融科技业态慢慢出现了一些变化，新金融的脚步逐渐迈近。2007 年，网贷在英国伦敦出现。2009 年，比特币在美国出现。

　　我在汇丰银行工作的时候，我的同事曾问我关于 2008 年全球金融危机的事情，感觉是他们以前没有遇见过的。我说这种金融危机也是我以前从来没有

---

* 本文根据作者于 2018 年 10 月 15 日出席在上海举行的"第十届金融科技决策者大会（IFPI2018）"时所作的主题演讲实录整理而成，由谢思南、陈雪如整理，张新慧编辑。大会由决策者金融研究院和决策者集团主办，以"对话金融科技未来"为主题。

遇到过的，可能是我们以前历史上也没有发生过的！而在今天，我们遇到的可能也正是以前我们没有遇到过的。因为在过去的十年中，无论是互联网金融还是金融科技，都发生了史无前例的变化，出现了很多我们所没有遇到过的情况。当站在 2018 年，面对全球系统性的政治风险、地域风险，包括美国的股市、欧洲债市、中国的房市这几个潜在的风险点时，我们应当思考该如何去面对这样一个如"星星之火可以燎原"般发展的新金融。

大家都知道，现在的金融和金融科技在社会上的名声并不是太好，更不用说互联网金融，这些都是我们面临的挑战。在这样的大背景下，我们展望金融科技的未来，展望金融科技如何赋能一个美好的未来，更是一件特别有意义的事情。

金融科技如何赋能未来？如果要回答这个问题，就要先回答两个小的问题。

第一个问题是金融与人类的关系。金融是否真正地造福人类？这个问题很多人还没有认真地考虑过。众所周知，金融在很多时候名声都不太好。人们会说，金融从业者只会贪图自身利益，而没有把资金放到实体经济中去，没有服务大众，没有造福社会，所以金融并没有造福人类。简而言之，是金融行业的特性导致卖金融假货更加容易，因为金融行业的信息不对称程度更深，几乎所有的金融交易本身都是一个期货交易，是看不见摸不着的。

因此，金融是否造福社会、是否造福人类，取决于金融给社会带来的是积极的影响，还是消极甚至负面的影响。

不可否认的是，从当年的荷兰帝国，到大英帝国，再到今天以美元为主导的金融体系，金融都是现代经济的中心。可以想象当年英国跟法国的战争，其实支撑英国最终获得胜利的原因之一，就是英国更加优越的金融制度。过去的我们很难想象在今天能拥有这样一个相对比较好的、以创新创业为导向的新金融创业投资体系，也很难想象如果没有这样的创新金融和创业资本从 20 世纪 70 年代的兴起，我们今天所体验的新金融、新科技、新零售等能够这么早成为现实。

所以，金融的作用是至关重要的。在金融行业，有一个概念叫适当性原则，也就是说某一件事物对甲是好的，但可能对乙就不一定适合。即便是积极的金融，如果不能适当应用，就会产生负面的影响。因此，打造一个积极的金融、一个有温度的金融、一个适当的金融来造福人类，是我们的一个挑战。

第二个问题是科技与人类的关系。科技与人类是什么关系?相比于金融，科技的口碑应该更好。在我国，我们对科技工作者包含了更多的尊敬。但是我们仔细想想，科技是否又真的是完全造福人类的?还是也有危害人类的可能呢?我们都认可，过去的几次工业革命主要是受到了科技的驱动，也正是因为工业革命，因为科技的驱动，英国、美国等西方国家走到了世界舞台的中央。

但在今天，当我们面对新科技的时候，我们也许会感到深深的担忧。比如，对人工智能的担忧，还有 2015 年的股灾，很多人在想这背后，科技是否起到了推波助澜的作用?当我们在这里畅想未来时，也有一些人躲在阴暗的地方，从事着黑暗的产业，科技可能同样会被一些图谋不轨者所使用。当然，这也并不表明科技不是我们现代社会发展的第一生产力。重要的是我们如何让这第一生产力的作用能发挥好。这就需要好的法治、好的伦理、好的道德、好的自我约束。

如今，金融与科技越来越积极地相互融合。在两者的关系中，金融更多的是一种制度，是一种生产关系，而科技更多的是一种生产力。在现代经济里，两者可以看作是社会经济腾飞的两个翅膀，金融与科技都具有加速器的性质且拥有较大的杠杆。二者相互作用下可以产生更加强大的化学反应。我们希望美好的金融能够推动科技的良性进步，同时良性的科技进步能反过来促进美好金融的实现。而这样一个良性的循环需要制度的保障，需要通过制度鼓励良好的行为、惩戒错误的行为，需要有耐心、负责任的资本环境。

金融与科技的组合，如图 1 所示，可以被看作四个象限的不同组合。消极的金融加上消极的科技（第三象限），那就是透支我们的未来，比如一些黑色产业。在第一象限的是积极的金融与积极的科技的组合。像我们今天使用的支付宝等移动支付软件不仅给大众带来了便利，而且给消费者带来了优质的体验，更给社会带来了效率的提升。第四象限是积极的金融和消极的科技的组合。我们可以想象，一些金融机构虽然有良好的初衷，但是由于能力不足、对科技的运用能力不足，依然实现不了很好的发展。比如，格莱珉银行就具有很好的做金融的初衷，但是其在科技应用方面的能力就相对比较差。第二象限则是金融具有不好的导向，而科技应用的能力很强。我们可以拿投机过度的一些比特币和高频交易活动为例，这些活动对整个经济实体和人类社会其实并没有特别好的影响，但是科技含量非常高。从这四个象限我们可以发现，要想真正组合好金融与科技实际上是非常不容易的。

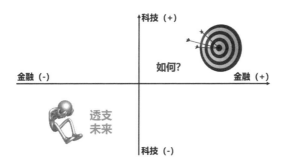

图1 金融与科技的组合

但是这是否意味着我们就要抵制科技、抵制金融？在此我们需要深思，如果我们抵制金融、抵制科技，金融科技就永远不会发展吗？就好比我们真的会永远停留在一个人工驾驶的年代吗？事实上，自动驾驶无论你欢迎也好，不欢迎也罢，自然而然就会来了。最近我非常有幸参观了波音飞机的驾驶舱，两位驾驶员和我们沟通的时候说到，其实开飞机非常简单、单调，因为驾驶员其实什么事都不用做。大家可以想象，未来自动驾驶一定会是不可阻挡的趋势。

　　类比到金融领域,如果说今天或过去的金融是属于人工驾驶,那么未来在金融领域,什么是自动驾驶呢?在智能金融时代,自动驾驶就好比网商银行的"310":3秒钟处理,1秒钟到账,0人工干预。要做到这一点其实非常不容易,背后需要强大的技术支持、清晰的规则制定与执行。这也需要从业人员有很好的职业底线、伦理道德,自律并保持对规则的尊重。可以想象,如果自动驾驶没有规则的支持,没有强大的技术能力,那也是无法实现的。

　　所以,金融科技如何才能赋能未来呢?

　　第一,我认为需要一个健康的价值导向,让金融服务实体经济,服务人类社会幸福。

　　第二,我们要守好行业底线,做到自律,坚守行业的道德与伦理。

　　第三,我们要把握好合理的边界。今天的互联网和智能科技可以说是无时无刻无边界的,但是在很多事情上尤其是金融领域中,我们是需要意识到并把握好边界的。

　　第四,金融科技领域必须紧紧地抓住技术力量,以创新技术驱动金融科技发展。没有技术驱动的互联网金融或者金融科技,都是虚假的。

　　第五,注重监管制度的保障。没有一个好的制度保障,金融科技很难实现可持续的健康发展。

　　而在这五点中,我认为制度和规则是最为关键的,而且其所发挥的作用会越来越明显和重要。因为在这样一个互联互通、金融科技行业逐渐实现"自动驾驶"的时代,制度与规则就好比红绿灯、电子警察。制度能够保障我们市场中包括政府、投资人、借款人、用户等各个行为主体之间形成良好的氛围,真正做到可持续健康发展。

　　我们的愿景非常简单,我相信站在今天这个起点,回顾过去的20年,正是金融科技逐渐来到这个世界,深入我们每个人生活的20年。今后,我们希望用更强的技术、更好的场景、更完善的规则,来助力一个美好的人类社会的未来。让我们共同努力，就像《光年之外》这首歌的歌词一样，"也许未来遥远在光年之外，我愿守候未知里为你等待。……一种执迷不放手的倔强，足以点燃所有希望"。同样，若是不以人类美好的未来作为导向，所有的金融、所有的科技，都将是浮云。

数字经济的浙江实践、中国经验与世界机遇*

　　数字经济作为一个新概念,拥有丰富的内涵和外延。财新智库将其定义为由信息技术革新驱动的经济增长。基于该定义,我们可以从两个方面来解读数字经济:一方面,从内涵角度来看,数字经济体现为基础电信、软件服务、互联网技术等科技创新所带来的信息产业增加值的提升、数字产业化的不断发展;另一方面,从外延角度来看,这些科技创新与信息技术发展也为农业、工业和服务业等产业带来了新的发展模式,赋能其他产业的创新发展,促进了产业数字化的实现和生产力的提高。

　　数字经济的规模有多大?其重要性如何呢?由表1可见,截至2018年3月底,全球市值排名最高的20家上市公司中,有9家属于数字经济范畴。而其他许多企业也属于数字经济的外延范畴。数字技术对这些公司的贡献不可忽视。

---

* 本文根据作者于2018年12月20日出席在杭州举行的"新联论坛暨浙江省新联会长会议"时所作的主题演讲实录整理而成,由陈新元、李心约整理,顾雨静编辑。

表1　全球市值排名前二十公司（截至2018年3月31日）

排名	公司	国家	行业	市值 / 亿美元
1	苹果	美国	科技	8510
2	Alphabet	美国	科技	7190
3	微软	美国	科技	7030
4	亚马逊	美国	消费服务	7010
5	腾讯	中国	科技	4960
6	伯克希尔·哈撒韦	美国	金融	4920
7	阿里巴巴	中国	消费服务	4700
8	脸书	美国	科技	4640
9	摩根大通	美国	金融	3750
10	强生	美国	卫生保健	3440
11	中国工商银行	中国	金融	3360
12	埃克森美孚	美国	石油天然气	3160
13	美国银行	美国	金融	3070
14	三星电子	韩国	消费品	2980
15	荷兰皇家壳牌	荷兰	石油天然气	2640
16	沃尔玛	美国	零售	2630
17	中国建设银行	中国	金融	2590
18	富国银行	美国	金融	2560
19	雀巢	瑞士	消费品	2460
20	维萨	美国	科技	2460

资料来源：普华永道（PWC）。

纵观数字经济的全球发展格局，美国依靠高通等硬技术的数字产业化仍引领数字经济的产业发展，但中国作为数字经济规模全球第二的国家，正呈现出快速崛起之势。与美国相比，数字经济在中国的崛起更偏向技术应用型、市场拉动型发展，存在一定的原创技术的短板。但是近些年中国在电子商务、移动支付等多个领域已然成为全球领导者，积聚了雄厚的技术实力和创新经验。所以综合来看，在数字经济领域，也可以说是中美争锋，各有千秋。

数字经济在中国的发展悄然改变了我们的生活,我们的衣食住行似乎都已经离不开它。2018 年,天猫"双 11"总成交额创下 2135 亿元人民币(约 307 亿美元)的新纪录。中国不仅有阿里巴巴与腾讯,还有华为、蚂蚁金服、小米等一大批科技企业,随着自身技术创新与快速发展,作为中国数字经济的代表走出了国门,在全球多个国家和地区进行了战略布局,在各个领域逐渐成长为优秀的国际化企业。中国在数字经济领域取得了巨大的成功,背后的原因究竟是什么呢?我认为可以归结为以下几个因素:一是中国拥有庞大的市场体量,为数字经济企业的创新发展提供了很好的市场基础;二是中国的市场需求长久以来被抑制,亟需创新型的经济发展模式来满足社会和人民的需求;三是依赖于技术红利的释放,科技的进步革新为数字经济的发展提供了可能;四是归功于雄厚的资本参与,中国良好的数字经济发展环境也吸引了来自国内外资金的广泛参与和推动;五是近年来中国良好的创新生态环境也为数字经济的发展提供了广阔的土壤。

在未来,数字经济的发展不仅要关注大数据、云计算、人工智能、区块链等新技术,还要关注数据这一新资源,新零售、新社交、新金融等新场景,以及发展中国家(特别是"一带一路"沿线国家和地区)的新市场。具体地,中国的数字经济发展需要继续深入开展"互联网 +"行动,推动大数据、云计算、物联网广泛应用,推动新兴产业蓬勃发展、传统产业深刻重塑。数据经济的未来格局见图 1。

图1 数字经济的未来格局

浙江作为国内新经济发展的起源地之一，提出全面实施数字经济"一号工程"，杭州也提出打造"全国数字经济第一城"。那么数字经济的浙江实践有什么具体表现呢？从数据来看，2017年，浙江省以新产业、新业态、新模式为主要内容的"三新"经济增加值达到1.25万亿元，较上年增长15.5%，占生产总值的24.1%，对经济增长贡献率达到37.1%。在企业层面，浙江拥有阿里巴巴、海康威视等一系列数字经济领先企业。在场景与体验层面，从手机支付生活缴费到地铁公交支付宝扫码，杭州的金融科技体验排名全国第一，其总体实力和北京、上海、深圳一起站在全球金融科技发展的第一梯队。杭州数字经济发展现状如图2所示。

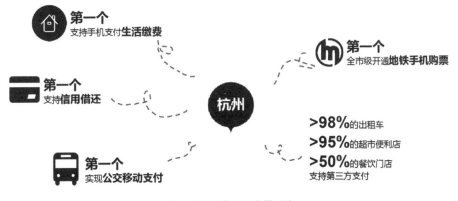

图2　杭州数字经济发展现状

数字经济的全球机遇在哪里呢？或许，数字金融可以成为数字经济发展的排头兵。以印度和肯尼亚为例，我们都知道，印度的基础设施条件比较落后，改善和建设基础设施需要比较长的时间，但就是在这样的情形下，蚂蚁金服入股的支付软件Paytm可以在印度迅速积累超过2亿名的用户。无独有偶，肯尼亚的基础设施建设也非常落后，但是在移动支付领域拥有比较先进的技术和成熟的商业模式。这些案例有力地证明了，越是在欠发达的国家与地区，数字金融越有可能形成"星星之火可以燎原"的后发先至之势。

　　需要强调的是，我们需要全面而理性地去看待数字经济的多元效应：在社会治理层面，从浙江"最多跑一次"改革的可喜成果来看，数字经济成功推动了政府体制机制创新与社会管理方式变革，但同时滴滴顺风车等事件的发生也给数字经济的监管与治理敲响警钟；在文化层面，数字经济一方面能够激发活力、促进文化产业创新发展，但另一方面如何正确引导当前参差不齐的数字文化产业的发展也值得深思；而在环境层面，数字经济能够推动转型升级、发展绿色经济，但同时"双11"包裹消耗巨大、废弃共享单车堆积成山等现实问题也给环境治理带来了新的挑战。所以在数字经济的发展中，我们要努力扬长避短、扬善抑恶，希望我们的社会治理制度不断更新，保障数字经济的发展能够把好方向、用好技术、分好红利、建好生态、做好布局！

中国视角下非洲银行业的经验教训 *

一、全球格局下的金融科技

数字化是当前世界上最为重要的趋势，对于金融服务（金融科技）来说更是如此。数字基础设施，尤其是互联网，正是金融服务逐渐走向数字化的关键因素之一。在中国，特别是作为全球移动支付中心的杭州，宽带与本地连接技术在支付端的应用大大促成了金融服务业的蓬勃发展。随着一些根植于杭州的科技巨头，如阿里巴巴和蚂蚁金服的到来，杭州以至于全中国的金融服务业都取得了巨大的进步。

技术使得金融服务的价格更亲民，更便于访问，同时能够服务于更多的

* 本文根据作者于2019年2月28日应邀参加由德国国际开发机构（GIZ）EMSD基金资助，南非人文社科研究委员会（HSRC）与浙大AIF在肯尼亚首都内罗毕共同举行的在线课题研讨会中所作的主题演讲实录整理而成。演讲原文为英文，本文为译文，由叶舒元整理，朱昀朗翻译，张新慧编辑。

用户。同样，在追求普惠金融的征程中，强大的科技能力是不可或缺的重要推动力。例如，数字化和诸如生物科技、面部识别技术的应用以及其他的技术进步，正在使得普惠金融的梦想一步一步地走向现实。

尽管世界的某些市场具有反全球化的倾向，它们的金融服务与金融部门的全球化程度依然有甚于其他的经济体。这一情况由许多关键因素促成，例如发达的金融供应链和跨境人口流动。此外，在数字化方面，得益于技术的发展，全球金融服务变得日臻完善，更易被用户访问使用。因此，数字化与全球化齐头并进，相得益彰，共同构成金融服务业发展的两大趋势。

自加入世界贸易组织（WTO）以来，中国从全球化的浪潮中受益匪浅。在数字化和金融科技方面，中国更是从不同市场中汲取了不少宝贵的经验。就金融科技而言，中国受到了起源于美国的世界首个第三方支付公司贝宝的启发。支付宝借鉴了贝宝的技术，但在许多方面做出了大胆创新，所谓青出于蓝而胜于蓝，其拥有的客户群规模已远大于贝宝。金融科技方面更是如此，其虽发源于西方，但在中国丝毫没有水土不服的现象，反而展现出独特的发展潜力。在中国，金融科技茁壮生长，勇于创新，新技术的发明与应用创造了更好的用户体验，能够满足更多的需求。可以肯定地说，在过去的 16 年里，中国在金融科技的许多方面实现了后来者居上。

二、中国格局下的金融科技

（一）中国的金融科技之路

2003 年，支付宝被推出，较硅谷的贝宝落后了 5 年。而在过去的 15 年里，阿里巴巴与京东成长为中国、亚洲，乃至全世界的电子商务领导者。得益于这些公司的推动促进，中国正不断地发展电子商务与数字经济。

（二）中国普惠金融的主要推动力

首先，消费者需求一直是行业发展的重要推动因素之一。以国有企业为主的大型金融机构的目标客户以合作企业为主，无法完全满足小微企业及个人消费者的需求，这就为阿里巴巴创造了入局的机会。正如马云所说，他本不打算成立一家金融服务公司，但阿里巴巴在争取中国银行业支持时面对的挑战迫使他着手布局金融服务的支付业务。

其次，技术进步起着至关重要的作用。例如，以微信而闻名的腾讯是全球最大的科技巨头之一。中国科技正在从多个角度引领世界的发展；中国的科技公司正在变得越来越有创新能力，也越来越有竞争力，而不仅仅是模仿其他公司的已有成果。比起传统的大型金融机构，阿里巴巴、腾讯和华为虽非国有企业，但它们对于市场需求更为敏感，更具全球竞争优势。这就解释了为何阿里巴巴、腾讯以及华为这样的科技巨头能比许多传统金融服务提供商更胜一筹。

再次，中国监管者对于中国普惠金融的发展进程持开放、包容的态度。在中国普惠金融发展的试验阶段，监管机构在监管方面不拘一格，这成为中国普惠金融发展的关键驱动因素。

最后，过去五年十分重要，它标志着中国的金融科技革命已迈入第二个阶段。正是在这一段时间里，网上银行业务蓬勃发展，羽翼渐趋丰满。杭州的网商银行（MyBank）就是典型案例之一。网商银行是阿里巴巴与蚂蚁金服的从属机构，作为一家网上银行，它未设立任何分支单位。与传统银行不同，网商银行主要由技术驱动，它的员工由80%的技术型人才以及较少的管理型人才组成。得益于先进的技术，网商银行已累计为约1000万人提供了服务，并拥有高达50%的年业务增长率，而其余的银行业增长率几乎为零。数据表明，销售渠道没有成为网商银行的掣肘，通过技术驱动的服务，网商银行有潜力也有能力服务好数以亿计的客户。对于我而言，能够亲身参与中国金融科技的发展是一种荣幸。也是在同一时期，我们见证了浙江大学互联网金融研究院

（AIF）的分支机构——互联网与创新金融研究中心（CIFI）——的成立。现今，AIF 也已成为中国金融科技领域的领先智库，同时，也是金融科技革命、监管法规、政策制定以及初创企业的平台。

（三）全球金融科技格局：从中国走向世界

我们与剑桥大学新兴金融研究中心合作的全球金融科技中心报告研究了全球包括开普敦和内罗毕在内的约 70 个城市。该报告显示，技术密集型地区，而非纽约、伦敦、新加坡和法兰克福等传统金融中心，正在成为金融科技中心。新兴金融科技中心包括美国的旧金山、硅谷，以及中国的深圳和杭州。值得一提的是，浙江大学和阿里巴巴也坐落于杭州。金融科技的发展使得中国"换道超车"，成为技术创新驱动的全球金融科技强国之一。

（四）中国：从借鉴到创造

中国从世界各国学到了许多经验，并将继续保持学习的态度。如今，借鉴中国经验已成为金融科技发展的新趋势，而在过去，中国往往是模仿者而非创造者。如同我之前提到的，从印度、巴基斯坦，到斯里兰卡、印度尼西亚和许多其他市场，支付宝保持着良好的国际扩张趋势，并且，支付宝将其商业模式与金融科技能力推广到世界上的其他地区。例如，支付宝宣布收购英国的支付公司——WorldFirst。因此，尽管中资银行的全球化存在内部的重重阻力，中国以阿里巴巴、蚂蚁金服为首的金服科技公司将利用好这一巨大的机会，发挥其技术力与主动性，与世界各国展开合作。中国金融科技的发展一部分来源于自身经验，一部分来源于世界各国的实践，因而全球化对于中国金融科技的进步是不可或缺的要素。我之前提到，中国的法规在一段时期内具有很强的包容性与很大的宽松度，但是最近，随着监管机构加强对于某些金融科技活动，特别是正在遭受行业巨变的 P2P 贷款方的监管，中国的法律法规正在收紧。如果中国能从世界各地学习经验以更好地实现普惠金融，那么中国经验、中国模式将能够在很短的时间内为全球各地特别是非洲所学习、借鉴。非洲具有与中国相近的、超过 10 亿的庞大人口，其中的年轻一代对于新科技具有很高的包容度与很大的需求。年轻的人口结构为非洲提供了巨大的发展潜力：非洲人民富有冒险精神和产业精神，并在一定程度上缺少正规金融机构的服务。因此，他们更能够毫无保留地接受新技术以及金融科技以解决他们的金融服务需求。

三、中非协作前景展望

与很多人的看法一样，非洲仍需要更多的改变，特别是在科技方面，例如数字素养、数字基础设施以及通信系统，这种改变是可行的，也充满着非凡的现实意义。数字与实体的基础设施，比如智能手机与电话，都是谋求科技进步的重要基础。对于那些缺乏金融经验的人群而言，数字技能、数字素养、金融素养、金融科技与知识至关重要。

此外，适当的监管法规也不可或缺。监管法规不仅像在中国那样，对培育金融科技初创公司有益，也能够助力普惠金融持续发展。2018 年 7 月，乌干达开始对社交媒体用户征税，这一决定使得数以百万计的用户由于额外花费而放弃了使用社交媒体。因此，良好监管法规的标准之一可能是它能够培养人们的数字素养以及促进用户对数字基础设施的使用。

我们都需要弄明白什么才是最佳的监管。考虑到人民巨大的需求与意愿，非洲对于金融科技的需求是显而易见的。谈到中国将会如何与非洲展开合作，这当然不仅取决于学术界的沟通，更在于非洲的商业潜力、市场规模以及金融监管的力度。但就像分析的那样，非洲在这些因素上都有着独特的优势。另外，从中国的角度来说，中国的金融科技公司发展迅速，导致本地市场渐趋成熟而有饱和之势。因此，我们也希望能够开拓国外市场，寻求更大的发展机遇。

Banking on Africa : Lessons from the Chinese Perspective

1. FinTech in the global Landscape

Digitalization is the most significant trend in the world particularly for financial services (FinTech). Digital infrastructure, especially its core component internet, is one of the key reasons financial services are becoming more and more digitalized recently. In China and particularly Hangzhou, which is considered as the global capital for mobile payment, access to broadband and local connectivity to technology on the payment side is one basic reason that China is thriving in financial services. The presence of the tech giants like Alibaba and Ant Financial headquartered in Hangzhou has brought about a massive improvement in financial services in Hangzhou and in China.

Technology is making financial services a lot more affordable, accessible and increasingly inclusive. The pursuit of financial inclusion can only be made possible with strong technological capabilities. For example, digitalization and the application of technologies such as biotech, facial recognition and other technological advances are making the dream of financial inclusion closer to a reality.

Despite the anti-globalization sentiments in some markets around the world, the extent of financial services and finance sector is more globalized than the rest of the economy. This is driven by key factors, such as financial supply chain and cross-border population movement. Besides, global financial services are made much better and accessible because of technology. Therefore, digitalization and globalization are two dominant trends for financial services reinforcing each other.

China has benefited from globalization since its entry into World Trade Organization (WTO). In terms of digitalization and FinTech China has learned from many markets. For FinTech, China learned from the first third-party payment system, PayPal, which originated in the US. Alipay modeled the PayPal technology but leapfrogged in many ways, serving a much bigger client base than PayPal. China has learned a lot when it comes to FinTech, especially from the Western world where it originated, but has been uniquely able to scale up to the maximum capacity, innovating in many cases the technologies and their applications for better FinTech experiences and for the specific needs in China. This makes it safe to say that in many aspects, China has leapfrogged in FinTech in the last 16 years.

2. FinTech in the Chinese Landscape

(1) How did China make it?

About 16 years ago Alipay started from Hangzhou, which was 5 years behind

Silicon Valley's PayPal. In the last 15 years China has been developing the payment side of e-commerce and digital economy thanks to Alibaba and J.D. com, which are leaders not only in China and Asia, but also globally.

(2) The Key Drivers for Financial Inclusion in China

To begin with, consumer demand has been a great contributor. The relative inefficiencies of the formal financial institutions, which are largely state-owned and focused more on serving cooperate businesses, exposed demands of the smaller businesses and consumers. The financial needs of smaller businesses, and even some corporate businesses, were ignored, which created the opportunity for Alibaba. As said by Jack Ma, he did not intend to start a financial service company but his challenge in gaining support from Chinese banks forced him to start operating the payment side of the financial service.

Secondly technological advancement had played an essential role. For example, Tencent, which owns Wechat is one of the largest digital giants in the world. Chinese technology is leading the rest of the world in many ways. Its technology companies are becoming very innovative and competitive, not just copying from others. It has given China its unique mandate as Alibaba, Tencent or Huawei are not state-owned, but market-driven and globally competitive compared to many of the formal Chinese financial institutions which are equally big, but are less agile to market competition. This explains why the tech giants like Alibaba, Tencent and Huawei are able to outsmart many of the formal financial services providers.

Thirdly the Chinese regulators have been open-minded and tolerant to these developments of the financial inclusion processes in China. They were light-handed in terms of supervision at the experimental stage, which is the key driver for the success of financial inclusion in China.

Furthermore, the last five years have been very important as it marked the second stage of China's FinTech revolution. It was during this specific period that online banking really grew in strength and became much more competitive. Hangzhou's Mybank, a branchless bank which is affiliated to Alibaba and Ant Financial, is an example. In contrast to traditional banks, Mybank has about 80% of its staff being tech-based employees with fewer relational managers. It is mostly technology-driven, and has served about 10 million clients since its inception. The bank has a 50% year-on-year growth, while the rest of the banking industry is barely growing. This shows the capacity and the potential for Mybank, with no sales channels but only tech-driven services serving hundreds of millions of customers. It has been a privilege to be part of the formative processes of these developments as the same period witnessed the formation of CIFI—Center for Internet and Financial Innovation and an affiliate of AIF—Academy of Internet Finance, which was founded four years ago. AIF has become a leading think tank on FinTech and a platform for FinTech revolution, regulation, policy and startups in China.

(3) China's Outstanding Position to the Rest of the World in Terms of Global FinTech Landscape.

Our report on "The Future of Finance Emerging" together with the Cambridge Center of Alternative Finance, which covered about 70 cities across the world including Cape Town and Nairobi, showed that the tech-intensive centers, rather than the traditional finance centers like New York, London, Singapore, and Frankfurt, are becoming FinTech hubs. This includes cities such as San Francisco and the Silicon Valley in the US, Shenzhen which is next to Hong Kong, and Hangzhou which has Zhejiang University and Alibaba as headquarters. This has enabled China to leap forward and become one of the global FinTech powerhouses brought about by technological innovations.

(4) From "Copy to China" to "Copy from China"

China seems to have learned a lot from the rest of the world and the learning process continues. The new trend in FinTech now is "copying from China", while China used to copy from the rest of the world. As I mentioned, Alipay has been expanding internationally very well, in India, Pakistan, Srilanka, Indonesia and many other markets, as well as exporting its business models and FinTech capabilities to the rest of the world. Alipay recently announced the acquisition of WorldFirst, which was a UK company for payment. So, while the Chinese Banks fell short to take on the global space competitively and confidently, the FinTech companies like Alibaba and Ant Financial seem to be a little more confident and in a better position to go abroad, to collaborate with the rest of the world, for which the opportunity is huge. China has learned a lot both from its own experiences and other parts of the world. As I mentioned, Chinese regulations were very inclusive and light-handed for a certain period of time. But recently, as many of you have noticed, from the media, the regulations seem to be tightening as the regulators tighten the regulations on some FinTech activities especially on the peer-to-peer lending side which has gone through some extraordinary changes. If China can learn from the rest of the world to achieve much more inclusive finance, within a relative short period of time, its lesson, business module, and experience can be potentially replicated to the rest of the world and in particular to Africa as well. Africa has almost the same population as China, with over 1 billion people and a younger generation which is eager to embrace new technologies. The demographic feature works in favor of Africa: the Africans are willing to take risks, entrepreneurial and to a certain extent lacking access to sufficient forms of formal finances hence they probably don't have too much reservation in embracing new technologies and new FinTech solutions.

3. The Collaboration Between China and Africa

As was mentioned by earlier presenters, Africa still needs a few more changes, especially technologically, in fields of digital literacy, digital infrastructure, and telecommunication systems, while it is doable right now and improvements are possible. Both the digital and physical infrastructures would be of much importance, such as smart phones and handsets. And for those people who had very little or non-financial experience in the past, the digital skills, digital literacy, financial literacy, financial technology and knowledge are critical.

Besides, smart regulations are of significant importance. Regulations will not only be helpful for fostering the FinTech startups just like what China has done, but also for sustainable development of financial inclusion momentums. And I noticed recently that in Uganda, you have just imposed what you call social media chat. There were millions of subscribers to internet, however, who have decided to withdraw their access for its additional cost. So, one of the criteria of a good regulation might be that it promotes digital literacy and increases access to digital infrastructure.

We all need to figure out what's the optimal regulation. The need for FinTech in Africa is a clear fact, considering the enormous demand and willingness of the population. As for how far China will collaborate with Africa, it not only depends on the friendship between Prof. BEN Shenglin and Dr. Jaya or CIFI and HSRC, but also on its business potential, market size and extent of financial repression, since the answer to all these considerations are positive. Besides, from China's perspective, the FinTech companies are growing very fast domestically and the domestic market is getting more mature and a bit saturated. Hence, we want to look abroad and seek potential opportunities.

士不可以不弘毅，任重而道远

——全球金融新格局与中国崛起新机遇 *

2019年是中华人民共和国成立70周年，70年前的今天，发生了一个里程碑式的重大事件——百万雄师过大江。长江岸边的战线上，人民解放军百万雄师以排山倒海之势，冲破天险，这也是农村包围城市战略的生动实践。当然我今天不是给大家讲党课的，而是讲金融和金融科技。2015年，我曾带着"星星之火可以燎原"的主题，去到沃顿商学院演讲，那时甚至还没有"金融科技"（FinTech）这个词。很高兴的是，4年以后的今天，互联网金融或者说金融科技早已经不是星星之火，而是燎原了中国，燎原了世界。

---

* 本文根据作者于2019年4月20日出席由浙大ZIBS联合共青团杭州市委共同举行的"ZIBS名师讲堂"第二期暨企业创新高峰论坛时所作的主题演讲实录整理而成，由李心约、谢思南整理，张新慧编辑。

一、全球金融新格局：星星之火可以燎原

2018 年 11 月，我的团队完成了全球金融科技中心城市的报告，我们对全球 70 多个主要城市的金融科技产业、体验和生态进行了数据分析，得出了全球金融科技发展的前 30 名城市。其中一线的全球性金融科技中心有 7 个，且中国独占 4 席，杭州、深圳这些以科技见长的城市反而超越了很多传统金融中心。除了 7 个全球金融科技中心，我们还评出了 23 个区域金融科技中心，其中 10 个位于亚洲或大洋洲，7 个位于美洲，6 个位于欧洲。除了前 30 名外，还有 25 个新兴的领军者，其中 11 个位于亚洲及大洋洲，10 个位于欧洲，2 个位于美洲，2 个位于非洲。大家可能很难想象像西雅图（排名第 12 名）这样一个在传统的金融中心中排名中并不靠前的城市，反而会是一个很有竞争力的金融科技中心，那是因为微软、亚马逊等大型科技企业都在西雅图。由此也可以看到，金融行业正发生着一个巨大的变化，那就是科技智能驱动的作用越来越明显，金融科技化已成为金融行业的"灰犀牛"现象。

二、金融大国历史变迁

在金融科技化的新浪潮中，我们发展得非常迅速。2017 年 11 月，时任浙江省委常委、杭州市委书记赵一德同志便提出"打造杭州为国际金融科技中心"的重大战略部署。在过去的一年里，我的团队受浙江省政府和杭州市政府委托，也做了一些基础性的工作，包括参与拟订国际金融中心建设规划等。我们在非常短的时间内，凭借政府的推动、企业的努力、科技的驱动等，形成了强大的合力，取得了迅速的发展。但中国是否已经做好充足的准备了呢？我想金融大国的历史变迁可以给我们一些启示，这实际上是一个非常缓慢的过程。

（一）荷兰时代①

荷兰是第一个称得上金融大国的国家，荷兰创造了很多个"第一"：全世界第一个股份制公司以及第一家跨国公司——东印度公司，于 1602 年在荷兰成立；全世界第一个股票交易所——阿姆斯特丹股票交易所，以及第一家公共银行——阿姆斯特丹银行，于 1609 年在荷兰成立。作为一家公共银行，阿姆斯特丹银行不仅服务于政府，还服务于企业。不幸的是，荷兰还发生了世界上第一个有记载的金融危机——郁金香泡沫。在 1637 年郁金香泡沫破灭之时，一株郁金香被炒到了 6700 荷兰盾，相当于 45 个荷兰人的平均年收入，也相当于阿姆斯特丹运河边一栋豪宅的价格。可以说，"郁金香泡沫"的破灭使得荷兰这个"海上马车夫"开始逐渐走向衰弱。

（二）英国时代

英国通过发展殖民地控制海上霸权，成为当时盛极一时的日不落帝国，由此英国金融时代来临，英镑也成为世界货币。全世界第一个真正意义上的中央银行——英格兰银行，于 1694 年在英国以股份制的形式成立。同时，在经济发展的过程中，英国也经历了 1720 年著名的"南海泡沫"事件，使投资者和社会各阶层对股票市场和资本市场产生了极大怀疑，并由此出现了"经济泡沫"一词。当时著名物理学家牛顿在股市中巨亏 2 万英镑（约为现在的 4000 万人民币），并感慨"我能计算天体运行的轨迹，却难以预测人类的疯狂"。

（三）美国时代

1776 年才建国的美国于 1792 年就在纽约签订了《梧桐树协议》，并在 1863 年正式成立了纽约证券交易所。股份制的美联储是在发生了多次金融危机以后才于 1913 年建立的，在此之前，我曾任职的摩根大通银行起到了准中

---

① 此处对于金融时代变迁的表述中，作者未提及"威尼斯时代"，并将"荷兰时代"作为现代金融的起源，是考虑到"威尼斯时代"对现代金融的影响力相对较小，因此在此处未再提及"威尼斯时代"，并不影响内容完整性。

央银行的作用。而到了 1929 年，历史上最严重的经济危机爆发（也被称为"大萧条"），此次危机不仅改变了历史发展的方向，也奠定了二战之后美国与美元的霸主地位。

三、中国超越新机遇

那么在未来，下一个金融大国会不会是中国呢？如果能够是的话，我们需要关注哪些问题、哪些潜在障碍、哪些威胁？于中国而言，致力成为金融科技中心的最大机遇又在哪里呢？

我认为"一带一路"将成为未来重要的新市场、新机遇。2017 年 5 月，第一届"一带一路"国际合作高峰论坛在北京举行，共有 29 位外国元首、政府首脑及联合国秘书长、红十字国际委员会主席等重要国际组织负责人出席。

从数据来看，"一带一路"沿线 60 余个国家与地区，2017 年的 GDP 总量在 14.5 万亿美元左右，人口 34.4 亿人，占世界人口的 40% 多，人均 GDP 4000 多美元，相当于多年前的中国。沿线国家对金融科技、普惠金融的需求非常旺盛。

如果说"一带一路"这个范畴还略显宽泛，那么我认为以下几个地区非常值得各位企业家关注。

（一）东盟

东盟（ASEAN）一共有 10 个成员国，总人口是中国的一半左右，GDP 总量行为中国的 1/5。东盟中最发达的国家是新加坡，人均 GDP 超过 5.7 万美元，同时新加坡也是目前全球最具竞争力的金融科技中心之一。而东盟中人口最多的国家是印度尼西亚，拥有约 2.6 亿人口，仅次于中国、印度、美国，居世界第四位，但人均 GDP 还不到 4000 美元。因此，东盟具有不断增长的金融科技融资需求与广阔的发展前景。

（二）非洲

我认为非洲是"一带一路"中第二个充满机遇的地区。2000年10月，中非合作论坛第一届部长级会议在北京举行。目前论坛的成员单位包括中国、与中国建交的53个非洲国家以及非洲联盟委员会。非洲GDP总量在2.3万亿美元左右，人口总量约12.5亿，是发展普惠金融的一片沃土。在金融科技发展方面，肯尼亚在移动支付等领域起步甚至比我们还要早，但是它的全球影响力还远远不够。值得一提的是，浙江大学互联网金融研究院与南非人文社科研究委员会（HSRC）在过去几年中开展了一系列成功的合作，以期加强双边学术交流、推动合作共赢、不断提升国际影响力。

（三）中东欧

第三个富有机遇的板块是中东欧。2012年4月，首次中国－中东欧国家领导人会晤在波兰首都华沙举行，会晤规划与拓展了中国与中东欧16国互利合作的前景与未来。2019年4月，随着希腊作为正式成员的加入，"16+1"这个中国同中东欧国家开展合作的平台，将变为"17+1"。七年以来，中国与中东欧的双边合作由小到大、由浅入深，涉及经贸、投资、金融等诸多领域，不论是在政府还是在民众层面，都有着非常强的合作意愿。例如创始于捷克的捷信集团是中东欧以及亚洲领先的消费金融提供商之一，它在本土探索出了非常优秀的商业模式，但由于本土市场的体量有限，因此积极寻求对外拓展，在2004年进入中国，并成为中国首批试点的4家消费金融公司中唯一一家外资公司，目前中国业务占到捷信全球10个国家总业务的2/3左右。

捷信集团的经验告诉我们：在推动金融科技发展的过程中，一方面是我们主动"走出去"，将金融科技发展经验、发展模式推向其他国家；而另一方面，我们也愿意积极吸纳国外优秀的技术创新与商业模式，让它们在本土市场"0到1"的基础上，在中国市场实现"1到100"，并来到更为广阔的"一带一路"市场。加上中国，"一带一路"覆盖将近50亿人口，占到世界总人口的2/3。

在鼓励创新创业、发展普惠金融的今天，这些都将成为创新创业的原动力，成为利润与商业模式的支撑。

四、士不可以不弘毅，任重而道远

改革开放 40 余年来，中国在发展过程中学习、模仿了很多，比如上海模仿伦敦，支付宝模仿贝宝，拍拍贷模仿 Zopa 等等。我们毫无疑问是一个好学生。到了今天，中国有许多出色的经验、优秀的商业模式正在被别人模仿。从过去中国模仿国际（copy to China），到今天世界模仿中国（copy from China），我国的金融科技发展已经得到了全世界的认可。但要使这一转变具备可持续性，我们仍有非常多的功课需要做，可谓"士不可以不弘毅，任重而道远"。

2014 年 10 月，我受邀去伦敦商学院做演讲，演讲主题是"我的梦想：中国企业的崛起"。我认为如果有一天中国企业能够引领全球，让世界都知道中国企业的品牌、使用中国企业的产品与技术、尊敬中国企业，那么中国也一定能够崛起。目前，我们确实已经取得了很大的进步。以银行业为例，现在全世界前十大银行中我们包揽前四，在体量上有着极大的优势。但同时我们也要意识到，规模大并不一定等同于竞争力强。以银行国际化程度为例，2018 年我的研究团队发布了《2018 全球银行国际化报告》[1]，选取了境内外数据较全面的 64 家银行进行了 BII（Bank Internationalization Index，银行国际化指数）排名，中国银行是中国几大银行中排名最靠前的，但它的 BII 指数也只有 26.7，国际化程度并不高。而发达国家的一些国际银行，例如渣打银行、花旗银行、汇丰银行等，它们的 BII 指数值都要高得多，它们在银行国际化发展方面也确

---

[1] 该报告核心内容详见本书第五篇中的《本土化还是国际化？——2018全球银行国际化报告》。

实更加领先。同样,在保险、证券行业也存在这样的现象,即我们的企业规模很大,但国际化程度、国际竞争力、国际影响力还远远不够。

虽然在进一步国际化发展的道路上,我们仍需不断努力,但总体来看我依然为我们所取得的成绩感到欣慰,因为我们的企业冲出来了。就全球市值排名前十的公司来看,十年前中国仅有中国工商银行这一家企业上榜,更多的是国家意志的体现;而十年后阿里巴巴与腾讯都跻身前十。我认为这更多的是市场行为的体现,是科技创新引领的赋能。

纵观数字经济的全球发展格局,美国仍然是引领数字经济产业发展的主导力量。但是,中国作为数字经济规模全球第二大的国家,呈现出快速崛起之势。在过去的 20 年里,中国的数字经济规模实现了 25.1% 的年复合增长率。2017 年中国数字经济总量达 27.2 万亿元人民币,占 GDP 的比重达 32.9%。

可以说所有的进步都是由技术驱动的。以区块链为例,在全球区块链专利数排名前三十的公司中,有 21 家中国公司,其中阿里巴巴以 49 项全球专利位列第一。从数量上看,中国以 382 项专利完胜美国(104 项)。此外,中国企业在人工智能、大数据等方面也有着强大的全球竞争力。

科技正推动金融创新不断加速,我们的规模也正不断扩大。但是我们是否能够取得可持续的发展?我们在推广中国模式的过程中所面临的潜在障碍或威胁有哪些呢?

我认为最大的障碍是我们的教育体制与人才培养还相对落后于企业竞争力,我们的话语权还远远不够。我们能够培养工程师,但还不足以培养许多工程技术的领导者。人才、规则、治理等方面仍是我们的短板。正因为此,我们需要深入推动"政产学研创"一体化发展。例如浙江大学一直在推进跨学科交叉培养,浙江大学互联网金融研究院就是由 6 个学院共建的,也一直在践行政产学研融合发展。浙江大学国际联合商学院,更是要面向新经济的未来,打造一个真正全球化的、来自中国的商学院。

面向未来，面对新时代，大学有责任去弥补中国企业与世界领先企业之间在新经济时代人才培养上的短板，各个城市也要在数字经济领域敢于担当、走在前列。因此我希望中国青年企业家能够真正地提高战略思维能力、勇立潮头、引领全球，为中国乃至世界的包容性发展做出引领性的重要贡献。

两岸猿声啼不住，轻舟已过万重山

——FinTech 的江山与 TechFin 的江湖 *

浙江大学校歌中有一句话——"靡革匪因，靡故匪新"，意思是任何事物都需要不断的革新，而革新的同时又需要继承过去的优秀元素，不能完全放弃历史。这句话所描述的与我们所探讨的"金融科技（技术）"（FinTech），或者有人叫"科技（技术）金融"（TechFin）的发展历史很相似。但 FinTech 和 TechFin 之间到底有何区别？

从内涵上来看，FinTech 实际上就是金融科技化，通常指现有的金融机构利用科技提供更好的客户体验、降低成本、增加收入并减少金融市场摩擦。而 TechFin 是科技驱动的金融，指科技公司依托新技术开发出更优的金融产品、服务及场景，将业务边界延伸和拓展到金融领域。以搭乘地铁为例，在伦敦我们可以通过桑坦德（Santander）银行卡刷卡乘地铁，这是金融科技的一个例

---

* 本文根据作者于2019年7月6日出席在北京举行的"2019国际货币论坛"时所作的主题演讲实录整理而成，由李心约整理，张新慧编辑。

子；而在杭州则可以通过支付宝二维码扫码乘地铁，这是科技金融的表现。厘清 FinTech 和 TechFin 这两者之间的区别在研究的时候显得尤为重要。

首先我想来谈谈 FinTech，即金融科技化，从发展过程来看，金融是有惯性、有路径依赖的。回顾历史上金融大国的变迁，从荷兰、英国，再到美国，下一个会不会是中国？我们现在先打一个问号。金融大国背后的规律是什么？第一，必然是经济强、贸易强，军事力量也要强。第二，金融的惯性和用户习惯。比如说传统的金融服务靠人来完成，成本比较高。所以过去传统金融服务的客户，往往都是大客户、大企业、大机构等，即所谓批发业务，而中小企业就面临融资难、融资贵的问题。我在金融行业工作多年，我们做了很多所谓的"金融创新"。但后来几个朋友聊天时说，实际上过去几十年真正意义上的金融创新大概也就是 ATM 机或者信用卡，因为许多别的产品创新没有真正服务更多的客户，没有给客户带来更好的体验、更好的服务。正因为此，银行业过去给人的一贯印象是"嫌贫爱富"，只做批发业务；而常常被称为投资银行的券商不投资，做了很多所谓的表外衍生品业务，服务的也基本是大客户；保险公司也没有运用足够多的科技元素来支持创新。传统银行、证券、保险独霸天下的格局一直等到许多年以后当风险投资、私募股权开始出现时才在金融产品层面有所创新，才有鼓励创新创业的新的股权型金融。

同时，直到二战后的几十年间，传统金融科技化才真正逐渐兴起。我们现在可以用 NFC（近场通信）支付，保险公司可以通过 AI（人工智能）提供定损服务，这都是科技的力量。同样，银行业在科技化过程中也做了一些业务模式的创新尝试，比如说 20 多年前，荷兰国际银行（ING Bank）就开始做直销银行。"高冷"的高盛这两年也开始做零售银行，依托高科技手段，向普通个人提供综合性、一体化的金融服务。科技的支撑使得金融行业，无论是银行、保险还是证券，都开始进行长尾客户的开发，都开始拥抱金融科技化、金融大众化的趋势，也就是我们所说的普惠金融。如今，大家都知道很多银行、保险、证券、基金公司，也在积极拥抱更新的技术，如所谓的 ABCD（人工智能、区块链、云计算、大数据）等等，可以说是金融科技化的升级版，是金融机构的进一步信息化、科技化、数字化。

金融科技化具有渐进式的特点，受到的监管比较成熟，难以真正做到革命性的变化。这些渐进式的改进往往发生在发达国家。顶级金融机构（往往来自发达国家和地区）由于自身能力较强，市场竞争又比较激烈，所以要不断进行改进。而发达国家人口结构又相对老龄化，在新事物接受程度上不够高，即便想要提供革命性的创新服务，由于客户群体接受度不足，也最终不得不通过渐进式的改变来推行。

但并不是说发达国家就没有原创性、革命性的创新。实际上许多 TechFin 起源于发达国家，比如源于英国的 Zopa（全球第一家 P2P 公司）、美国的贝宝（第一家在线支付服务商）等。但是因为在发达市场传统金融的覆盖率相对比较高、客户相对较满意，所以即便是 TechFin 的原创，也只能做到从 0 到 1，而短期内想从 1 做到 100 的机会却不大。

反之，发展中国家往往由于传统金融行业竞争性不足，传统金融系统发展较为落后，受制于对应的金融压抑和金融排斥，很多群体根本没有享受到基本金融服务或没有享受到很好的金融服务。而这恰恰为科技公司在提供一些基本金融服务上的异军突起提供了契机，TechFin 的出现如干柴遇烈火，发展凶猛，也随之带来金融市场的深刻变革。过去十几年，中国的例子已经证明这一点，蚂蚁金服在本土获得巨大成功的同时已在全球特别是周边的南亚与东南亚国家积极布局，在印度、巴基斯坦、孟加拉国、印度尼西亚、泰国等地都已点燃了星星之火，并也正呈现燎原之势。同时，世界上还有许多地方没能被金融服务所有效覆盖，它们的金融机构市场化程度也不够高、监管也不够成熟，但却有许多年轻人乐于拥抱新兴事物。而 TechFin 就是这样以技术为驱动，在相对可控的风险下以简单的产品或便捷的服务不断拓展业务边界，融入我们生活中的每个角落。

总结来看，由于金融排斥等原因，TechFin 往往是在发展中国家更加容易被消费者所接受、发展更快，这将会是一场技术驱动的金融革命。FinTech 则更多在发达国家呈现出一个逐渐演化的过程。如果说发达国家是在 FinTech 领域小步慢走的话，那么 TechFin 在发展中国家可能是大步快走。中美两国在金融与科技交互领域所走的路径可以说是完全不一样。我们通常讲要弯道超车，但其实我们已经变换了车道。对于金融发展而言，TechFin 的路径是"农村包围城市"，先影响发展中国家千千万万的人，这部分群体占世界 80% ～ 90%的人口；而发达国家的 FinTech 则主要覆盖西欧、北美、日本等地区，这部分地区约占世界 10% 的人口，只不过他们在全球事务、经济金融生活、全球治理中的影响力目前更大些。但世界在不断变化，未来可能会呈现 TechFin 先以发展中国家为主，再逐渐包围发达国家这样一个新的金融格局变化趋势。

当然我们要达到这个境界也面临许多挑战：第一，人才短板。FinTech 这个词就来自发达国家，这个本身就说明目前发达国家的人才数量比我们多，教育质量也比我们更好，拥有更多的话语权。第二，监管规则制度不够完善。我们现在已处在数字经济时代，而我们发展中国家监管的理念、方法、规则、手段却远远没跟上。这在新金融行业相关的基础设施建设、制度建设方面表现得尤其突出。比如传统银行（包括其科技化发展）有巴塞尔协议等国际通用的标准和制度等，但是 TechFin 尚没有标准。这也是 TechFin 的冠军蚂蚁金服希望能够携手传统金融机构，通过相互赋能共同打造团体冠军的战略原因之一。

普惠金融是个伟大的理念，但如果没有技术支撑，便没有 FinTech 和 TechFin。中国的许多传统银行也非常有社会责任感，希望在普惠金融业务上有所发展，但面临着难以走出现有技术框架、改变现有组织架构与变革企业文化等挑战，科技化、数字化转型任重道远。而网商银行、微众银行等具有

TechFin 属性的网络银行在普惠金融发展上有着重要的推动意义。虽然它们的成立时间比穆罕默德·尤努斯创立的孟加拉国乡村银行晚得多，但在业务量和覆盖人口上已远远超过了乡村银行，这一切归功于技术赋能，我对它们未来进一步的发展也充满期待。TechFin 正使普惠金融梦想真正向我们走来，中国正面临引领这一趋势的伟大机遇，也必将承担起伟大的责任。

最后，我想与大家分享两位唐代诗人的诗句：一是刘禹锡的"沉舟侧畔千帆过，病树前头万木春"；二是李白的"两岸猿声啼不住，轻舟已过万重山"。我们已经进入了新经济、新科技、新金融的新时代，在这个时代，谁将是"沉舟""病树"，又有谁能成为"轻舟"，这值得我们大家深入思考。

百舸争流，千帆竞发

——科技助力传统金融焕发新动能 *

针对"科技助力传统金融焕发新动能"，我将从以下三个方面展开谈谈科技与金融的关系：第一，重要的现实意义；第二，金融与科技的交融；第三，科技如何更好地赋能传统金融。

一、重要的现实意义

传统金融层面，我国的银行、证券、保险业企业数量多、规模大，但在数字化程度、科技化程度、市场化程度、国际化程度、公司治理规范化程度等方面离世界先进水平还有较大差距。以银行业为例，中国银行业资产规模是中国 GDP 规模的近 3 倍，现在全世界前五十大银行中有 16 家是中国的银行，在

* 本文根据作者于2019年7月7日出席在青岛举行的第五届"中国财富论坛"高峰论坛七"科技助力传统金融焕发新动能"时所作的主题演讲实录整理而成，由李心约整理，顾雨静编辑。论坛由青岛市人民政府主办，《财经》杂志承办。

体量上有着极大的优势。但同时我们也要意识到,规模大并不一定等同于竞争力强。

我们常说金融是经济的血脉:金融活,则经济活;金融强,则经济强。但反过来看,金融一旦出问题,也往往会引发一系列经济问题乃至经济危机。就当前金融发展的情况来看,我们仍有不少问题亟待解决,如结构性失衡(有些金融活动过多、产能过剩,而有些金融活动则远远不够,比如初期创新创业赋能型资本不足)、实体性失联、现代性失信(金融行业信誉仍待提升)等。金融行业发展正进入拐点,可以说是几家欢喜几家愁,新兴参与者的入局也不断加剧行业竞争,例如网商银行作为互联网银行的代表之一,其商业模式、概念理念、技术手段等与传统银行截然不同,已为 1700 万户小商家提供服务。

中国金融行业的黄金十年已成过去,而当下,金融正面临重构之机遇,行业正面临百年之变局,金融企业也正面临生存之危机。金融科技化势不可挡,如滚滚洪流般不可逆转。高质量发展是金融行业的必然选择,数字化转型成为金融企业的必选题、必修课。

二、金融与科技的交融

金融科技通常指现有的金融机构利用科技提供更好的客户体验、降低成本、增加收入并减少金融市场摩擦。在金融业发展的过程中,科技始终起着重要的赋能作用。较之其他行业,金融业历来与科技结合得更早,特别是信息科技——从过去的电报汇款、信用卡、ATM 机、银行管理系统、支付清算系统等,到现在的云计算、智能投顾及一系列应用,金融与科技一直都在不断交融,甚至可以说没有一次金融创新的背后不是科技的推动。在工业时代,金融业使用科技的速度是小步慢跑、渐进式的,这使得它们与其他行业相比积累了一些领先优势。

但在过去 20 年，我们进入了数字经济、信息经济时代，技术迭代明显加速，新技术新应用层出不穷，越来越多的消费者习惯于随时随地互联互通，原来"小打小闹"的改进已跟不上科技进步的节奏，以前的政策红利、市场套利、制度套利正在或已经消失。

最近一段时间，我个人认为我国金融行业的发展速度相比于科技行业的快速变化显得有些落后。相对而言，在追随科技发展层面，发达国家金融行业在较长一段时间内都做得更好，例如花旗、汇丰等企业，它们的内部管理信息化程度更高、市场化竞争相对有序、监管相对成熟，率先引入直销银行、网络银行、人工智能等手段推动智能化转型升级。而我国目前仍处于发展阶段，总体来看，全社会信息化程度较低，数字技能分布不够平衡，人才储备严重不足，监管的理念、手段、方法等相对落后，我国传统金融行业的整体科技化程度也相对较低。当然这不意味着我们没有亮点，比如招商银行在金融科技方面表现不俗，数字化程度领先，估值与市值也比较高。

三、科技如何更好地赋能传统金融

那么科技如何更好地赋能传统金融呢？

第一，要找准定位。金融业要放低身段，牢记服务社会、服务实体经济的本分，以五星级"店小二"的姿态和态度来发展中国现代金融服务体系。"以客户为中心"不能只是一句口号、一个愿景、一项战略，而要以实实在在的行动去践行，让这一文化流淌在每个机构、每个企业、每个员工的血液中。

第二，要全覆盖、全领域赋能。现在的客户需求更加年轻化、大众化，并期待 7×24 小时随时随地的服务。因此，银行的服务模式、产品设计要积极适应客户需求的变化，做到简单极致，让用户体验更便捷。在客户定位、销售渠道、属地管理等方面也要积极做出改变，让金融服务覆盖更广泛的客户群体、渗透更丰富的生活场景、构建更多元的生态系统。此外,我们的组织架构可以更扁平化,不要有太多、太冗杂的行政层级;要建设平等、开放、包容的企业文化;在用人标准方面应当更加重视复合型人才,不仅要掌握金融知识,也应注重理工科思维。

第三,要各显其能、自谋出路。不同金融机构拥抱金融科技化的策略将有所差异。对五大国有商业银行来说,它们有雄厚的实力积累,可以自建生态、盘活存量(如存量客户、存量数据等),但必须克服官商心态,放低身段积极布局金融科技,战略投资新科技、新场景。在金融科技化的进程中,它们面临的危机更大、挑战更多。对全国性股份制银行等中型机构来说,新形势下机遇与危机并存,也许冲一冲就冲到了一线,也许缓一缓就将在市场竞争中落后,比如从市值来看,招商银行已经跃居一线,而部分股份制银行则已然落后于一些城商行。对小型银行来说,要真正做好客户下沉、深耕本地,可以找朋友圈加入、与技术公司积极开展合作,也可以抱团取暖形成集团联盟,把握好数字化转型机会。

最后,我想用唐代诗人刘禹锡的两句诗来总结金融科技化的重要进程:"沉舟侧畔千帆过,病树前头万木春。"我们已经进入了新经济、新科技、新金融的新时代,在这个时代,我们不应盲目相信行政级别与官位高低,不应相信空喊式的口号,而更应相信技术驱动的能力,相信规范创新的准则,相信平等奋斗的初心,相信创造价值的根本,相信普惠金融的梦想。百舸争流,奋楫者先;千帆竞发,勇进者胜。在金融科技化的大背景下,传统金融必须拥抱数字化、拥抱科技化、拥抱现代化,因为除此之外,没有别的选择。

鹰击天风壮，鹏飞海浪春

——金融科技时代下的"新"变局*

　　贵州在过去几年中紧紧抓住大数据时代的发展机遇，勇立潮头，创造性地把大数据产业作为贵州换道超车的发展战略，"中国数谷"的品牌声名鹊起，蜚声海内外。贵州在大数据领域的跨越式发展也是中国在新经济时代全球崛起的一个缩影。从这个意义上讲，这是一个"最好的时代"！

　　但与此同时，狄更斯这句名言的下半句"这是最坏的时代"对许多人和事而言也是适用的，令人窒息的技术迭代速度、社会变化节奏正在颠覆、打破、重构原有的社会秩序和生产关系，如在金融领域，科技已经并在继续重构金融服务业这一生产关系，金融理论与实践脱节，监管滞后于市场发展，金融专业人才需求和技能也发生天翻地覆的变化，对传统的金融专业教师来说，这个时

* 本文根据作者于2019年7月17日出席在贵阳举行的"2019贵阳大数据时代互联网金融会议"时所作的主题演讲实录整理而成，由陈雪如、李心约、都思园整理，张新慧编辑。

代可能是最坏的时代！

下面我将以史为鉴，在寻找金融初心、全球金融新格局、金融领域新焦点、金融人才新需求以及浙大 AIF 的学术生态新实践等方面和大家探讨金融科技时代下的"新"变局。

一、寻找金融初心

（一）荷兰时代

荷兰应该是现代金融的开拓者。1602 年，荷兰人创建了全世界第一家股份制公司——东印度公司。东印度公司当时为了拓展海外业务、分享红利、分担风险，创新性地采用股份制公司的形式，在现代西方经济历史、国际贸易、国际金融和国际政治发展中都占据了举足轻重的地位。1609 年，全世界第一个股份制交易所阿姆斯特丹股票交易所在荷兰成立，随后，荷兰阿姆斯特丹银行也成为世界上第一家公共银行。很可惜的是，荷兰在国际贸易、跨国经营发展得如火如荼的时候，由于自律、制度与监管的缺失，出现了历史上第一个有记载的金融危机——郁金香泡沫。在最疯狂的时候，一株郁金香的价格相当于阿姆斯特丹运河上一栋豪宅的价格，相当于 45 名荷兰人一年收入的综合。这背后所隐藏的人性的贪婪、金融的助推、期货的雏形等投机失控葬送了荷兰金融大国和经济大国地位。

（二）英国时代

荷兰时代的落幕也带来了另外一个时代的开始，那就是英国时代。人类历史上第一个真正意义上的中央银行——英格兰银行，也是以股份制公司的形式建立的。与此同时，光荣革命也为英国带来了新的政治体制。处于巅峰时期的人们总是容易膨胀和任性，英国也不例外。1720 年南海股票泡沫的破灭将英国带进艰难的历史发展阶段，也给全民参与炒股的疯狂时期的英国人造成了重创。据传在当时，就连著名科学家牛顿也在 70 岁的高龄入市炒股，最后损失了约 2 万英镑，相当于今天的 4000 万元人民币。因为"南海泡沫"，在很长的一段时间里，英国的股票市场一蹶不振，直到 100 年以后英国资本市场才重整旗鼓，支撑起日不落的大英帝国。

（三）美国时代

随着时代的发展，另一个帝国也开始逐渐崛起。1776 年，英国著名的经济学家亚当·斯密出版了《国富论》，与此同时，一个未来的帝国——美国，也诞生了。19 世纪，美国大大小小的金融危机风波不断，因为没有中央银行的管制，1907 年又爆发了严重的金融危机，摩根大通创始人约翰·皮尔庞特·摩根（John Pierpont Morgan）率领金融业界几位领袖，在他家的书房里共同商定了化解危机的方案。美国举国上下到这个时候才下定决心一定要设立中央银行。经过几年的努力，1913 年建立美联储的相关法案获得通过。1914 年，为了应对第一次世界大战爆发和争取美联储建立的外部环境，美国政府关闭了纽约证券交易所并在美国本土金融市场稳定后才重新开放纽约证券交易所和正式开张美联储，这一段历史虽然许多人都不了解或不愿意提及，但它实际上是世界从英镑时代走入美元时代的关键转折阶段。1929 年经济大萧条时期，美国国会立法决定将商业银行与投资银行业务分开，以避免混业经营中的很多风险，直到差不多 20 年前，在强大的华尔街的游说下，花旗银行与旅行者集团得以合并成混业经营的花旗集团，很可惜到目前为止的实践表明，这种制度并未取得成功。

迄今为止，关于综合混业经营的金融制度是否可以取得成功在世界范围内都没有一个很明确的答案。金融制度是一个国家经济制度、政治制度和社会治理的重要组成部分，没有一个金融制度可以适合于所有国家，中国只有找到适合自己的金融制度，才能取得长久健康稳定的金融与社会发展。

（四）金融的本质与初心

不管金融时代怎样发展，我们都应该谨遵金融的本质与初心，保持对金融正确的认知。

金融的本质与初心，在于金融服务究竟是什么，其服务对象是谁，以及采取怎样的商业模式。金融的重要性在于服务行业与满足市场需求，在于为实体经济解决问题。历史的事实表明，金融对于国家和社会发展具有极大的重要性。类似郁金香泡沫、南海股票泡沫等金融泡沫甚至金融危机的出现，往往伴随着经济危机和政治危机，进而影响到整个国家和社会的发展。

对金融，我们需要有更加准确的认知。很多人错误地认为，金融基本等同于资本市场，并进一步把资本市场与股票市场、二级市场等同，将金融活动简单地等同于"炒股"。也有很多人觉得金融特别赚钱，无论是个人还是机构在金融市场上赚钱似乎都特别容易。但是，金融真的那么赚钱吗？中国券商2019年上半年利润与去年同期相比，增长率可能超过100%，但目前市场上大部分金融机构的市盈率和市净率都很低，基本都在10和1以下。

随着时代的发展，金融也逐渐趋向普惠化。一些大银行，例如美国富国银行，专门为中小企业与个人提供服务；将来全世界服务最多客户的银行应该是网商银行、微众银行等专注于做普惠金融的新型金融机构。互联网金融是金融普惠化道路上迈出的一大步，但仍面临着许多大众认知危机。我们对互联网金融认知的不足，使得金融科技化发展道路阻碍重重，这也是金融发展过程中需要不断纠正和解决的问题。

（五）重新定位金融

2019年2月22日，习近平总书记在中共中央政治局第十三次集体学习讲话中提出："强化金融服务功能，找准金融服务重点，以服务实体经济、服务人民生活为本。"我们需要重新定位金融，将金融的发展目标牢牢落在服务上。服务实体经济的健康需求和有效需求，这不仅是金融发展的目标和定位，也是我们应有的责任与担当。

二、全球金融新格局

（一）传统金融

从 2003 年到 2013 年，中国传统金融走过了一段快速发展的时期。以银行业为例，中国银行业资产规模是中国 GDP 规模的近 3 倍，在体量上有着极大的优势。但同时我们也要意识到，规模大并不一定等同于竞争力强。我国传统银行的管理方式、业务水平和国际竞争力都还有待提高。同样，中国的证券公司、保险公司在国际化水平和绝对实力等方面，与世界先进水平相比也还有较大差距。这也使得我们的金融行业全球影响力和话语权严重不足，在面对瑞银、摩根士丹利等机构在机构报告中对中国经济和企业的"评头论足"时，我们显得招架之力不足，而反之我国的证券公司、宏观经济分析师等发布的报告却很难对全球其他地区产生重大影响。这也正是中国传统金融发展过程中所遭遇的瓶颈和挑战。

（二）金融发展新趋势

而近年来，金融的发展迎来了新的趋势。第一，新科技。大数据、云计算、人工智能等科技成果越来越广泛地参与并推动金融产品和服务的创新发展。第二，新资源。万得资讯创始人兼董事长陆风曾道，金融就是数据。数据正成为新的关键资源，基于庞大的人口数量，中国在这一方面具有得天独厚的优势。第三，新场景。金融产品和服务逐渐深入融合日常生活的各类场景，大大改变了人们的社交、医疗、交通、教育等的方式。第四，新市场。中国的金融科技发展已然走在了世界前列，这鼓励着我们走出国门，将金融创新成果扩展应用到以"一带一路"沿线国家为代表的发展中国家，为大量没能享受到基础金融服务的民众提供优质的金融产品和服务，同时也积极开拓极具潜力的新市场。

面对金融发展的新趋势，传统金融机构和金融从业者也在不断探寻转型发展的新思路。传统持牌金融机构逐渐开始数字化转型的探索，科技化程度较高的传统金融机构也因此赢得更高的市场估值。在金融科技化的时代背景下，科技产业正引领着世界的发展，金融机构与金融从业者只有情怀是远远不够的，还需要不断学习科技知识，以应对新时代发展过程中的新问题和新挑战。未来，全球新经济的发展将以新科技为导向，不断实现新突破。

三、金融科技新焦点

（一）"Libra"加密货币

"Libra"加密货币是金融科技领域的新热点之一。脸书推出"Libra"，旨在以其27亿用户的社群，联合万事达卡、维萨、贝宝等生态系统参与者一起打造无国界、专注跨界支付的数字王国。即便中国在数字货币专利、用户数量积累等方面具有一定的领先优势，但在国际化方面，与脸书全球化的客群与社区相比，还有一定的差距。

（二）金融科技（FinTech）与科技金融（TechFin）

金融科技化具有渐进式的特点，其受到的监管较成熟，因此难以真正做到革命性的变化。这些渐进式的改进往往发生在发达国家。相反，发展中国家往往传统金融行业竞争性不足、传统金融系统发展较为落后，很多群体享受不到基本的金融服务。这恰恰为科技公司在提供一些基本金融服务方面的异军突起提供了契机，也为科技金融的出现和发展助力，从而带来金融市场的深刻变革。

（三）监管沙盒

"监管沙盒"起步于英国，其推出的出发点主要是关注"消费者是否受益"。以"监管沙盒"为代表的监管创新提出的重要标准，即以消费者受益为中心，扩展"金融消费者保护"的内涵，包括：支持真正改善消费者生活的创新；降低价格、提高服务质量；增强金融服务的普惠性、便利性和可得性，特别是覆盖许多被传统金融排斥在外的人群。目前，除英国外，"监管沙盒"已在新加坡、澳大利亚、加拿大、中国香港等全球范围内超过 30 个国家或地区开展实践和试点。

四、金融人才需求

（一）新时代需要新人才

新科技、新金融、新经济的新时代对人才培养及人才技能提出了新要求。对比中国工商银行、招商银行与微众银行的员工招聘占比分布可以发现：中国工商银行和招商银行的信息科技与研发员工占比相当少；而在微众银行社会招聘岗位分布中，技术研发类人才占比高达 46%。因此，在金融机构大力推进数字化转型的新时代，仅有金融、营销、企业管理知识已然不足，计算机知识、编程能力、研发能力成为关键，或者说复合型人才的培养成为重点。

（二）政产学研创深度融合

面对新的需求，在人才培养上，我们更要注重政产学研创深度融合，既充分发挥政府的人才激励机制的作用，又要加强与金融科技公司的交流及合作，也要紧密联系学校、科研院所等机构，共同培养新时代需要的新人才。

五、学术生态新实践

（一）创新生态代表：浙大 AIF

浙大 AIF 作为一个创新生态的建设者，借助中国在金融科技领域相对领先的实践，做了一些相关的研究工作，并通过跨学科、全球化的合作平台，参与孵化了一批金融科技企业（包括邦盛科技、摩西信息科技、金智塔等），为中国的金融科技发展做出了一定的贡献。我们也期待与越来越多的科技公司、金融机构携手共进，共同建设数字化时代的金融科技生态。

（二）新经济时代的全球化商学院：浙大 ZIBS

2018 年，浙江大学国际联合商学院（ZIBS）正式成立，其建立也是为了满足人才培养的新需求。ZIBS 的追求体现为 5 个"I"，分别是 international（国际）、interdisciplinary（跨界）、innovative（创新）、inclusive（开放）与 integrative（整合），重点聚焦新金融、新零售、新技术、新产业及新市场等领域的商学研究和人才培养。

"鹰击天风壮，鹏飞海浪春。"面对金融科技时代的新变局，愿我们勠力同心、携手奋进，给健康的金融科技与科技金融发展多一些关心与鼓励，给努力的创业者们多一分宽容与支持，共同期待金融市场更加有序、更富活力的发展。

金融科技全球趋势和保险行业中国机遇 *

当今科技发展日新月异，金融行业加速进入时代新格局，这些变化将会给保险科技带来怎样的机遇与挑战？接下来，我将从近千年来金融强国的接力、当前全球金融科技迅猛发展的时代新局、保险科技助力行业跨越的恰好时机、对保险科技成为又一个"中国经验"的殷切期待等角度，分享金融科技的全球趋势及保险行业的中国机遇。

一、千年之问——谁是未来金融强国

回顾近千年的发展历史，金融领域始终是欧洲和美国在引领。追溯现代金融起源，大致可分为荷兰时代、英国时代和美国时代这三大历史阶段。

荷兰时代。全世界第一个股份制公司以及第一家跨国公司东印度公司于

---

* 本文根据作者于2019年11月21日出席在杭州举行的由微易信息科技有限公司主办的"第二届保险中介科技论坛"时所作的主题演讲实录整理而成，由李心约整理，顾雨静编辑。论坛主题为"融合创新 科技赋能"。

1602 年在荷兰成立；全世界第一个股票交易所阿姆斯特丹股票交易所以及第一家公共银行阿姆斯特丹银行于 1609 年在荷兰成立。荷兰还发生了世界上第一次有记载的金融危机——郁金香泡沫。

英国时代。全世界第一家真正意义上的中央银行——英格兰银行，于 1694 年在英国以股份制的形式成立。同时，在经济发展的过程中，英国也经历了 1720 年著名的"南海泡沫"事件，使投资者和社会各阶层对股票市场和资本市场产生了极大怀疑，并由此出现了"经济泡沫"一词。

美国时代。1776 年才建国的美国于 1792 年就在纽约签订了《梧桐树协议》，并于 1863 年正式成立了纽约证券交易所。股份制的美联储于 1914 年开始正式运营。而到了 1929 年，历史上最严重的经济危机（也被称为"大萧条"）爆发，此次危机不仅改变了历史发展的方向，而且奠定了二战之后美国与美元的霸主地位。

于是我常常在想，下一个金融强国究竟是谁？它会是中国吗？当 2015 年人民币加入 SDR（特别提款权）时，我们都非常期待人民币成为主要货币，并推动金融强国中国时代的迅速到来。不过至少目前来看，我们仍要保持足够的耐心。当然，时代格局正不断发生新的变化，也正不断创造新的机会。如果说金融发展在过去主要靠国家政治实力、军事实力的推动，那么在未来我们是否能够见证新的驱动力产生呢？

二、时代新局——全球金融科技迅猛发展

过去的六七十年里，信息科技、数字技术对金融的影响是深刻且具有革命性的，科技对金融的影响显现出"灰犀牛"现象。金融科技的发展可分为 FinTech 1.0 金融 IT 阶段、FinTech 2.0 互联网金融阶段与 FinTech 3.0 智能金融阶段（见图 1）。不论是互联网与银行、证券、保险的结合，还是网贷、众筹、

供应链金融、智能投顾、第三方支付等新业态的诞生，或是传统金融的数字化转型，其背后都有赖于科技的持续驱动。此外还离不开金融科技基础设施的有力支撑，其中既包括交易所、征信等制度基础设施，又包括 5G、云计算、区块链等核心技术基础。这些要素共同构成了金融科技的新生态。

图1 金融科技新生态

那么当前的金融科技发展呈现出一个怎样的新格局呢？谁是金融科技领域的引领者呢？我们的研究团队通过探索遍布全球六大洲 70 多座城市的金融科技发展现状，评选出全球前二十大金融科技中心，并将这 20 个城市划分为全球金融科技中心城市和区域金融科技中心城市（见图2）。在八大全球金融科技中心城市里，有 4 个来自中国，分别是北京（排名第一）、上海（排名第四）、深圳（并列第六）、杭州（并列第六）。这其中部分城市（例如杭州）未必是传统意义上的金融中心，但却是金融科技领域的全球引领者。而瑞士、新加坡等传统金融强国，也都正在努力转型成为金融科技中心。由此可见科技正在深刻驱动金融机构"江湖地位"的重构，也正在切实改变各个城市或国家的综合竞争力。

八大全球金融科技中心

排名	城市	国家
1	北京	中国
2	旧金山(硅谷)	美国
3	纽约	美国
4	上海	中国
5	伦敦	英国
6	深圳	中国
6	杭州	中国
8	芝加哥	美国

平均分 75.5分，全在60分以上
中国：美国：英国=4:3:1，深圳、杭州并列第六

区域金融科技中心

排名	城市	国家
9	新加坡	新加坡
10	悉尼	澳大利亚
11	东京	日本
12	亚特兰大	美国
13	巴黎	法国
14	广州	中国
15	香港	中国
16	墨尔本	澳大利亚
17	西雅图	美国
18	斯德哥尔摩	瑞典
19	南京	中国
20	孟买	印度

·平均分53.5分
·墨尔本、南京、孟买进步明显，首次跻身全球前20
·香港下降5名

图2　全球金融科技发展新格局

在全球范围内，金融科技的发展大致可分为三种模式：一是中国模式。在这种模式下，主要是市场需求拉动金融科技发展，比如中国拥有14亿人口所带来的广泛市场。二是美国模式。这种模式依赖原创技术驱动。事实上非常多的金融科技业态都起源于美国，比如贝宝（可以算是支付宝的"师傅"）之于第三方支付。我曾与一位哈佛教授探讨为什么贝宝明明起步得更早却没能做到支付宝一样的规模，他认为贝宝出生在错误的时代，1998年贝宝创立时，智能手机还未普及。而我认为不仅如此，贝宝还诞生在错误的国家，因为美国的传统金融服务相对比较成熟，消费者已形成路径依赖，不太愿意做出改变。三是英国模式。这种模式以先进的监管规则为引领。英国可以说是全球金融科技监管的最佳实践地，"监管沙盒"等创新机制都源于此地（见图3）。

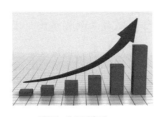

市场拉动　　　技术驱动　　　规则引领

图3　三种金融科技发展模式

334

未来，金融科技发展的主要趋势有哪些呢？对于发达国家来说，我认为最重要的发展机会是它们在 FinTech 领域的引领，发达国家的金融机构数字化转型已然走在前列。同时，我认为更多的机会应当归属于代表人口占到全球 85% 总人口的发展中国家。首先，在 TechFin（科技金融）领域，从过去中国模仿国际（copy to China），到今天世界模仿中国（copy from China），我们总结实践出了一套适合广大发展中国家的模式与经验，并正积极向外推广（见图 4）。例如蚂蚁金服的"1+9"个数字钱包面向包括中国在内的数十亿人口提供服务。此外，在 FinTech 领域方面，近 300 万亿银行资产如何更好地数字化、提升效率、降低成本，130 多家证券公司如何更好地拥抱科技，相对规模较小的保险行业如何利用科技奋起直追，这些都是值得我们深入思考的问题，若能有效利用，也将是我们未来非常大的机会。

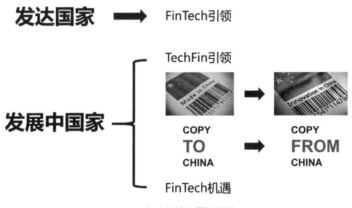

图4 金融科技发展新趋势

三、恰逢其时——保险科技助力行业跨越

聚焦保险行业，面对新的时代发展趋势，我认为保险科技可谓是恰逢其时：**一是客户需求大幅下沉。**退货险、外卖准时险、单车骑行险等各类保险与我们的生活场景紧密结合，动动手指即可轻松下单。**二是技术应用逐步成熟。**

未来之路——下一个世界金融强国是不是中国?

经过十余年的发展,金融科技在其他行业,特别是银行业的实践日趋成熟,消费者对技术应用日渐敞开拥抱,监管机构对金融科技的认识也日益深入,这些对保险科技未来发展具有极好的借鉴意义。**三是市场需求发展潜力巨大**。横向来看,根据德国安联保险的研究报告,我国的保险深度和密度与发达国家甚至全球平均水平相比,均有非常大的发展空间(见图5)。纵向来看,2019年前三季度,我国保险业保费收入同比增长12.6%,约为GDP增速的两倍。在以上三大因素的共同支撑下,保险科技的未来发展前景可谓"天时地利人和"(见图6)。

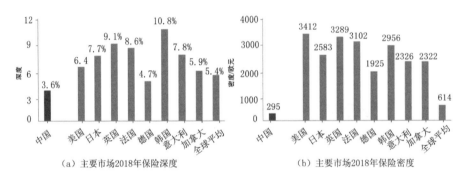

(a) 主要市场2018年保险深度　　　　(b) 主要市场2018年保险密度

图5　2018年全球主要市场保险深度及保险密度

资料来源:安联保险(Allianz Research)。

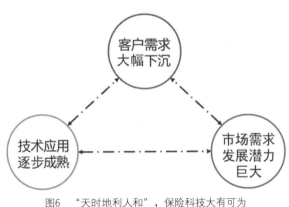

图6　"天时地利人和",保险科技大有可为

四、保险科技——以中国经验促持续引领

具体来看，保险科技可以从哪里发力呢？在财产险领域，UBI 车险、延误险、退货险等新险种的兴起都有赖于背后的科技赋能；在人身险领域，可穿戴设备、智能健康管理等技术与保险产品相结合，也将迸发新的活力。科技将不断促进保险行业成本的降低、效率的提升、信息不对称性的降低，对解决行业痛点大有裨益。

保险科技又是如何发力的呢？一是创新产品。例如相互宝就是普惠金融的一个很好的实践。截至 2019 年 11 月 20 日，逾 9970 万人加入相互宝。2019 年 10 月第 1 期，相互宝帮助成员 1718 人，分摊人数 8790.41 万人，人均分摊 3.01 元。保险科技在产品创新的场景化发展、个性化定制要求的满足、用户需求的聚焦与用户参与度的提升上都大有可为。二是做大增量。技术进步正不断激发产品销售与获客的新渠道。在 2018 年"双 11"中，国泰产险当天承接保单量近 2.6 亿笔，众安保险在此期间保费成交额突破 10 亿元。三是做好存量。不论是"人工智能＋保险"，还是"大数据＋保险"，都将有助于提升服务质量、简化服务流程，降低成本、提高效率。四是把握风险。无论是信息共享平台、潜在风险控制，还是预测模型建设，其背后都是科技力量在驱动、在支撑。

行业的跨越发展不仅需要企业自身的不懈努力，也离不开其他各界的有力支持。我自 2014 年到杭州以来，一直致力于推动建设金融科技浙大组团，打造金融科技浙大学派。秉承这样的信念，我们建立起了一个"政产学研创投"一体化、跨学科、全球视野的小生态，即 AIF-ZIBS 生态，希望成为引领国际的中国新金融智库和培养互联网金融人才的世界级基地。

朋友们，历史正在我们面前展开——未来金融强国接力赛的下一棒能否交给中国？对这"千年一问"的满意回答需要我们协同一致、共同努力。我很

未来之路——下一个世界金融强国是不是中国？

欣喜地看到中国在金融科技领域占据了一些先发优势，但同时我们也必须正视正面临或将面临的许多挑战，特别是在监管规则制定方面。新的发展趋势下，保险科技恰逢其时、大有可为，我们期待保险科技能够成为又一个"中国经验"，复制推广到全球其他国家。同时，我也期待金融科技浙大组团为保险行业的全球化、科技化发展与未来金融强国建设持续助力。

全球金融科技发展趋势及中瑞两国间的合作机遇*

非常高兴能参加本次论坛,今天我将与大家分享全球金融科技发展趋势,以及中瑞两国之间的合作机遇。我将从三个方面展开,首先是我对全球金融科技发展趋势的看法。其次,我将重点关注与中国相比瑞士的优势所在。最后,我将探讨中瑞两国之间的合作机遇。

"全球金融科技中心指数"(Global FinTech Hub Index,GFHI)是我所带领的学术研究团队在 2018 年开展的一项研究项目,我们研究了不同区域的金融科技发展现状。首先,我将介绍长三角地区(上海和杭州隶属于该区域)。从金融科技发展的角度来看长三角地区的战略地位,其之于中国正如欧洲之于世界,长三角地区约有 2.2 亿人口,区域生产总值约 22 万亿元,拥有 2 小时铁路交通圈(区域内任一地方可通过不超过 2 小时的高铁路程到达)。就国内

---

* 本文根据作者于2019年12月3日受邀参加在瑞士举行的中瑞金融科技与财富管理"双湖"论坛(2019 "Zurich Lake- West Lake" FinTech and Wealth Management Forum)时发表的主题演讲实录整理而成。演讲原文为英文,本文为译文,由沈莉整理,顾雨静翻译编辑。

生产总值而言,中国比英国领先一点。因此,我们受益于我们拥有的规模。研究结果表明,长三角地区在全球金融科技中心中名列第一,紧随其后的是美国的旧金山湾区(硅谷)、中国的京津冀地区(以北京为中心,包含天津、河北等区域的城市群)、英国的大伦敦地区(以伦敦为中心,加之牛津地区、剑桥地区)以及中国的粤港澳大湾区(包括香港、深圳、广州,该地区是国家总体发展战略的重点),还有美国的纽约湾区(见图1)。

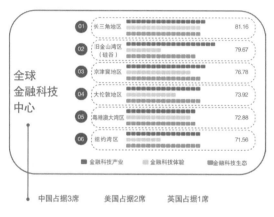

图1 2018年全球金融科技中心指数排名

马克·鲁西先生和我就苏黎世和瑞士的排名进行了一些讨论。我必须承认,我们对瑞士的研究和了解还不够,但至少可以确认的是,瑞士排名很高,总排名第16位,紧随以色列之后。而新加坡,可能是因为与中国地理位置相近、语言相通,我们对其的了解更多、更深入一些,相对排名较高。但是,我想强调我们在金融科技方面对瑞士的一些了解,例如苏黎世,作为一个传统的金融服务中心,它位居全球第9位。苏黎世有几家世界著名银行的总部,如瑞银(UBS)、瑞士信贷(Credit Swiss),其总市值达到约2500亿美元。就金融科技公司而言,苏黎世的金融科技公司拥有5.35亿美元规模的上市前基金(Pre-IPO)融资,在全球城市中排名第28位。苏黎世有3家公司的募集资金超过500亿美元。苏黎世还拥有一家互联网银行,该银行已经上市,根据我们的研究，其总市值约为 1.29 亿美元。而对于整个瑞士来说，瑞士银行业，包括瑞银（UBS）和瑞士信贷（Credit Swiss）在内，仍有很多机遇，因为瑞士有孵化中心、孵化网，以及像苏黎世联邦理工学院（ETH Zürich）、苏黎世大学（UZH）这样的一流大学。有一个有趣的现象是，在瑞士，仅有 25% 的抵押是通过线上（电子）渠道成交的，因此数字化转型对于银行业可以说是一个巨大的机会。同时，根据我们的研究，瑞士已连续 9 年被评为全球创新中心。鉴于苏黎世和瑞士的市场规模相对有限，瑞士在保险技术、可持续金融、监管技术、P2P 贷款等方面的表现已经非常出色（见图 2）。

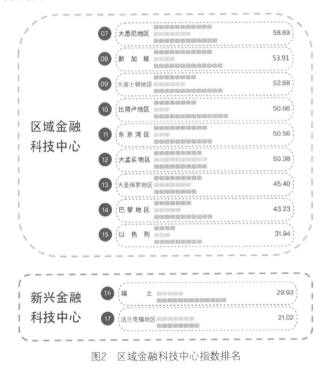

图2 区域金融科技中心指数排名

因此，如果放眼全球，目前有 3 种不同的金融科技发展模型正在重塑全球金融科技格局。中国模式是由市场需求驱动，因为中国金融市场上存在金融抑制现象，即许多中国消费者以及小型企业无法获得负担得起的或可用的基本金融服务,因此中国抓住了这个市场需求驱动的增长机会。而美国模式则更受技术驱动的影响,许多商业模式最初都来自美国,我们向硅谷学习然后产出了自己的产品,例如,我们向贝宝学习,然后诞生了支付宝。英国模式则最看重监管。他们的"监管沙盒"被认为是全世界的最佳做法,并已被世界各地的许多监管机构认可和采用。我认为,瑞士拥有更严格的监管规则,可能会偏向于英国模式。至于技术方面,虽然我们知道中国在技术方面也做得很好,但是驱动所有变化的是市场需求。

因此,正如我所提到的,在金融科技发展上,中国一直在向欧美学习,但是在某个时间点,中国突然开始跨越式发展,开始换道超车,尤其是2003—2012年,我们称之为互联网金融时期,即金融科技的第二阶段发展。为什么是从2003年开始呢? 2003年,支付宝被推出,这被视为中国金融科技发展的开端。而在同一时期的这十年里,中国的传统银行业经历了有史以来最大的增长,商业银行仅通过向大型国有企业发放贷款就赚了很多钱,因此未在支付方式等业务上费时费心。这给了支付宝一个千载难逢的超越机会,使支付宝成为中国出色的支付方式企业并在全球范围内不断壮大。也正是由于消费者和小型企业对金融科技公司提供的基本金融服务的热烈接受和拥抱,中国才开始跨越式发展。

为什么中国发展得如此之快?我在前文已经提到过"金融抑制"一词,这是学术界使用的一个术语,它的意思是在某些市场中,尤其是在发展中国家,许多消费者和小型企业无法负担起、无法获得也无法触及基本的金融服务。因此,从这个意义上讲,中国的金融科技领域也经历了相似的发展,我们曾经历金融抑制,所以我们掀起了一场金融革命。中国拥有全世界最大的银行业规模,拥有价值高达300万亿元的资产,约为中国GDP数值的3倍,规模虽然庞大,竞争力却并不十分强大。因此,阿里巴巴和腾讯作为全球技术领导者,也作为中国的"大科技"企业,抓住了金融革命的好机遇,在中国特有的经济环境中脱颖而出。

那么未来的机遇将在何处呢？我认为有两个领域。

第一个是"FinTech"，即金融科技化，瑞银、瑞信、中国工商银行等传统金融机构，将科技运用到他们提供的金融服务中。对于传统金融机构而言，问题在于如何通过数字化转型使其业务更具成本效益、更消费者友好、更专注中小企业。数字化转型对所有国家来说都是重大机遇。我们知道瑞士在尝试将传统的金融部门转变为金融科技中心。而在中国，银行、保险公司和证券公司等金融机构虽然规模大，但效率不高，数字化程度不高。因此，金融科技化对发达国家和发展中国家来说都是巨大的机会。

第二个是"TechFin"，即让科技公司开始提供金融服务。阿里巴巴和支付宝就是一个范例。TechFin 正在走向全球。以往，中国采用模仿他人（C2C）的模式，学习其他国家的优秀范例，进行本土化，而后复制到中国。这个C2C 模式已经在中国市场上进行了多次测试，也确实被证实有效。但如今我们正在考虑的是，如何将中国市场上的优秀范例拓展和应用到更大的全球市场，尤其是发展中国家市场，即"copy from China"模式（别人模仿中国），以上是站在市场角度的观点。目前还有一种趋势就是，技术变得越来越重要，即使是像上海或新加坡这样的传统金融城市，他们都在不断宣称说自己是科技城市，是科技中心，而非金融中心，这正是因为技术正在改变一切。同时，在金融科技时代，在全球范围内的监管协调亟须落实。因为如今许多事瞬息万变，我们亟须规范金融产品、相关科技和其他应用。因此，从市场角度来看，金融科技、科技金融和科学技术都将变得极为重要。在监管方面，主要考虑如何更好地进行监管协调，鉴于巴塞尔银行监管委员会等都在瑞士设立，我认为瑞士将具有独特的优势。

此处，我以蚂蚁金服为例。蚂蚁金服如今正走向国际，它已经在印度、巴基斯坦、孟加拉国等南亚国家的本地市场上建立了当地的电子支付公司。这

未来之路——下一个世界金融强国是不是中国?

些国家正如 5 年前的中国，人口，特别是年轻人口众多；智能手机的普及率高于银行账户；传统金融机构例如商业银行没有推出相关措施以满足民众对基本金融服务的需求，这给了金融科技发展的机遇。因此，由蚂蚁金服投资的支付软件 Paytm 如今在印度积累了超过 2 亿名的用户，取得了巨大成功，这是有道理的。

那么瑞士的优势有哪些呢？一是瑞士有极具竞争力的金融机构，例如瑞信、瑞银，它们被评为世界上最国际化的机构。二是瑞士的金融科技生态系统表现良好。三是政府给予了强有力的支持。2019 年瑞士联邦委员会主席访华时发生了一件让我印象深刻的事。主席花了整整一个下午在上海研讨金融科技，他想将瑞士发展成为一个金融科技中心，这足以显示政府的支持力度。四是瑞士拥有强有力的监管规则，这一点优于众多发展中国家。而且，瑞士拥有极高的国际声誉。众所周知，瑞士制造或瑞士设计的产品都被大家认为是有保障的。这种声誉有助于激发用户对瑞士公司提供的金融服务至关重要的信任。五是瑞士拥有完善的金融基础设施。

当然，瑞士也有一些发展短板。如图 3 所示，第一个弱点是规模太小。苏黎世是一个美丽的城市，但与杭州或其他城市相比，在规模上显得太小，瑞士也是如此。这既是关键挑战，也是机遇。第二个弱点是缺乏技术。欧洲整体似乎都不擅长数字技术，缺乏大型科技公司。如今的全球十大技术公司榜单里，列席的欧洲公司并不多。若再具体细分，瑞士还缺少数据。在瑞士，《通用数据保护条例》的应用使得数据隐私保护和隐私侵犯防范卓有成效，但同时它也阻止了数据整合，这将成为人工智能技术和其他数据科技发展的阻碍。

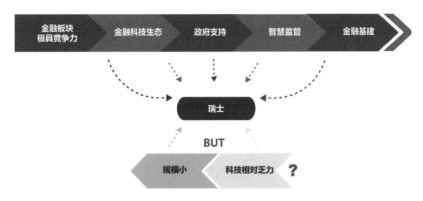

图3 瑞士金融科技发展优劣势

　　中国的情况与瑞士则相反。如图4所示，在中国，市场规模很大，而且至少有15年的先发优势。中国甚至在"FinTech"一词出现之前就已经开始发展互联网金融。此外，中国拥有完善的技术基础设施，在中国，我们可能拥有最高的智能手机普及率和最佳的移动通信服务质量。当然，政府在这方面也给予了极大的支持。2017年，杭州政府作为首个公开表态的政府，表示要将杭州建设成为"国际金融科技中心"。

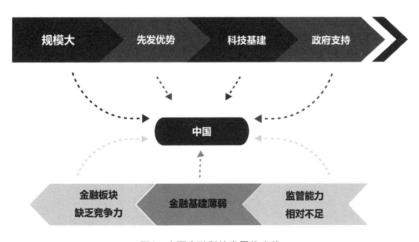

图4 中国金融科技发展优劣势

因此,中瑞合作可谓珠联璧合。有这样一个例子,2018 年,中国建设银行苏黎世分行和瑞士冯托贝尔银行合作,投资于"一带一路"金融产品,这是截至目前(2019 年),第一个也是唯一一个中瑞合作投资的权益类金融产品。这一里程碑式的创新反映了瑞士银行业的成熟经验可以与中国巨大的市场发展机遇有机结合。因此,我们可以利用好瑞士成熟的银行业经验,先在瑞士摸索、寻求创新机会,一旦证实可行,则移植到中国,充分利用好中国的市场规模优势,在中国扩大规模。最后我们可以将该业务模式复制到世界其他国家,寻求全球扩张。

星星之火,可以燎原。我相信,只要我们抓住中瑞合作的巨大机遇,就能共同创造乃至引领金融科技的未来。

中资银行国际化道路上的丝路修行 *

2013 年，"一带一路"倡议正式提出。几年来，相关领域合作不断推进，这离不开坚实的金融支持。作为中国金融体系中最为突出的金融力量之一，中资银行不断加强沿线布局、支持沿线项目融资，为"一带一路"倡议的推进与发展提供了丰富而多样的服务。为此，针对中资银行的"一带一路"沿线布局进行相关梳理可以更好地理解中资银行对"一带一路"的金融支持作用。

从 2013 年的构想提出，经由 2014 年叫响世界，到 2015 年出现更多的实质性进展，截至 2016 年末，9 家中资银行在 26 个"一带一路"沿线国家设立了 62 家一级机构，中资银行的"一带一路"沿线布局渐次展开。表 1 对比展现了 5 家大型商业银行在 2013 年与 2016 年的"一带一路"沿线布局情况，几年间，5 家银行的沿线分支机构数目增加了 35%。

---

* 本文系银行国际化系列报告的衍生报告，由作者贲圣林与浙江大学经济学院金融系副主任俞洁芳、浙江大学互联网金融研究院金融国际化研究室助理研究员顾月合作撰写而成。

未来之路——下一个世界金融强国是不是中国?

表1 五大国有银行"一带一路"沿线分支机构数目

单位:家

年份	中国银行	中国工商银行	中国建设银行	中国农业银行	交通银行	合计
2013	16	15	4	3	2	40
2016	22	18	7	5	2	54

注:表中分支机构主要为各银行的分行、子行、代表处。

资料来源:浙大AIF金融国际化研究室、各银行年度报告。

作为中资银行境外发展的第一梯队,大型商业银行在走向"一带一路"的国际化表现上较为突出。2013年末,5家大型商业银行在海外46个国家和地区共设立了106家分支机构,其中,在20个"一带一路"沿线国家和地区设立分支机构40个;2016年末,5家大型商业银行在海外56个国家和地区共设立了147家分支机构,其中,在25个"一带一路"沿线国家和地区设立分支机构54个。大型商业银行在"一带一路"沿线的机构布局占其全球布局的1/3以上,其他中资银行更甚。

这一方面反映出"一带一路"倡议对中资银行海外发展的重要意义,另一方面也展现了中资银行基于其海外网点为"一带一路"提供金融支持的巨大潜力。

2017年是"一带一路"倡议的黄金发展期,中国在这一年发布与签署"一带一路"相关计划规划、政策法规、双多边文件等7部,中资银行也从多个方面加强对沿线合作及项目的金融支持。如2017年5月,亚洲金融合作协会成立工作会议召开,被列入"一带一路"国际合作高峰论坛成果清单,中国工商银行、中国农业银行、中国银行、中国建设银行四家银行均为其首批发起成员;2017年11月,国家发展改革委举行《关于协同推进"一带一路"产能合作的框架协议》签约仪式,中国银行、中国工商银行、国家开发银行等机构均签署了该协议。表2集中列示了部分中资银行在2017年与"一带一路"相关的事件,内容丰富多样,涉及网点建设、多双边合作、重大项目融资等多方面实践。

表 2 中资银行"一带一路"相关事件

银行	事件
中国银行	中国银行（塞尔维亚）有限公司在贝尔格莱德开业，成为巴尔干地区开业的第一家中资银行
	中捷跨境资本服务平台启动
	发行 30 亿美元等值债券并在港交所上市，包括美元、欧元、澳元和人民币 4 个币种，共计 6 个债券品种，募集资金主要用于"一带一路"相关信贷项目
	中国银行新加坡分行发行 6 亿美元高级别债券
	与中国出口信用保险公司签署合作协议
	作为联席主承销商及牵头簿记管理人，协助匈牙利在中国银行间债券市场发行 10 亿元人民币债券
	中国银行卡拉奇分行开业
	中国银行在土耳其伊斯坦布尔开设子行（所有申请手续已完毕）
	与阿布扎比哈里发工业区（KIZAD）签署备忘录，为入驻该区的中国、阿联酋以及国际企业提供金融支持
中国工商银行	中国工商银行巴基斯坦机构为"中巴经济走廊"项目之一，巴基斯坦第一个城市轨道交通项目提供本地融资服务，为该项目的建设提供 13.6 亿卢比（约合 1300 万美元）的短期资金支持
	中国工商银行俄罗斯人民币清算行正式启动
	中国工商银行（莫斯科）股份公司圣彼得堡分行正式成立
	牵头主承销并担任簿记管理人的招商局港口 2017 年第一期中期票据在全国银行间债券市场发行，首期募集资金 25 亿元人民币，将专项用于"一带一路"港口建设及经营等互联互通项目
	中国工商银行布拉格分行获批
	巴基斯坦萨斯瓦尔电站竣工，中国工商银行作为牵头行筹组银团为本项目安排了 14.4 亿美元贷款
	中国工商银行蒙古代表处开业
中国建设银行	中国建设银行（印度尼西亚）股份公司开业
	中国建设银行新加坡基础设施建设服务中心、私人银行中心及建银国际新加坡子公司联合开业
	中国建设银行（欧洲）有限公司华沙分行开业
	中国建设银行（马来西亚）有限公司开业
	中国建设银行新加坡分行发行 5 亿新加坡元"一带一路"基础设施债券，并在新加坡交易挂牌上市

续　表

银行	事件
中国农业银行	中国农业银行迪拜分行成立,中国农业银行阿联酋人民币业务清算行开业
	与阿布扎比第一银行签署全面业务合作协议和专项合作协议
	中国农业银行河内分行获原则性批复
交通银行	以融资租赁的形式为中国南方航空股份有限公司飞机采购提供资金,进一步完善"一带一路"沿线国家和地区的航线网络布局,搭建中外经贸交流和国际物流空中大通道
	与中国进出口银行续署合作协议,共同支持"一带一路"倡议

资料来源:浙大AIF金融国际化研究室、各银行官网。

可以发现,中资银行对"一带一路"的金融支持是逐步加强、多方位展开的,并呈现出一定的特点。

第一,增加网点铺设,依托当地特色提供金融服务。

随着"一带一路"倡议的不断推进,中资银行在沿线国家的网点也逐步增多,中国银联卡已覆盖沿线50多个国家、超过400万商户和40万台ATM机。以中国建设银行为例,其在几年间实现了在马来西亚、印度尼西亚、波兰等沿线国家分支机构零的突破,使自身的沿线布局更加完善。其新加坡分行于2017年10月在新加坡本地市场发行5亿新加坡元"一带一路"基础设施债券并在新加坡交易所挂牌上市,为东南亚"一带一路"沿线国家和地区的铁路、港口、航空、交通物流、能源、信息通信等重要基础设施项目提供融资服务。

第二,重视基础建设,推动中资企业更好"走出去"。

中资银行对"一带一路"沿线项目的支持多从提供融资帮助入手,有利于增强中资企业承接重大基础设施项目的能力,帮助中资企业更好地"走出去"。

以中国工商银行为例,2017年1月,其为巴基斯坦拉合尔轨道交通橙线项目提供了13.6亿卢比的短期资金支持,该项目由中国铁路总公司和中国北方工业公司联手承建,是中巴经济走廊框架下首个正式启动的大型轨道交通项目。

此外，由中国电建集团核电工程有限公司总承包、山东电力建设第一工程公司承建的巴基斯坦萨希瓦尔电站项目在 2017 年 6 月提前竣工，中国工商银行则作为牵头行筹组银团为本项目安排了 14.4 亿美元贷款。

第三，加强战略引导，重视国际化与自身特色相结合。

近年来，"一带一路"沿线发展逐渐成为中资银行国际化的重要方向，在其国际化战略中占据重要地位，并多结合银行自身特色提供差异化服务。以中国农业银行为例，其在推进"一带一路"的过程中，将支持农业"走出去"作为战略重点和国际化经营的重要方向，曾为中粮集团收购来宝农业和荷兰尼德拉公司提供超过 1 亿美元的并购贷款，为新希望集团收购国际农业项目、建立海外生产基地等提供广泛的金融支持。其在 2017 年 9 月印发《关于进一步加强境内外联动 做好"一带一路"重点客户和重大项目金融服务工作的通知》，明确将重点支持"一带一路"沿线国家的农业对外合作等项目。

第四，商业开发并举，多方位提供沿线金融支持。

在"一带一路"的金融支持力量中，除中资商业银行外，开发性银行也助益良多。如 2017 年，国家开发银行先后与菲律宾基地转化发展署、老挝国家银行、阿塞拜疆国家石油公司等签署谅解合作备忘录；9 月，其与埃及阿拉伯国际银行签订 2.6 亿元人民币专项贷款及 4000 万美元非洲中小企业专项贷款合同，国家开发银行"一带一路"人民币专项贷款项目首次落地埃及。2017 年 11 月，由中国进出口银行提供贷款支持的白俄罗斯吉利汽车股份有限公司二期全散件组装厂落成，带动了中国品牌、技术、标准、设备、人员培训等"走出去"；由中国进出口银行提供融资支持的匈塞铁路塞尔维亚贝尔格莱德至旧帕佐瓦段项目正式开工，帮助提升亚欧大陆互联互通效率。

第五，参与国际组织，为"一带一路"建设发出中国声音。

自"一带一路"倡议提出以来，相关国际性组织先后成立，中资银行在其中亦发挥着重要作用，既帮助各国际化组织更好地为"一带一路"服务，又增强了自身的国际化发声机制。如国家开发银行与中国进出口银行分别出资 5 亿美元（占首期资金的 5%）与 15 亿美元（占首期资金的 15%）参与设立丝路基金，为"一带一路"框架内的经贸合作和双多边互联互通提供投融资支持。又如截至 2017 年 7 月，已有来自亚洲、美洲、欧洲、非洲、大洋洲的 27 个国家和地区的 107 家金融机构积极参与并自愿加入亚洲金融合作协会，致力于搭建亚洲金融机构交流合作平台，其中，国家开发银行、四大国有商业银行、中国民生银行、中国银联等均为其发起机构。

　　"一带一路"建设是加强亚非欧互联互通、促进世界各国互利合作的重要倡议，中资银行为其落地与发展提供了强大的金融支持。从沿线机构布局的增加到跨境重大项目的融资，从推动中资企业"走出去"到立足当地服务全球，中资银行在"一带一路"倡议推进的四年中，与其一同成长，在提供金融服务支持沿线建设的同时，自身国际化水平也不断提高。相信在"一带一路"建设对世界经济发展日益发挥重要作用的未来，中资银行将会更加重视"一带一路"对自身国际化战略的方向性引导，增强沿线国际业务的拓展与创新，提高自身服务"一带一路"工程项目的能力与水平。

凡是过往，皆为序章

——金融发展未来趋势展望*

感谢主办方的邀请！今天我想与大家一起探讨三个问题：金融的未来是否已来？金融有没有未来？金融的未来在哪里？

一、金融的未来已来？

本次年会的主题是"未来已来，聚势蝶变"，不过金融的未来真的已经完全到来了吗？立足当下，我认为或许我们只展望到了一小部分，而更广阔的前景还远未完全显现——技术给金融带来的潜力释放还远未发挥，金融变革的广泛影响也还远远没有完全显示出来。如果把当下的金融发展视作未来金融的全貌的话，我会觉得有些许失望，因为金融的未来应当更美好，金融与社会的关

---

* 本文根据作者于2019年12月10日在北京举行的由经观传媒、中国广告协会、经济观察报等联合主办的"2018—2019年度第五届金融年会"上所作的主题演讲实录整理而成，由李心约整理，顾雨静编辑。

系应当更和谐,金融业的名声也应当更响亮,而金融业的从业者们也应当更有底气。

二、金融有没有未来?

近两年传统金融的从业者们压力非常大,既面临着宏观经济下行的压力,又面临着金融科技快速崛起的冲击,所以有些人会思考金融究竟还有没有未来、是否还有良好的发展前景。我认为因循守旧的那一套传统金融发展思维、发展模式可能不会有未来,但这并不代表着金融本身没有前景、没有未来。就像比尔盖茨曾说,我们需要银行服务,但不一定需要银行;马云也曾表示,如果银行不做出改变,我们就改变银行。我相信无论是在过去、现在还是未来,我们始终呼唤优质、便捷、高效的金融服务,与时俱进、切实服务实体经济、发展美好需要的金融一定能有光明的未来。

三、金融的未来究竟在哪里?

我将从以下十个方面来阐述我所期待的金融的未来。

(一)客户群体角度

金融的未来在于服务弱势群体,服务中小微企业,服务普通大众,即服务普惠金融这一世界性的目标、课题、难题;金融要更多地做雪中送炭的事,而不只是锦上添花。

(二)产品与服务角度

金融的未来在于更简单的产品和服务,即所谓的"小确幸",而不是复杂的、晦涩难懂的产品;金融的未来应当作为适当性原则的践行者,给适当的群体提供适当的产品;此外,金融的未来将是实时化、网络化的,将是个性化和大众化相结合的(所谓"大众定制"),也应当是公平、公正、公开的。

（三）服务目的与导向角度

金融的未来应当是服务实体经济、服务社会大众健康需求的，而不是投机炒作的、小众群体的，或是无良趣味的；应当是赋能经济、服务经济的热情的"店小二"，而不是高冷的、拒人于千里之外的。

（四）价值类型角度

金融的未来在于创造价值而非零和博弈；是伙伴型的、用户型的，而不是客户型的；是欢迎且需要长期耐心、负责任的资本的，而不是只注重短期收益、投机取巧的；是追求可持续发展的、绿色环保的，长期价值创造、商业价值和社会价值并举的；同时，金融是要鼓励为善的，而不是助纣为虐的。

（五）形态角度

金融的未来更多是要构建生态内、场景内的链接型关系，而不只是一次性买卖型的交易；金融在生态中将是成就他人的无名英雄，而不是喧宾夺主的不速之客。

（六）政府角度

金融的未来关键在于生态建设，在于打造基础设施——既包括鼓励高铁公路交通等物理基础设施，又包括例如5G、区块链等技术基础设施，还包括基础研究开发的投入和引导、良性的舆论和营商环境的构建、政府和企业的良性关系打造等，浙江省在这方面就做得相当不错。此外，金融的未来当然也需要政府政策的支持，需要包容而规范的监管规则以及足够的监管能力。例如网贷爆雷等风险事件的产生固然有企业自身的错误，但也不能忽视监管规则不够清晰、监管能力尚有所欠缺的问题。

（七）机构角度

金融的未来在于市场化能力强、数字化科技化程度高的机构，例如招商银行、华泰证券等积极转型的传统金融机构，也有如网商银行、微众银行等蓬勃发展的新兴金融企业。而一些仅以行政级别为主要诉求、不主动谋求转变的传统国有机构可能将会在深刻的金融变革中面临不小的挑战。

（八）人才角度

技术、研发、风控、合规、产品、网络安全等专业型和复合型人才将广受欢迎，而传统意义上的客户经理、交易员、分支行管理人员等可能会被淘汰。也就是说，未来的金融人才一定得是有真才实学、素质过硬、符合发展需求的。

（九）学校角度

金融的未来是在浙江大学这样综合性学科优势明显、学科交叉协同发展的大学，而不是在传统的财经类院校，以人文学科为主的大学、商学院等。具体到学科来看，传统的金融学、经济学可能没有未来，因为技术的发展、数字经济的崛起正在改写、重塑、冲击传统理论的假设条件和基础，但金融的发展和未来需要更好、更多的与时俱进的研究，需要学术研究、政策制定和监管、人才培养等各方面都跟上来。

（十）国家或地区角度

金融未来的用武之地将更多地是在发展中国家，在传统金融薄弱的环节。和全球经济中心一样，金融的中心正在向发展中国家转移，正如我所在的浙江大学互联网金融研究院团队关于全球金融科技中心城市报告的研究所表明的，亚洲、美洲正持续引领全球金融科技的发展，中国的北京、上海、深圳、杭州这四个城市已处于世界金融科技发展的第一梯队。

综合以上，我认为金融的未来生存和发展要符合 RISE（崛起）原则：

R：responsible、replicable，负责任的、可复制的；

I：innovative、inclusive，创新的、包容的；

S：sustainable、service-oriented，可持续的、服务型的；

E：eco-friendly、efficient，生态型的、效率高的。

如果能够做到这些，金融不仅不会没有未来，而且会有更光明、更有意义的未来。

"凡是过往，皆为序章。"网上曾有个段子说："前几年凭运气赚的钱，这几年凭本事亏了。"的确，银行业躺着赚钱的日子过去了，该从"以为是自己能力强"的梦中幡然醒悟了，凭自己能力赚钱的时代已然来临。

各位朋友，新的技术正在席卷而来，一场金融革命正在全球掀起。在这巨变来临的时代，我们不可避免地感到焦虑，"几家欢喜几家愁"是正常的现象，"新人笑，旧人哭"也是大概率事件，但这不是必然会发生的——金融的未来、我们的未来既取决于时代，也取决于我们自己的选择、能力与努力。

最后我想与大家分享《幸福在哪里》这首歌。

（现场播放歌曲）

> 幸福在哪里，朋友我告诉你，
>
> 它不在柳荫下，也不在温室里，
>
> 它在辛勤的工作中，它在艰苦的劳动里，
>
> 啊！幸福就在你晶莹的汗水里；
>
> 它不在月光下，也不在睡梦里，
>
> 它在辛勤的耕耘中，它在知识的宝库里，
>
> 啊！幸福就在你闪光的智慧里。

朋友们，愿我们不忘金融初心，牢记金融使命；打造面向未来的人才、机构、生态；建立面向未来的规则、文化、理念；携手同行，一起迎接更加有温度、更加有实力、更加有情怀、能够造福社会的更加美好的金融未来！

第五篇

成果篇

　　2018年11月14日，"全球金融科技生态"专题会议在杭州举行，会上发布《全球金融科技中心报告》。图为金融科技中心指数系列报告学术团队——浙江大学互联网金融研究院司南研究室主要成员。

　　2019年7月，浙江大学互联网金融研究院司南研究室罗丹（左一）、国际金融研究室顾月（中）、观智国际金融科技研究室罗曼（右一）在英国参加2019年剑桥大学新兴金融研究中心（CCAF）年会。

　　2019 年 10 月 12 日，中央统战部新的社会阶层人士服务团第十分团联合浙江求是创新研究院在陕西西安共同举办"新经济、新动能、新阶层"——2019 年度论坛。会上发布《度势破壁，剑指未来——2019 未来之城报告》。图为未来之城指数系列报告学术团队浙江大学互联网金融研究院司南研究室的主要成员胡康（左一）、吕佳敏、顾月。

　　2018 年 11 月 13 日，浙江大学互联网金融研究院司南研究室团队与印度尼西亚建国大学（Bina Nusantara University，BINUS）经济学院院长加托博士（Gatot Soepriyanto）进行学术研讨。

　　2019 年 11 月 24 日，在杭州举行的第三届全球并购白沙泉峰会上发布《并购大势，七步成章——2019 白沙泉中国并购指数新见》。

　　2019 年 5 月 17 日，浙江大学互联网金融研究院司南研究室团队针对《2020 全球金融科技中心城市报告》进行集体讨论和统稿。

　　2018 年 9 月 26 日，"全球银行国际化报告发布会"在北京举行，会上发布"银行国际化系列报告"第四期成果——《2018 全球银行国际化报告》。

　　2019 年 10 月 25 日，"2019 全球银行国际化报告发布会"在上海举行，会上正式发布"银行国际化系列报告"第五期成果——《顺时而谋，十年一剑——2019 全球银行国际化报告》。

金融科技中心指数系列报告研究背景

近些年来，金融科技正以燎原之势迅猛发展，在逐渐成为世界焦点的同时也重塑着全球金融业的版图，中国的金融科技在金融压抑、技术进步、市场呼唤、用户拥抱、政府支持、监管包容等因素的综合推动下取得了"爆发式"的发展，并逐渐成为全球金融体系中一股推动性的力量。以金融科技中心为代表的新兴金融中心开始崛起且呈现出越来越强的区域联动效应，逐渐形成具有开放的经济结构、高效的资源配置能力和强大的集聚外溢功能的多城市共同体。新时代下的全球金融科技中心不再单指某个城市，而是几座城市、几片区域甚至几个国家共同打造的金融高地。

在此背景下，贲圣林教授组织、带领浙江大学互联网金融研究院司南研究室研究、构建了"金融科技中心指数"，以城市为单元描绘金融科技发展全貌，并基于指数连续 4 年发布系列报告，持续记录和追踪国内外城市金融科技发展，捕捉各城市金融科技发展记录，力图向世界展示全球金融科技发展格局及各个金融科技中心城市的金融科技画像。

未来之路——下一个世界金融强国是不是中国?

　　本书精选了2017—2020年研究报告成果与读者分享。在此也特别感谢司南研究室主要负责人吕佳敏及核心成员胡康、罗丹、顾月、黄泽楠、鲁兰心、金佳琛、贾玥、寿烨磊、朱沂、范修凯等在"金融科技中心指数"研究过程中做出的杰出贡献。

普惠共享，触及未来

——2017 中国金融科技中心指数报告 *

一、金融科技中心指数（FHI）编制方法

　　金融科技中心是指在宏观地理区域内发挥金融科技活动中枢作用的大中城市，主要体现出集聚足够数量的金融科技企业和人才、提供丰富的金融科技产品和服务、拥有良好的金融科技设施和环境等特征。金融科技中心指数（FinTech Hub Index，FHI）是一套通过构建科学、客观的评价指标体系，结合传统统计数据与计算机大数据技术，利用基于打分规则学习的层次分析法计算权重的指数系统。

　　具体而言，金融科技中心指数从企业、用户和政府这三大市场参与主体

---

* 本报告由浙江大学互联网金融研究院、浙江互联网金融联合会于 2017 年 9 月 29 日在杭州共同发布，本文为报告节选。

出发，以金融科技产业、金融科技体验、金融科技生态等3个一级指标，五大金融科技行业、五大金融科技体验、宏观商业环境、基础设施、科研实力、政策环境、监管环境、社会关注等16个二级指标以及企业数量、市场体量、资本实力、人才供给、借贷线上化、募资线上化、人均GDP、百度热点等39个三级指标构建指标体系。一、二级指标具体如表1所示。

表1　金融科技中心指数指标体系

金融科技产业（企业视角）	金融科技体验（用户视角）	金融科技生态（政府视角）
网贷行业	网贷体验	宏观商业环境
众筹行业	众筹体验	基础设施
第三方支付行业	第三方支付体验	科研实力
大数据征信行业	大数据征信体验	政策环境
区块链行业	区块链体验	监管环境
		社会关注度

在行业选择上，由于金融科技尚处于发展初级阶段，业态发展尚不均衡，业务模式尚不稳定，数据质量参差不齐，因此本指数目前仅挑选了网贷、众筹、第三方支付、大数据征信、区块链这五大行业，对未被纳入指标体系的互联网银行、互联网保险、互联网证券等业态将会在报告中进行简要分析。在城市选择上，我们选择了全国37个直辖市、计划单列市、副省级城市和省会城市为样本对象进行数据采集和指数计算，并基于指数结果最终选取了排名前20名的城市进行数据呈现和报告分析。在指数计算上，我们通过逐级、分层、加权的方式计算指数，具体包括数据标准化、指标赋权、指数分层计算、指数更新等步骤。在数据采集上，我们结合了传统统计数据与大数据技术，从多渠道广泛采集的数据覆盖了全国2953家金融科技企业，以及以上企业的3万余条招聘信息、700余条风投记录、2500余份调查问卷，以及网贷、众筹平台的20多万条项目等等。

二、主要发现

金融科技中心指数由金融科技产业、体验和生态三大分指数构成，每个分指数分值在 0 ~ 100 分之间，但权重各不相同。产业、体验和生态构成了城市金融科技发展的统一整体，三者相互依存，互相促进。

（一）指数核心观点

如图 1 所示，在 FHI 排名中，浙江、广东各有两城跻身前 20 名，金融科技实力雄厚；长三角作为全国金融科技高地，共有五城上榜，表现抢眼。根据 FHI 排名的不同，我们将上榜的 20 个城市划分为全国金融科技中心、区域性金融科技中心和金融科技特色城市三大类。

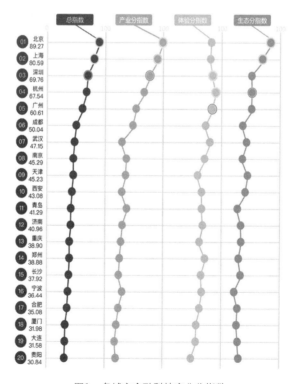

图1 各城市金融科技产业分指数

未来之路——下一个世界金融强国是不是中国？

1. 全国性金融科技中心

北京：北京虽在金融科技体验方面稍显欠缺，但综合实力依旧强劲。全国顶尖的大学和科研机构、良好的政策环境、主要金融机构总部的聚集以及以中关村为代表的全国科技创新中心的建设使得北京在金融科技产业和生态领域快速发展，并不断谋求金融科技全球话语权的提升。

上海：清晰的国际金融中心发展定位、众多的全国性金融交易市场、强大的国企外企资源、量质兼优的高等学府和充沛的专业人才储备均为上海的金融科技发展提供了强有力的支撑。不过，大量国企外企的聚集也在一定程度上掩盖了上海的创新活力，使得其在金融科技体验上相对不足。

深圳：作为中国改革开放的窗口，深圳在金融科技、创新等方面具有显著优势，但大学资源的薄弱使其金融科技生态分值略低。近两年各项前瞻性的努力，如全球著名大学及科研机构的大力引进、国际化金融创新中心的建设与粤港澳大湾区的战略规划等，将有助于深圳金融科技的腾飞与升级。

杭州：尽管杭州的传统金融相对较弱，著名院校和科研所较少，人才相对缺乏，但活跃的民营经济、浓厚的创新氛围以及出色的互联网龙头企业带来了杭州金融科技尤其是体验的高速发展。在没有全国性交易市场和主要金融机构的情况下，杭州逐渐成为中国市场化程度最高、最具活力的金融科技中心之一。且积极推动浙商银行、浙商证券、杭州银行的成功上市等补短板行为，以及全国互联网金融创新中心、财富管理中心、钱塘金融港湾、城西科创大走廊等的建设也将对杭州金融科技发展产生持续的推动作用。

广州：广州相比前四个城市而言稍许有些差距。但近年来，广州致力于推进国家创新中心城市和国际科技创新枢纽建设，为其金融科技发展提供了良好的基础。现阶段，广州应抓住新金融发展的机遇，结合自身优势，实现其在金融科技领域"立足华南，走向全国"的进一步突破。

2. 区域性金融科技中心

成都、武汉、南京、天津、西安分列金融科技中心指数排名第 6 至第 10 位，金融科技发展态势良好，各具特色，有望逐步承担起我国西南、华中、华东、华北和西北地区区域性金融科技中心的时代重任。其中，成都、武汉、西安的中西部区域核心地位优势明显，且科研实力雄厚，金融科技发展潜力巨大。而南京、天津的民营经济相对薄弱，金融科技领域的发展动力相对不够强劲，但良好的经济金融和科研基础将使其未来潜力不容小觑。

3. 金融科技特色城市

青岛、济南、重庆、郑州、长沙、宁波、合肥、厦门、大连、贵阳分列排名第 11 位至第 20 位，拥有较大的提升空间和发展潜力。其中，青岛作为全国首批科技金融试点城市之一，正在积极引入各类院所和科研平台以增强其金融科技生态基础；而被誉为"大数据之都"的贵阳，正在通过差异化发展战略跻身金融科技全国前 20 强，并有望实现大数据、云计算领域的进一步突破。

（二）金融科技产业、生态及体验分指数核心观点

如图 2 和图 4 所示，北京、上海、深圳、杭州的金融科技产业及生态表现优异，推动城市金融科技不断向前：得益于良好的宏观商业环境、金融及信息基础设施建设、较好的科研人才支撑、包容的政策监管环境和高度的社会关注，北京、上海、深圳、杭州在金融科技产业及生态上表现出色，为城市金融科技的可持续发展打下了良好的基础。从企业数量和市场体量来看，北京、上海、深圳和杭州位列前四；从资本实力来看，北京金融科技企业最受风投青睐，上海、深圳、杭州亦融资活跃；从人才供给来看，上海金融科技人才薪酬最高，北京高学历员工占比最大。

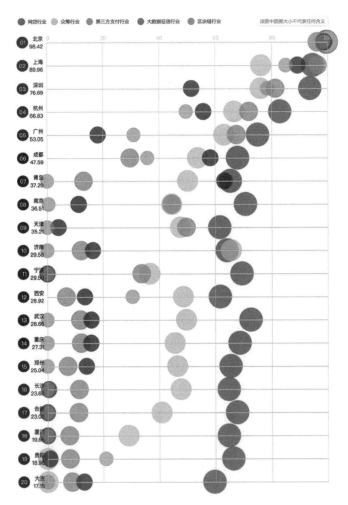

图2　各城市金融科技产业分指数

资料来源：浙大AIF司南研究室。

如图3所示，杭州摘得金融科技体验桂冠，将普惠金融落到实处：金融科技打开了新金融的大门，并以达成普惠金融为愿景，惠及每一个乐于尝试的用户。甚至可以说，用户拥抱成就了中国的金融科技，也是未来中国金融科技持续创新发展的原动力，因而其用户体验至关重要。杭州摘得金融科技体验桂冠，成为全国唯一一个金融科技体验分指数在 90 分以上的城市，网贷、众筹、第三方支付、大数据征信和区块链等五大行业体验均排名全国前列，真正将普惠金融从理念逐步落实到人们生活的方方面面。如，杭州以 6.54% 的免押金信用服务人数占比（免押金信用服务人数 58.94 万人）在大数据征信体验中拔得头筹。在杭州，用户仅凭信用即可入住酒店、乘坐公交车、借用共享单车和充电宝，信用逐步成为押金的替代品，用户的出行体验和效率得到了大幅提升。

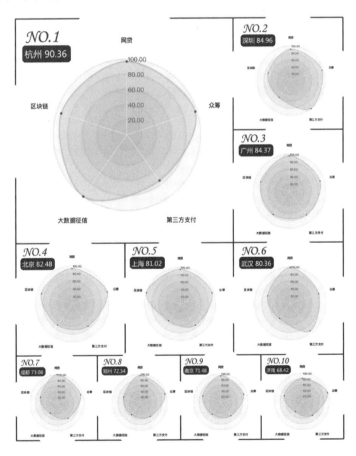

图3 各城市金融科技体验分指数

资料来源：浙大AIF司南研究室。

图4　各城市金融科技生态分指数

资料来源：浙大AIF司南研究室。

三、核心价值

（一）评估城市金融发展水平，直观反映区域金融科技现状

作为全国首个覆盖国内主要城市的金融科技类指数，金融科技中心指数可以动态记录各城市金融科技发展的历史轨迹，直观反映城市金融科技的发展

水平及其在全国的地位，挖掘金融科技中心城市。同时，对不同城市之间金融科技发展差异的有效衡量和评价，有利于城市间的相互借鉴和学习。

（二）明晰金融科技发展努力方向，有的放矢攻克薄弱环节

本指数在经济学理论指导下，分别从企业、用户和政府三大视角出发构建指标体系，并相应地设立分指数，以完整地涵盖和评价城市的每类参与主体，有助于城市通过各项指标按图索骥寻找其在金融科技发展中的薄弱环节，揭示发展机遇和努力方向，以便其更加有的放矢地推进金融科技发展工作。

（三）推广中国优秀实践成果，助力人类社会发展

在全球各国均在大力发展金融科技的背景下，我国虽已在金融科技领域取得了举世瞩目的成绩，但在国际上话语权弱、发声频率低且质量不高等问题仍普遍存在。金融科技中心指数的编制和发布有利于未来将中国的优秀实践成果及评价标准从国内城市推向全球，为金融科技发展的国际对比增加有力的依据，更为人类社会发展做出重要的贡献。

多极联动，天下新局

——2018 全球金融科技中心城市报告*

一、报告背景

积水成渊，蛟龙生焉。作为全球经济金融发展的全新驱动力，金融科技渐成各国发力焦点，区域联动、多极发展的金融科技世界格局也逐步形成。同时，监管能力、创新环境、数字基础设施建设等重要性也日趋凸显，或成金融科技可持续发展关键。

浙江大学互联网金融研究院（浙大 AIF）司南研究室联合剑桥大学新兴金融研究中心（剑桥 CCAF）、浙江互联网金融联合会于 2018 年 11 月共同推出《2018 全球金融科技中心城市报告》（"2018 Global FinTech Hub Report"），持续拓宽观察范围，纵览六大洲 70 余座城市。

---

* 本报告是由浙江大学互联网金融研究院、剑桥大学新兴金融研究中心、浙江互联网金融联合会作为联合发布方，基于全球金融科技中心指数（Global FinTech Hub Index，GFHI）结果，于2018年11月14日发布的指数报告。

二、全球金融科技中心指数（GFHI）编制方法

全球金融科技中心指数（global FinTech hub index，GFHI）从企业、用户和政府这三大市场参与主体出发（细分指标见表1），力图以城市为单元，把脉全球金融科技中心城市的崛起之势。

表1 金融科技中心指数指标体系

指数	一级指标	二级指标	三级指标
全球金融科技中心指数	金融科技产业	新金融业态	金融科技优秀企业数
			金融科技风投青睐度
		传统金融科技化	传统金融科技化程度
	金融科技体验	金融科技应用率	金融科技使用者占比
	金融科技生态	宏观经济环境	国家经济规模
			国家人口规模
			国家经济增长
			城市经济规模
			城市人口规模
			金融产业发展
			科技产业发展
		高校科研	名校综合实力
		政策监管	金融科技支持力度
			金融科技监管规范度

三、主要发现

（一）七大全球金融科技中心城市，23个区域金融科技中心城市

根据总排名，我们将全球金融科技排名前三十名的城市划分为7个全球

中心城市以及 23 个区域中心城市两大类。七大全球金融科技中心城市依次为北京、旧金山、纽约、伦敦、上海、杭州与深圳。其中,亚洲和美洲共占 6 席,欧洲仅占 1 席。23 个区域金融科技中心城市中,亚洲和美洲共占据 15 席,欧洲占据 7 席。总体呈现亚洲、美洲走在前列,欧洲发展稍缓的发展格局。除此之外,众多潜力较大的新领军者多分布在亚洲与欧洲,依靠巨大的市场、高年轻人口比重、普遍存在的金融抑制、强劲的政府支持等优势在金融科技领域寻求突破,有望星火燎原。

(二)各国监管日趋重视,发展中国家监管能力或成阻碍

自英国首创"监管沙盒"后,新加坡、澳大利亚、韩国等部分发达国家和地区逐步尝试或正在实施"监管沙盒"等创新监管方式,而发展中国家则由于金融科技行业规则制度短板,面临寻求发展与监管新平衡的挑战,如中国城市虽在排名上仍有较好表现,但相比于上一期指数得分普遍有所下降,需引起重视,避免走入"一管就死,一放就乱"的监管困境。

(三)北京产业位居首位,中美引领金融科技产业发展

中国城市凭借众多世界领先的金融科技企业成为金融科技产业发展的佼佼者,占据了全球金融科技产业榜单前十中的 5 席,前三十中的 7 席,并成为唯一出现在榜单前十中的发展中国家,实力有目共睹。如图 1 所示,北京以 58 家风投融资额累计达 5000 万美元的金融科技企业以及良好的传统金融科技化水平位居全球金融科技产业第一,杭州则主要得益于蚂蚁金服超高的融资成为优秀金融科技企业融资额最高的城市。美国也同样引领着金融科技产业的发展,在前十名中占据了 3 席,且传统金融科技化水平整体排在世界前列。

国家/地区	城市	排名	国家/地区	城市	排名	国家/地区	城市	排名
	北京	1		新加坡	11		圣保罗	21
	旧金山	2		柏林	12		巴黎	22
	纽约	3		亚特兰大	13		首尔	23
	伦敦	4		东京	14		洛杉矶	24
	上海	5		斯德哥尔摩	15		广州	25
	深圳	6		班加罗尔	16		孟买	26
	杭州	7		波士顿	17		都柏林	27
	芝加哥	8		多伦多	18		南京	28
	悉尼	9		特拉维夫	19		苏黎世	29
	香港	10		西雅图	20		阿姆斯特丹	30

北京：NO.1
- 金融科技产业排名全球第一
- 金融科技优秀企业数量全球第一
- 金融科技风投青睐度全球第二

中国
- 中国五城进入全球榜单前十，七城进入前三十
- 榜单前十中，中国是唯一的发展中国家

美国
- 榜单前十中，三城来自美国
- 传统金融科技化程度整体排首位

图1　金融科技产业：北京第一，中美引领产业发展

（四）金融科技使用者占比日渐提升，中国独占鳌头

随着金融科技变革席卷全球，全球金融科技使用者占比快速提升。如图2所示，中国城市包揽全球金融科技体验榜单前六，素有"全球移动支付之城"美誉的杭州更是以91.5%的金融科技使用者占比摘得桂冠。与此同时，印度快速崛起，孟买与班加罗尔均进入体验榜单前十，庞大的年轻人口规模、智能手机的普及和网贷的快速发展是其表现良好的主要原因。金融科技解决了发展中国家民众巨大的金融需求，也是普惠金融的题中应有之义。

国家/地区	城市	排名	国家/地区	城市	排名	国家/地区	城市	排名
	杭州	1		纽约	11		特拉维夫	21
	深圳	2		圣保罗	12		苏黎世	22
	广州	3		西雅图	13		多伦多	23
	北京	4		悉尼	14		芝加哥	24
	上海	5		洛杉矶	15		巴黎	25
	南京	6		柏林	16		阿姆斯特丹	26
	孟买	7		香港	17		斯德哥尔摩	27
	伦敦	8		波士顿	18		都柏林	27
	班加罗尔	9		亚特兰大	19		新加坡	29
	旧金山	10		首尔	20		东京	30

中国：NO.1
- 中国6个城市跻身全球前十
- 杭州以91.5%的金融科技使用者占比排名全球第一
- 运用于支付、理财、网贷等领域，在实现规模覆盖的同时逐渐精细化

印度紧随其后
- 平均金融科技使用者占比为57.9%
- 网贷体验尤为突出

发达国家有待提升
- 发达国家平均金融科技使用者占比34.2%，远低于中国平均(83.5%)

图2　金融科技体验：中国独占鳌头，杭州全球第一

(五)发达国家领跑金融科技生态,纽约、旧金山、伦敦世界一流

发达国家城市雄厚的经济基础、强大的科技能力、浓郁的创新氛围、完善的政策监管等为金融科技发展提供了沃土,使其占据了全球金融科技生态榜单前十中的9席。而发展中国家城市的金融科技生态排名总体靠后,与发达国家城市有较大差距,除宏观经济、科研实力等相对薄弱外,监管能力不足或成为其可持续发展的主要阻碍(见图3)。

国家/地区	城市	排名	国家/地区	城市	排名	国家/地区	城市	排名
	纽约	1		波士顿	11		特拉维夫	21
	旧金山	2		芝加哥	12		亚特兰大	22
	伦敦	3		香港	13		都柏林	23
	北京	4		上海	14		南京	24
	巴黎	5		首尔	15		孟买	25
	新加坡	6		杭州	16		广州	26
	西雅图	7		深圳	17		阿姆斯特丹	27
	洛杉矶	8		悉尼	18		班加罗尔	28
	东京	9		苏黎世	19		柏林	29
	斯德哥尔摩	10		多伦多	20		圣保罗	30

三城鼎立
- 纽约、旧金山、伦敦各有所长
- 纽约:传统金融驱动
- 旧金山:原创科技驱动
- 伦敦:创新监管驱动

发达国家领跑
- 平均得分64.2分
- 生态排名前五位中占据四席

发展中国家仍有差距
- 平均得分58.4分,其中监管分数差距大为主要原因之一
- 北京是唯一进入生态前五的发展中国家城市

图3 金融科技生态:以纽约、旧金山与伦敦为代表的发达国家城市领跑

欲行百里，久久为功

——2019 全球金融科技产业 40 城报告[*]

一、报告背景

在当前世界多变格局之下，金融科技已然成为全球各国抢占新局高地的着力点。从风投垂青到上市新贵，金融科技企业顺势而为，发展壮大，共同成就了飞速前行、不断跃迁的金融科技产业。城市，作为金融科技产业发展依存的基本单元，肩负着培育土壤、优化生态的关键使命。虽然经过几年发展，以北京、上海、深圳、杭州为代表的中国城市，以旧金山（硅谷）、纽约为代表的美国城市和以伦敦为代表的英国城市已在全球金融科技竞争中崭露锋芒，但在各国均以战略高度争抢的要道上，仍需有"逆水行舟，不进则退"的危机感，

---

[*] 本报告是由浙江大学互联网金融研究院司南研究室、浙江互联网金融联合会作为联合发布方，于2019年10月28日在杭州共同发布的指数报告。

不断推动金融科技产业可持续发展。

继 2018 年 6 月在阿姆斯特丹首次发布《2018 全球金融科技中心指数》、11 月在杭州发布《2018 全球金融科技中心城市报告》后,浙江大学互联网金融研究院司南研究室联合浙江互联网金融联合会在 2019 年以更广、更深的要求陆续推出涵盖金融科技产业、体验、生态的全球和中国系列报告——《2019 全球金融科技产业 40 城》,以指数观城市产业现状,以数据供全球分析参考。

二、何为全球产业 40 城?

本报告着眼于金融科技产业发展,聚焦城市中的金融科技上市企业及累计融资 5000 万美元以上的头部企业,深入探索全球六大洲的 70 多座城市并遴选前 40 名。需要说明的是,本报告中所指的"金融科技产业"主要包含了互联网银行、证券、保险、新兴金融科技业态及金融科技基础设施等,传统金融科技因为发展模式较为不同,将会在后期系列报告中具体展开。

从指数中可以看到(见图 1),全球金融科技产业 40 城的"8+32"格局已逐步成形。第一梯队中,中美引领明显,8 个城市中中国占据 4 席(北京、上海、杭州、深圳),美国占据 3 席[旧金山(硅谷)、纽约、芝加哥],欧洲仅伦敦入列,位居第五。在第二梯队中,亚洲力量突出,包揽 14 席;美洲和欧洲势均力敌,各获 7 席和 8 席。

第一梯队		
排名	城市	国家
1	北京	中国
2	旧金山(硅谷)	美国
3	纽约	美国
4	上海	中国
5	伦敦	英国
6	杭州	中国
7	深圳	中国
8	芝加哥	美国

中美引领明显

中国：美国：英国=4：3：1

第二梯队					
排名	城市	国家	排名	城市	国家
9	亚特兰大	美国	25	首尔	韩国
10	香港	中国	26	洛杉矶	美国
11	巴黎	法国	27	波士顿	美国
12	新加坡	新加坡	28	南京	中国
13	悉尼	澳大利亚	29	广州	中国
14	东京	日本	30	特拉维夫	以色列
15	西雅图	美国	31	都柏林	爱尔兰
16	柏林	德国	32	成都	中国
17	苏黎世	瑞士	33	胡志明市	越南
18	阿姆斯特丹	荷兰	34	雅加达	印尼
19	墨尔本	澳大利亚	35	重庆	中国
20	斯德哥尔摩	瑞典	36	巴塞罗那	西班牙
21	班加罗尔	印度	37	墨西哥城	墨西哥
22	孟买	印度	38	维尔纽斯	立陶宛
23	多伦多	加拿大	39	新德里	印度
24	圣保罗	巴西	40	开普敦	南非

亚洲力量突出，美欧势均力敌

亚洲：欧洲：美洲=14：8：7

图1 金融科技产业40城：全球格局"8+32"

三、主要发现

本报告分别从城市金融科技产业发展的整体情况、上市企业、融资青睐三大视角出发，深入分析挖掘数据背后的现象和本质，总结了九大发现。

（一）整体总览

1.头部基本成型，行百里者半九十

无论是依靠先天禀赋或是先发优势，北京、旧金山（硅谷）、纽约、上海、伦敦、杭州、深圳、芝加哥所组成的第一梯队八大城市已然占得全球金融科技发展的先机，不仅排名连续3期趋于稳定，而且平均分较第二梯队高41.93分，"护城河"已初步建立。此外，从指数分布来看，40城指数总体呈长尾分布，第二梯队平均相邻分差较小（为1.22分），更易超越前方城市，而第一梯队平均相邻分差更大（为4.11分），格局更难打破。可以说，这样的现象正是印证了古话所说的"行百里者半九十"，后来者在跨越差距实现突破的征途上需加倍努力。

2. 众多城市加强发力,"我命由我不由天"

在第一梯队的花团锦簇之下,亚特兰大、香港、巴黎、新加坡、悉尼等带领的第二梯队亦有许多亮点,尤其是那些"奋起直追者"的身影引人瞩目:墨尔本、阿姆斯特丹、苏黎世、巴黎和雅加达的产业排名分别相比去年上升了 23 名、17 名、16 名、12 名和 9 名,这些城市多集中于澳大利亚、北欧地区和东南亚地区,且"努力"方式各有不同,如墨尔本和巴黎深耕已上市企业,大幅提升市值,墨尔本金融科技支付公司 AfterPay Touch 和巴黎银捷尼科集团(Ingenico Group)的市值分别较上年同期增长约 2.1 倍和 1.5 倍;而阿姆斯特丹、苏黎世和雅加达则通过优质企业吸引大量融资,阿姆斯特丹区块链公司 Bitfury、苏黎世金融科技公司 Numbrs、雅加达金融消费分期公司 Akulaku 分别新获融资约 8000 万美元、4000 万美元和 1 亿美元。

后起新秀的涌现也意味着群雄逐鹿绝无常胜,对头部城市而言,虽优势暂稳,但如不心存危机感、保持进步姿态,或将如逆水行舟。

3. 全球业态结构较为集中,国与国间各有特色

从企业数量来看(见图 2),网贷、第三方支付、信息服务、综合型金融科技占据全球金融科技业态前四,合计占比高达六成,其中,随着"金融科技基础设施是未来全球金融中心发展和竞争的核心资源"的认知逐步成为共识,以信息服务(如金融 IT)为代表的相关产业越来越受到各方关注;而"综合型金融科技"排名第四,则表明了在全球范围内金融科技企业多元综合发展渐成趋势。除此之外,在技术领域,区块链排名最高,位列全球第五。

从地域分布来看,国别之间业态分布各具特色。通过中美对比可以看到,中国的金融科技产业发展典型地表现为需求驱动型,其网贷、第三方支付、消费金融、众筹等以客户需求为主要动力的业态占比极高,而区块链和人工智能等技术支撑型业态仅占 5.6%。相比而言,美国则更多地以技术驱动发展,不仅信息服务业态占据榜首(24.0%),而且区块链 / 数字货币、人工智能等业态

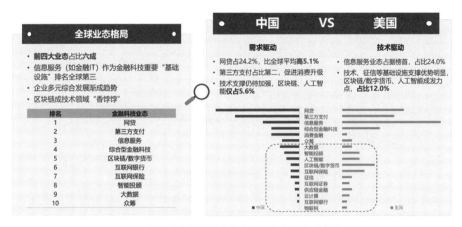

图2　全球业态结构较为集中，国与国间各有特色

占比达 12.0%，约为中国的 2 倍。业态分布不同的背后反映的是各国发展模式的不同，以中国为代表的发展中国家在金融抑制、监管支持、客户拥抱等因素的综合作用下闪耀于世界金融科技舞台，但在国际竞争持续加剧、产业逐步进入深水区的当下，技术、人才、监管等关键因素的支撑将会愈发重要。

（二）上市概况

1.2019 年金融科技上市企业前十：亚洲、美洲、欧洲包揽榜单

本报告汇总整理了全球各城市金融科技上市企业数量、市值、均值等信息，分别得出了前十的城市榜单，并对市值前十的企业也进行了同步展现，榜单参见表1。

表 1　2019 年金融科技上市企业各类指标前十

排名	企业数量前十城市	市值总额前十城市	市值均值前十城市	企业市值前十（所属城市）
1	北京	旧金山（硅谷）	旧金山（硅谷）	维萨（旧金山）
2	上海	纽约	纽约	万事达（纽约）
3	旧金山（硅谷）	阿姆斯特丹	阿姆斯特丹	Square（旧金山）
4	纽约	上海	日内瓦	Adyen（阿姆斯特丹）
5	杭州	芝加哥	芝加哥	东方财富（上海）

续 表

排名	企业数量 前十城市	市值总额 前十城市	市值均值 前十城市	企业市值前十（所属城市）
6	深圳	杭州	巴黎	环联（芝加哥）
7	芝加哥	北京	米兰	Broadridge（纽约）
8	亚特兰大	日内瓦	墨尔本	Temenos（日内瓦）
9	伦敦	巴黎	西雅图	恒生电子（杭州）
10	阿姆斯特丹	米兰	杭州	阿波罗（纽约）

2.本土上市优势明显，中国企业却舍近求远

从企业上市地选择来看（见图3），全球金融科技上市企业市值前二十的企业均在本地证券市场上市，这在这一定程度上说明了本土上市的相对优势。但与之形成鲜明对比的是，中国金融科技企业却舍近求远，仅有36%的企业选择在境内上市，远低于欧洲的100%、美国的82%以及全球平均（60%），究其原因主要在于中国境内对上市企业的持续盈利能力有较高要求，而绝大多数金融科技企业还处于发展扩张期，其盈利表现较难达标，因而纷纷选择了门槛相对较低和监管更为灵活的欧美交易所或港交所开启下一阶段的征程。但我国不断优化的市场环境、不断完善的上市制度以及不断建设的科创板都将给创新型企业带来更多的选择，以活跃的资本市场支撑全国创新发展。

图3　金融科技企业本土上市比例，各国差异明显

注：以上比例为该国家或地区的金融科技上市企业选择在本土上市的比例。

3. 发展隐忧：中国上市企业"数量与质量"的博弈

从上市企业前十城市榜单中可以看到，以北京、上海、杭州、深圳为代表的中国城市在金融科技上市企业数量和市值总额中都名列前茅。但需要引起关注的是，中国金融科技上市企业"数量"的背后缺乏"质量"的支撑，发展隐忧犹存。如图4所示，从横向对比来看，中国企业在全球城市市值均值榜中仅有杭州以第十名进入前十，在全球最高市值金融科技企业前十中中国企业仅占2席（东方财富、恒生电子），前二十中仅占4席（再加同花顺、拉卡拉），而在全球最低市值企业前十中中国企业则有6家，前二十中有11家。从纵向对比来看，中国目前上市市值最低的10家金融科技企业中，有8家企业市值相比上年同期大幅下跌（8家平均跌幅为520%），其中网贷行业领跌，最高企业跌幅1498%，处于退市边缘。

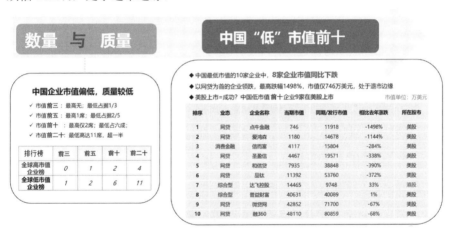

图4 发展隐忧：中国上市企业"量与质量"的博弈

（三）融资现状

1. 2019 年金融科技融资前十：蚂蚁金服稳居全球第一

与上市企业类似，本报告汇总整理了全球各城市累计融资超5000万美元的金融科技企业数量、融资额及均值等信息，分别得出了前十城市榜单，并对累计融资额前十的企业也进行了同步展现，榜单参见表2。

表2 2019年金融科技融资各类指标前十

排名	企业数量前十城市	融资总额前十城市	融资均值前十城市	企业融资前十（所属城市）
1	纽约	杭州	杭州	蚂蚁金服（杭州）
2	旧金山（硅谷）	旧金山（硅谷）	南京	Block.One（香港）
3	北京	北京	墨尔本	苏宁金融（南京）
4	伦敦	纽约	香港	陆金所（上海）
5	深圳	伦敦	重庆	京东金融（北京）
6	上海	上海	亚特兰大	SoFi（旧金山）
7	杭州	香港	斯德哥尔摩	Kabbage（亚特兰大）
8	新加坡	深圳	圣保罗	度小满金融（北京）
9	芝加哥	南京	上海	比特大陆（北京）
10	柏林	亚特兰大	胡志明市	Ingenico（巴黎）

2. 独木成林与百家争鸣：部分城市企业梯队不均衡

从各城市企业融资额集中度来看（见图5），部分城市头部企业吸纳大量融资，一家独大现象趋于明显。旧金山（硅谷）、北京、纽约、伦敦等地融资额前三的企业融资额占比均低于四成，发展较为均衡，呈现百家争鸣局面。但与之相对的是，杭州、香港、南京、亚特兰大等城市前三的企业融资额占比超九成，其中南京的苏宁金融（占城市总融资额的95%）、杭州的蚂蚁金服（占城市总融资额的91%）等行业巨头更是凭一己之力占据了所在城市绝大部分的融资总额。在金融科技企业逐步走向多元化、综合化经营的今天，金融科技巨头独木成林，带动了城市金融科技发展。但与此同时我们也应看到，独木成林的虹吸效应或有致城市产业整体发展失衡之虞，亟待优化。

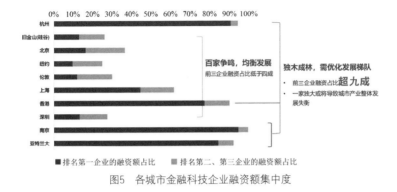

图5 各城市金融科技企业融资额集中度

3. 凤凰择良木而栖：城市整体生态优化至关重要

在提升金融科技产业实力之时，不应仅仅着眼于企业本身，还需关注城市整体生态优化。本报告在横向对比城市融资情况时发现，一方面，城市融资集中度较高，头部城市更受资本青睐，集聚大量融资，融资总额前 20 名的城市的融资额达 1310.8 亿美元，是第 21 ～ 40 名城市（82.6 亿美元）的约 16 倍。另一方面，城市间增速差异较大，融资总额前 20 名城市的融资额增速达 167%，是第 21 ～ 40 名城市（增速 19%）的约 9 倍，城市优良的整体能力和生态正在助力其内部企业个体加速成长。因此，城市应格外注重其金融科技生态整体优化，只有当城市成为"良木"时才能引得凤凰栖息，为优质金融科技企业发展提供有力支持，进入良性循环。

千帆竞发，器利者先

——2020 全球金融科技中心城市报告 *

一、报告背景

  漫卷全球的金融科技风云掀起深刻的经济、社会和技术变革，正重塑着世界格局。继 2017 年 9 月在杭州首次发布《2017 金融科技中心指数（FinTech Hub Index）》以来，浙江大学互联网金融研究院（浙大 AIF）司南研究室携手各类机构已基于指数连续三年发布《2018 中国金融科技中心城市报告》《2018 全球金融科技中心城市报告》《2019 全球金融科技产业 40 城》《2019 金融科技中心城市报告》等 15 份系列报告成果。《2020 全球金融科技中心城市报告》以

---

  * 本报告是由浙江大学互联网金融研究院司南研究室、浙江大学国际联合商学院、浙江省前景大数据金融风险防控研究中心、浙江互联网金融联合会作为联合发布方，杭州摩西信息科技有限公司作为数据支持，基于全球金融科技中心指数（Global FinTech Hub Index，GFHI）结果，于2019年12月在杭州发布的指数报告。

"千帆竞发，器利者先"为主题：前者是我们对当下金融科技发展现状的总结，意指各国纷纷发力，竞争愈发激烈；后者是我们于此背景下对"如何发展"这一问题的解答，工欲善其事必先利其器，器利者方能先行，此处的"器"，是市场、规则、技术，更是方法。

报告纵览全球 70 余座城市，通过指数全面展现全球金融科技版图及发展趋势，根据指数排名结果精选前四十名分析其金融科技产业、体验和生态发展状况，并基于此尝试回答"要不要发展金融科技"、"发展怎样的金融科技"以及"不同城市怎样发展金融科技"三大重要问题。

二、主要发现

围绕全球金融科技中心指数，本报告主要发现如下。

（一）金融科技大厦

通过整合国际国内权威研究，我们将目前全球的金融科技产业分为互联网银证保（银行、证券、保险）、新兴金融科技、传统金融科技化、金融科技基础设施这四大方面内容。

（二）2020 全球金融科技版图："8+32+N"

我们从全球 70 多座城市中评选出了全球金融科技发展前四十的城市，并进一步将其划分为八大全球金融科技中心城市、32 座区域金融科技中心城市，以及多个虽未进入前四十却拥有巨大发展空间的潜力之城。

如图 1 所示，八大全球金融科技中心城市是当之无愧的金融科技领头羊，不仅平均分领先全球，且聚集了全球 72.6% 的上市金融科技企业、69.0% 的高融资未上市金融科技企业、43.1% 以及 46.0% 的上市金融机构和科技企业。

除此之外，全球金融科技中心城市从 2018 年的 7 个变成了 8 个，北京、旧金山（硅谷）、纽约、上海、伦敦、深圳、杭州仍牢牢占据前七名，上海超越伦敦位列第四，深圳与杭州并列第六，而芝加哥发展迅猛顺利晋升世界金融科技发展第一梯队，位列第八。

图1中左侧表格：

八大全球金融科技中心

排名	城市	国家
1	北京	中国
2	旧金山(硅谷)	美国
3	纽约	美国
4	上海	中国
5	伦敦	英国
6	深圳	中国
6	杭州	中国
8	芝加哥	美国

平均分 75.5分，全在60分以上
中国：美国：英国=4：3：1，深圳、杭州并列第六

区域金融科技中心

- 平均分53.5分，墨尔本、南京、孟买进步明显，首次挤身全球前20
- 香港下降5名

排名	城市	国家
9	新加坡	新加坡
10	悉尼	澳大利亚
11	东京	日本
12	亚特兰大	美国
13	巴黎	法国
14	广州	中国
15	香港	中国
16	墨尔本	澳大利亚
17	西雅图	美国
18	斯德哥尔摩	瑞典
19	南京	中国
20	孟买	印度

图1 "8+32+N"全球金融科技版图

资料来源：浙大AIF司南研究室、杭州摩西信息科技。

（三）金融科技发展已成不可逆趋势

全球各国政府对发展金融科技高度重视，已有40余座城市出台了金融科技相关政策或针对性扶持措施。此外，伦敦、上海、杭州、新加坡、迪拜、苏黎世等城市都在争做金融科技中心，正举全城乃至全国之力发展金融科技。

与此同时，资金持续且加快流入金融科技领域，2019年金融科技上市及高融资未上市企业数量较2018年增长33%，达485家，融资总额更是上升46%，达1558亿美元，是金融科技日益兴盛的有力证明。

（四）全球金融科技竞争日趋激烈

一方面，八大全球金融科技中心城市领先态势明显，GFHI指数平均分远高于区域中心城市，且与区域中心城市的平均分差距较2018年扩大3.7分，正奋力守住并扩大其先发优势。

另一方面，区域中心城市内部良性竞争也日趋激烈，其中排名变动超3位者占了一半，这些城市正在新赛道上追赶金融科技领跑者。在全球各国争相

发展金融科技的当下，稍有懈怠就将落后，如逆水行舟，不进则退。

（五）金融科技产业：两梯队格局明显，中国城市亮眼

全球金融科技产业 40 城排名与 GFHI 总排名相似，如图 2 所示，呈现出明显的"8+32"两梯队格局。而在全球金融科技产业前二十的城市中，除 5 座中国城市外，其余均为发达国家城市，表明金融科技发展虽依赖城市自身禀赋，但如能像中国城市般抓住先机，则也能依靠先发优势换道超车。

排名	城市	国家	排名	城市	国家
1	北京		11	巴黎	
2	旧金山（硅谷）		12	新加坡	
3	纽约		13	悉尼	
4	上海		14	东京	
5	伦敦		15	西雅图	
6	杭州		16	柏林	
7	深圳		17	苏黎世	
8	芝加哥		18	阿姆斯特丹	
9	亚特兰大		19	墨尔本	
10	香港		20	斯德哥尔摩	

中国亮眼

除**中国**城市外，均为**发达国家**城市

各洲表现

- 亚洲：7座
- 欧洲：6座
- 美洲：5座
- 澳洲：2座

图2 全球金融科技产业排名前二十：中国表现亮眼

资料来源：浙大AIF司南研究室、杭州摩西信息科技。

（六）金融科技体验：发展中国家全面领先

全球金融科技体验整体较 2018 年有所提升，其核心指标"金融科技使用者占比"平均值相比 2018 年增长超过 10 个百分点。

如图 3 所示，依靠广阔的市场和丰富的应用场景，中国城市依旧是全球金融科技体验的标杆，包揽全球金融科技体验榜单前八名，而印度、南非、俄罗斯等国也正发力发展普惠金融，金融科技体验进步迅速，与中国城市一同包揽榜单前十五名。

排名	城市	国家	排名	城市	国家
1	杭州		11	莫斯科	
2	深圳		12	孟买	
3	广州		13	班加罗尔	
4	上海		14	新德里	
5	北京		15	圣彼得堡	
6	南京		16	旧金山（硅谷）	
7	西安		17	墨西哥城	
8	成都		18	伦敦	
9	开普敦		19	苏黎世	
10	重庆		20	新加坡	

发展中国家全面领先

前八全部是中国城市

印度、非洲发力提升金融普惠

各洲表现

· 亚洲：13座
· 欧洲：4座
· 美洲：2座
· 非洲：1座

图3　全球金融科技体验排名前二十：发展中国家全面领先

资料来源：浙大AIF司南研究室、杭州摩西信息科技。

（七）金融科技生态：金融科技发展的关键

纵览全球，金融科技生态排名与产业排名高度相关，如图4所示，前20城依旧被中国城市与其他发达国家城市包揽，且中国城市几乎都有不同程度的名次提升，证明了良好的金融科技生态是城市金融科技向好发展的关键所在。

国家/地区	城市	排名	国家/地区	城市	排名	国家/地区	城市	排名
	纽约	1		波士顿	11		特拉维夫	21
	旧金山	2		芝加哥	12		亚特兰大	22
	伦敦	3		香港	13		都柏林	23
	北京	4		上海	14		南京	24
	巴黎	5		首尔	15		孟买	25
	新加坡	6		杭州	16		广州	26
	西雅图	7		深圳	17		阿姆斯特丹	27
	洛杉矶	8		悉尼	18		班加罗尔	28
	东京	9		苏黎世	19		柏林	29
	斯德哥尔摩	10		多伦多	20		圣保罗	30

三城鼎立

· 纽约、旧金山、伦敦各有所长
· 纽约：传统金融驱动
· 旧金山：原创科技驱动
· 伦敦：创新监管驱动

发达国家领跑

· 平均得分64.2分
· 生态排名前五位中占据四席

发展中国家仍有差距

· 平均得分58.4分，其中监管分数差距大为主要原因之一
· 北京是唯一进入生态前五的发展中国家城市

图4　全球金融科技生态排名前二十：生态建设至关重要

数据来源：浙大AIF司南研究室、杭州摩西信息科技。

从分布来看，发展中国家城市正在着力完善生态，亚洲生态实力进步明显，包揽进步榜前 2 ～ 5 名；从细分领域来看，金融和科技产业基础渐成生态的中坚力量；从发展模式来看，这些城市或立足金融发展科技，或立足科技赋能金融，或二者兼修。

（八）要发展怎样的金融科技：技术驱动型

从全球、中国、美国的金融科技业态发展对比来看，区块链 / 数字货币、智能投顾等技术驱动的金融科技业态在全球范围内受到重视，是未来主要发展方向，推进金融科技基础设施建设、加速传统金融科技化进程势在必行。与此同时，近年来市场驱动型的中国在发展网贷等业态时遇到了不少问题、走了一些弯路，也需要及时自省并调整发展方向。

无论从国别对比来看还是从行业发展遇到的困境来看，发展技术驱动的金融科技行业都是当务之急，这不仅是大势所趋，也是对目前困境的一剂治本解药。此外，利用监管科技提升监管能力也至关重要，各国均需避免重走"先发展、后监管"的老路。

（九）城市该如何发展金融科技：三步走

第一步，检视自身，正视优势、劣势；第二步，在每个城市对自身有清晰的了解后，若想持续发展就要勇于学习，更要善于学习，找到适合自己的学习方法；第三步，分别从产业、体验、生态三大维度出发，制定具体的工作实施方案，出台相应的政策规划，以国际和长远的眼光做到"时代大计，规划先行"。

三、核心价值

全球金融科技中心指数及每年发布的报告，旨在成为读者认知金融科技发展的最佳工具。

对政府而言,核心价值在于成为其检视自身发展的体检单、对标卡和刻度尺。

体检单,找优劣。GFHI 从企业、用户和政府三大视角出发构建指标体系,分别展现了城市在金融科技产业、体验、生态三个维度 20 余项指标的发展情况,如体检单般全面,有助于城市精准明确优劣势,更有的放矢地推进相关工作。

对标卡,利学习。GFHI 在统一框架下对全球六大洲 70 余座城市的金融科技发展现状进行评估,并总结世界样板的独特发展经验与动力源泉,如对标卡般可比,有助于城市立足禀赋,找到适合自己学习的榜样。

刻度尺,量进步。GFHI 持续记录各城市金融科技发展的历史轨迹,如刻度尺般清晰,有助于城市监测自身进退步,评估工作成效。

对企业而言,核心价值在于成为其洞悉全球趋势、政策规则及市场机遇的指南。

全球趋势指南。报告将基于 GFHI 分析当下金融科技发展的全球格局调整、业态分布变化、应用普及程度等,以数据为支撑,明晰发展趋势,提前看见未来。

政策规则指南。GFHI 指标中涵盖了对每个城市金融科技支持力度和监管能力的衡量,并对具体政策、监管规则等进行详细梳理,一文看尽全球政策"冷暖"。

市场机遇指南。报告通过展现当下的热点市场、业态、技术,并辅之以相应的企业案例,帮助企业和投资者发现亮点、捕捉机遇。

未来之城指数系列报告研究背景

当今国际形势复杂严峻，世界各国都正面临着政治、经济、社会发展的百年未有之大变局。聚焦国内，我国正处于全面建成小康社会的决胜期和"两个一百年"奋斗目标的历史交汇期，既有实现中华民族伟大复兴、增进人民福祉的重大战略机遇，又面临着经济发展进入新常态、不稳定和不确定因素显著增加的诸多挑战。城市，作为承载经济发展与人民生活的基本单元，将不可避免地在世界变局中寻求机遇、在国家复兴的道路上砥砺前行。以未来的眼光看待城市发展、以全局的思维谋划发展显得尤为迫切和重要。

在此背景下，贲圣林教授带领浙江求是创新研究院和浙江大学互联网金融研究院携手研究构建"未来之城"指数体系，力求以数据看现状，从对比找优劣，让指数领未来。首期报告已于 2019 年 10 月 12 日在"新经济、新动能、新阶层"2019 年度论坛上发布。

本书节选报告内容与读者分享。在此特别感谢顾月、胡康、钱晓霞、吕

未来之路——下一个世界金融强国是不是中国?

佳敏、金佳琛、鲁兰心、罗丹、陈菲儿、陈天怡、方申涵、赵博宇、张帆、吕晨曦、薛田园、王予祺、付涛、杨佳悦、潘剑宜、周佳予、黄泽楠、戴旭飞、陈琳、陈周阳、姜楠等项目组核心成员在首期"未来之城"指数研究过程中做出的突出贡献。

度势破壁，剑指未来

——2020 未来之城报告 *

一、报告背景

当今世界格局风云变幻、国际形势错综复杂，世界多极化、经济全球化、文化多样化、社会信息化的浪潮交相辉映，全球各地都面临着百年未有之大变局。与此同时，中国经济发展进入新常态，正值实现中华民族伟大复兴、增进人民福祉的重大战略期，提质增效、转型升级的要求愈加迫切。城市，作为承载经济发展与人民生活的基本单元，将不可避免地在世界变局中寻求机遇、在国家复兴的道路上砥砺前行。

谋定而后动，知止而有得。从普通一城蝶变至"未来之城"，需要的不仅

---

* 本报告是由浙江求是创新研究院、浙江大学互联网金融研究院司南研究室联合发布，杭州摩西信息科技有限公司提供数据支持，基于"未来之城"（Future Cities）指数结果，于2019年12月发布的指数报告，本文为报告节选。

仅是信心,"药方"与"合力"缺一不可。2015 年,党的十八届五中全会正式提出创新、协调、绿色、开放、共享的发展理念,明确五大发展理念是针对我国经济发展进入新常态、世界经济复苏低迷开出的"药方",也是城市走向未来的正确方向,需要政府、企业、民众共同努力,形成合力,推动城市在这一场深刻变革中获得新生。

　　未来之城,度势破壁,剑指未来!以数据看现状,从对比找优劣,让指数领未来。"安得广厦千万间,大庇天下寒士俱欢颜",愿每一座城市都成为和谐宜居、富有活力、各具特色的一方乐土!

二、指标体系

　　"未来之城"指数体系是五组极具针对性的指数系统,从五大理念、三大视角出发,选取 35 个二级指标,结合传统统计数据与计算机大数据技术,利用基于打分规则的层次分析法,对 47 座城市的未来潜力进行评价,最终形成"城市创新指数""城市协调指数""城市绿色指数""城市开发指数""城市共享指数"五组指数,各指数前十的城市即被对应评为创新之城、协调之城、绿色之城、开放之城与共享之城:创新之城创新资源密集,创新创业氛围浓厚;协调之城营商环境优越,城乡居民生活和谐;绿色之城生态优美宜居,生产生活科学发展;开放之城内外透明开放,兼容并蓄吸引人才;共享之城社会保障有力,各类成果民众共享。进一步根据城市在五组排名中进入前十的频次,评选出"未来十城"与"潜力之城"。指标体系将在保持稳定、科学可比的基础上不断完善。具体编制流程如图 1 所示。

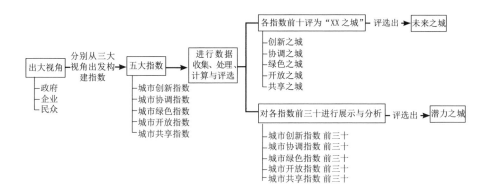

图1 未来之城指数编制流程

三、主要发现

根据指数结果，本报告分别评选出了创新之城、协调之城、绿色之城、开放之城、共享之城，并在此基础上，选出了各具特色的"未来十城"。

1. 创新之城：资源高度集中，仍需迎难而上

如表1所示排名，北京、深圳、上海、杭州、广州名列创新城市前五，政府、企业、民众齐发力，创新能力与潜力均占优。东、中、西部地区差距明显，武汉成为中西部创新排名第一的城市，政府表现较为突出。

表1 城市创新指数前十排名

城市	所在省份	总排名	政府排名	企业排名	民众排名
北京	北京	1	9	1	1
深圳	广东	2	2	3	5
上海	上海	3	10	2	3
杭州	浙江	4	7	4	6
广州	广东	5	1	5	4
南京	江苏	6	4	6	2
苏州	江苏	7	6	7	13

续 表

城市	所在省份	总排名	政府排名	企业排名	民众排名
武汉	湖北	8	3	11	7
合肥	安徽	9	5	18	11
天津	天津	10	14	9	10

资料来源：浙大AIF司南研究室、杭州摩西信息科技。

创新资源聚集现状转变难，一线城市在科技支出、科研支出、领军企业、领军人才、高校实力上遥遥领先，汇聚全国最优资源。其余各地只能"八仙过海"，迎难而上谋未来，合肥、武汉、绍兴以政府创新弥补市场不足，南京成为全国开办企业时间最短的城市（0.5天），并依托科研力量成为民众创新先行者。

2．协调之城：三方平衡不易，意识引领行动

如表2所示排名，相较京津冀、珠三角地区，长三角区域整体协调表现更优，排名前十中占据4席，上海、南京、杭州、无锡均有上榜。城市三方协调十分困难，"不"协调更加普遍，仅深圳、广州、南京、杭州在政府、企业、民众三方协调排名中均进入前十。

表2　城市协调指数前十排名

城市	所在省份	总排名	政府排名	企业排名	民众排名
深圳	广东	1	3	3	1
上海	上海	2	1	2	17
北京	北京	3	4	1	18
广州	广东	4	2	5	7
南京	江苏	5	6	4	9
杭州	浙江	6	5	6	6
长沙	湖南	7	13	9	4
成都	四川	8	7	8	21

城市	所在省份	总排名	政府排名	企业排名	民众排名
武汉	湖北	9	11	11	10
无锡	江苏	10	20	36	2

资料来源：浙大AIF司南研究室、杭州摩西信息科技。

意识引领行动，各地努力立足自身禀赋打造协调之城。一线城市资本市场活跃，营商环境占优，市场协调能力强，但民众生活成本居高不下；郑州、西安积极发挥中西部枢纽作用，提升区域互联互通；西宁、哈尔滨、南昌高技术产业增加值增速超过20%，推动城市新旧动能转换。

3. 绿色之城：或许天定胜人，人定亦可胜天

如表3所示排名，绿色之城地域差异明显，气候禀赋影响巨大，绿色之城前十名中沿海城市占据6城，南方城市占据7城，东部地区占据8城。受亚热带海洋性季风气候影响的厦门空气质量最高，森林覆盖率达42.07%，饮用水源地达标率达100%。

表3 城市绿色指数前十排名

城市	所在省份	总排名	政府排名	企业排名	民众排名
深圳	广东	1	2	5	2
厦门	福建	2	27	32	1
贵阳	贵州	3	29	13	3
昆明	云南	4	14	19	6
上海	上海	5	3	2	12
广州	广东	6	30	4	8
大连	辽宁	7	24	26	5
青岛	山东	8	34	7	7
北京	北京	9	1	1	25
杭州	浙江	10	20	21	9

资料来源：浙大AIF司南研究室、杭州摩西信息科技。

郑州、石家庄、唐山等地政府节能环保支出占财政支出比例较高,政府的绿色投入均进入前十,但空气质量依然偏低。但若注重投入与方法,终将获得成效,如唐山全年 AQI 优良天数已从 2014 年的 37% 逐步增长至 2018 年的 56%。当然,产业升级是促进绿色发展的最终选择,如北京 2018 年第二产业能源消耗仅占第三产业的一半,产业升级成效明显,企业绿色排名第一。

4. 开放之城:内外联动发力,得人可得天下

如表 4 所示排名,上海、深圳、北京成为开放之城前三甲,但均衡开放是难点所在。上海实际利用外资超千亿元,成为中国对外开放窗口;北京友好城市 66 座,居全国首位,充分发挥全国政治中心角色,但两座城市人口流入渐显饱和,北京稍显流出势头。

表 4　城市开放指数前十排名

城市	所在省份	总排名	政府排名	企业排名	民众排名
上海	上海	1	1	1	27
深圳	广东	2	14	2	1
北京	北京	3	2	3	47
广州	广东	4	3	8	4
苏州	江苏	5	13	4	30
杭州	浙江	6	6	9	3
西安	陕西	7	9	10	2
成都	四川	8	4	15	6
重庆	重庆	9	7	11	8
厦门	福建	10	19	7	13

资料来源:浙大AIF司南研究室、杭州摩西信息科技。

真正的开放之城当有内外联动、透明包容的魄力。在面向世界、吸引外商投资、推动跨境贸易方面,上海、深圳等沿海城市表现较为突出;在立足市场,鼓励民营经济,盘活民间资本方面,深圳、杭州等南方城市最为亮眼;在

审视自身，政务透明公开，保障信息对称方面，杭州、苏州等新兴城市当得典范。这些兼容并蓄的开放之城人口流入逐步加快，为其进一步发展注入更多力量。

5. 共享之城：发展终惠民生，扶贫应先扶智

如表5所示排名，经济发达地区成果更加丰硕，惠民成效更加突出。江苏、广东两省各有三城进入全国共享指数排名前十，在保持经济发展的同时，能够较为妥善地解决社会公平正义问题，在把"蛋糕"做大的同时把"蛋糕"分好。

共享排名前五的城市教育类财政支出占比普遍偏高，人才培养成为各个城市自我提升的重要方式。杭州作为共享魁首从2017年12月至2019年8月，低保资金支出上涨1000多万元，低保人数减少200万人，对内实现高效扶贫。与此同时，杭州通过学校结对、校长互派、共建实训基地等方式积极帮扶外地脱贫，共同实践扶贫先扶智。

表5 城市共享指数前十排名

城市	所在省份	总排名	政府排名	企业排名	民众排名
杭州	浙江	1	5	2	2
北京	北京	2	6	1	3
上海	上海	3	13	3	4
深圳	广东	4	11	18	1
南京	江苏	5	2	7	8
苏州	江苏	6	3	40	6
武汉	湖北	7	14	5	7
佛山	广东	8	1	23	12
广州	广东	9	21	24	5
无锡	江苏	10	4	39	15

资料来源：浙大AIF司南研究室、杭州摩西信息科技。

6. 未来之城: 厚植城市优势, 多方协同共建

报告综合以上五大维度排名, 选出各具特色的未来十城, 它们立足自身, 厚植城市优势, 已显现出引领中国乃至世界未来的姿态。综合排名如表6所示。

表6　未来十城一览

城市	创新之城	协调之城	绿色之城	开放之城	共享之城
深圳	√	√	√	√	√
上海	√	√	√	√	√
北京	√	√	√	√	√
杭州	√	√	√	√	√
广州	√	√	√	√	√
南京	√	√			√
苏州	√			√	
武汉	√	√			√
厦门			√	√	
成都		√		√	

注: "√"表示入选"××之城"(城市××指数前十)。

资料来源: 浙大AIF司南研究室、杭州摩西信息科技。

深圳在五大维度全面领先, 在协调、绿色两个维度齐齐折桂。上海、北京、杭州各有所长, 精益求精。上海、深圳分别位列开放第一、第二。深圳胜在民众开放, 人口流入总量第一; 上海领先于政府开放, 友好城市数量最多; 北京创新遥遥领先, 政企重视科研投入, 民众创新能力优异; 杭州共享三头并进, 借力数字经济, 打造共享之城; 广州五大维度均衡发展, 均进入榜单前十; 南京、苏州、武汉整体表现优秀, 仍然存在部分不足; 厦门、成都瑕瑜互现, 未来有待扬长补短。

此外, 值得关注的是, 除"未来十城"外, 如表7所示, 还有26座城市

至少一次在各维度政府、企业、民众单项排名中进入过前十，这些城市是空间巨大的潜力之城。这一发现足够提醒我们，各城市禀赋各异、各有所长、潜力无限，需以看未来的眼光突出长板、寻求突破。

表7 潜力之城榜单

政府 / 企业 / 民众单项前十上榜次数	城市名称
5次	西安，天津，重庆
4次	长沙
3次	合肥，宁波，佛山
2次	济南，无锡，青岛，贵阳，郑州，南昌，唐山，海口
1次	绍兴，嘉兴，福州，东莞，南通，大连，哈尔滨，石家庄，银川，昆明，兰州

资料来源：浙大AIF司南研究室、杭州摩西信息科技。

四、核心价值

未来之城（Future Cities）指数及报告，旨在成为我国各城市坚定不移贯彻"创新、协调、绿色、开放、共享"五大发展理念的摸底卷、记录仪与指路牌。

（一）摸底卷，画众城像

未来之城以五大发展理念为思想根源，从政府、企业、民众三大市场主体出发，利用35个二级指标、48个三级指标分别编制了城市创新指数、城市协调指数、城市绿色指数、城市开放指数及城市共享指数这五大指数，如一张摸底卷，全面展现了我国47个代表性城市在五大方向上的百态画像，有助于城市清晰了解自身发展现状、全国地位及优势与劣势。

（二）记录仪，量前行步

未来之城作为年度指数，将持续记录各城市贯彻五大发展理念的历史轨迹,如一部记录仪,监测城市历年进退步,也可作为评估工作成效的有力工具。

(三)指路牌,展未来图

谋定而后动,知止而有得。一方面,城市可通过五大指数明晰自身优点与不足,厚植发展优势,破解发展难题,更有的放矢地推进相关工作;另一方面,除五大指数榜单外,我们还将基于其结果最终评定"未来十城"以及数个"潜力之城"并总结其优秀发展经验,以作为全国城市谋未来发展的标杆,如同一个指路牌,指引城市找准对标,选择适合自身发展的最佳路径。

白沙泉中国并购指数研究背景

新故相推，日生不滞。集企业之共美、创协同之效益的并购历来倍受各方关注。作为现代企业发展的重要手段之一，并购在一次次的实践中找寻着"1+1>2"的最佳实现方式。自19世纪末至今，国际上已经出现6次大的并购浪潮，多数发生在经济发达、金融繁盛的西方国家，即使跨国并购在20世纪末逐渐流行开来，发展中国家依然承担着并购东道国的角色。改革开放后，随着中国经济实力的增强，中国的并购市场日渐繁荣，全球并购市场中出现了越来越多中国企业的身影。仅2018年，与上市公司相关的新发起与已完成并购数分别达6000多起和3000多起，总金额分别达1.8万亿元和1.2万亿元，中国并购市场未来可期。然而中国并购市场表现究竟如何？未来将何去何从？中国上市公司相关并购市场的图景仍不甚清晰。

在此背景下，在白沙泉并购金融街区、浙江省并购联合会的支持下，贲圣林教授带领并指导浙江大学互联网金融研究院司南研究室与白沙泉并购金融研究院携手研究并购市场、探索并购活动，推出白沙泉中国并购指数

（Baishaquan China M&A Index，BMI），力图科学反映中国并购活跃度情况，实时观测并购市场发展，并已连续 2 年产出系列研究报告。首期系列报告《2019 白沙泉中国并购年报》已于 2019 年 5 月正式发布。需要特别说明的是，白沙泉中国并购指数的相关数据库根据市场信息每日更新，并对往期数据与指数进行追溯更新和调整，因而在每年最新的研究报告中，可能出现并购指数或数据与往年报告有所不同的情况。

本书节选报告内容与读者分享，在此也特别感谢浙大 AIF 司南研究室的负责人吕佳敏及核心成员顾月、罗丹、胡康、鲁兰心、朱沂、寿烨磊、章鑫、朱昀朗、俞力嘉、王烨诚、陈漪娴、金佳琛、张泽野、韩其中、陈希玺、黄泽楠、张蓓蕾以及白沙泉并购金融研究院的郭腾、章俨、李少佳、章俨、邓建、钟鑫民、盛能等成员对报告成果的辛勤贡献。

遵养时晦，以待足下

——2019 白沙泉中国并购年报*

2018 年 11 月，白沙泉并购金融街区、浙江省并购联合会、白沙泉并购金融研究院和浙江大学互联网金融研究院（浙大 AIF）司南研究室共同推出"白沙泉中国并购指数"（Baishaquan China M&A Index，BMI）。《2019 白沙泉中国并购年报》依托于 BMI，力求全面勾勒 2018 年中国上市公司相关并购市场图景，多角度剖析市场现状，方向性点明未来趋势，以期为并购理论研究者、规则制定者与其他市场参与者等提供有益参考。

一、BMI 指标体系

BMI 是一组由主指数（中国并购指数）和子指数（行业并购指数、省份

---

* 本报告在白沙泉并购金融街区、浙江省并购联合会的支持下，由浙江大学互联网金融研究院司南研究室、白沙泉并购金融研究院具体执行，并于2019年5月正式发布。报告分析内容基于"白沙泉中国并购指数"（Baishaquan China M&A Index，BMI），本文为报告节选。

并购指数、城市并购指数）共同构成、相互补充、每周更新的系列指数，从并购数量、金额、进程、成功率等因素出发，对并购活动进行综合考量。BMI以 2010 年 1 月 1 日为基期，主指数每日取近 30 日并购数据进行计算并每周更新，行业、省份、城市并购指数每周计算并更新。此外，同步推出的新锐指数通过计算并购指数周增长率展现当期成长性最优的行业与地区。

BMI 在综合考量各类并购活跃因素的基础上建立指标体系，从宏观（并购市场）、微观（并购事件）和效果（并购结果）等多个维度综合展现并购市场的活跃情况。

（一）BMI 主指数（中国并购指数）

以并购方视角反映中国并购市场活跃度，每日更新，取近 30 日并购数据进行计算，BMI 值越高，代表中国并购市场越活跃。

（二）BMI 子指数（行业 / 省份 / 城市并购指数）

以并购方视角反映不同行业 / 省级行政区 / 地级行政区并购活跃度，每周计算并更新，BMI 值越高，代表该行业 / 省份 / 城市并购越活跃。

（三）BMI 新锐指数

以并购方视角反映不同行业 / 省级行政区 / 地级行政区并购活跃度的增长情况，每周计算并更新，新锐值越高，代表该行业 / 省份 / 城市并购活跃度增长幅度越大。

二、BMI 总体表现

（一）BMI 主指数长期螺旋上升，短期中高位波动

如图 1 所示，2018 年，BMI 主指数日均值达 6509.40 点，是 2010 年 BMI 主指数日均值（1124.12 点）的近 6 倍，与 2016 年、2017 年 BMI 主指数日均水平（6523.53 点、6343.42 点）相近，反映出并购市场活跃度的螺旋式上升

状态。2018 年 12 月 31 日，BMI 为 7866.30 点，相比 2017 年 12 月 31 日 BMI（8406.72 点）下降 6.43%。全年来看，2018 年 BMI 主指数维持在 4000 点以上，最高达 9243.58 点，尤其是进入 10 月份以后，并购政策密集送暖，市场活跃度显著回升。

图1 2010—2018年BMI主指数波动情况

资料来源：白沙泉并购金融研究院、浙大AIF司南研究室、摩西信息科技、同花顺。

（二）BMI 行业指数：商务服务业稳居榜首

2018 年商务服务业、批发业、资本市场服务三大行业并购活跃度最高，在 BMI 行业周排名中（见表1），商务服务业全年 52 周有 51 周居于榜首，批发业则有 48 周均进入前三。此外，科技推广和应用服务业以及软件和信息技术服务业表现同样不俗，BMI 行业排名均有 10 周进入前三，紧随资本市场服务行业（18 周）。

表 1　2016—2018 年 BMI 行业并购指数前 20 名

行业排名	2016 年	2017 年	2018 年
1	商务服务业	商务服务业	商务服务业
2	批发业	批发业	批发业
3	科技推广和应用服务业	科技推广和应用服务业	资本市场服务
4	资本市场服务	房地产业	科技推广和应用服务业
5	软件和信息技术服务业	软件和信息技术服务业	软件和信息技术服务业
6	房地产业	资本市场服务	房地产业
7	计算机、通信和其他电子设备制造业	研究和试验发展	研究和试验发展
8	电气机械和器材制造业	计算机、通信和其他电子设备制造业	计算机、通信和其他电子设备制造业
9	研究和试验发展	电气机械和器材制造业	零售业
10	电力、热力生产和供应业	化学原料和化学制品制造业	电气机械和器材制造业
11	化学原料和化学制品制造业	通用设备制造业	化学原料和化学制品制造业
12	零售业	专业技术服务业	专业技术服务业
13	通用设备制造业	零售业	通用设备制造业
14	专业技术服务业	电力、热力生产和供应业	医药制造业
15	医药制造业	医药制造业	电力、热力生产和供应业
16	专用设备制造业	专用设备制造业	专用设备制造业
17	非金属矿物制品业	非金属矿物制品业	汽车制造业
18	汽车制造业	其他金融业	非金属矿物制品业
19	金属制品业	汽车制造业	其他金融业
20	广播、电视、电影和影视录音制作业	道路运输业	橡胶和塑料制品业

注：本表排名通过对各年52周BMI行业并购指数排名加权平均得到，并购方视角。

资料来源：白沙泉并购金融研究院、浙大AIF司南研究室、摩西信息科技、同花顺。

（三）BMI 地区指数：以一线城市为引领

如表 2 所示，2018 年，并购最为活跃的地区为广东省，BMI 周排名居于榜首超过半年（31 周），北京、浙江、上海、江苏则分列 2 ～ 5 名，这些地区资本充足、市场完善、企业众多，几乎长期包揽 BMI 地区排名前五，并购市场长期处于活跃状态。就城市而言，北京、上海、深圳作为一线城市，并购活跃性长期居于国内前三。此外，杭州并购活跃性表现突出，BMI 城市排名中有 23 周进入前五，展现了该城市并购市场的巨大潜力。

表 2　2018 年 BMI 地区和城市并购指数排名

排名	省级行政区	城市
1	广东省	北京市
2	北京市	上海市
3	浙江省	深圳市
4	上海市	香港特别行政区
5	江苏省	杭州市
6	山东省	广州市
7	香港特别行政区	苏州市
8	福建省	南京市
9	四川省	宁波市
10	湖北省	成都市
11	安徽省	天津市
12	河北省	武汉市
13	湖南省	厦门市
14	河南省	长沙市
15	辽宁省	重庆市
16	天津市	无锡市
17	重庆市	昆明市
18	云南省	济南市
19	海南省	福州市
20	吉林省	绍兴市

注：本表排名通过对2018年52周BMI省份并购指数、城市并购指数排名加权平均得到，并购方视角。

资料来源：白沙泉并购金融研究院、浙大AIF司南研究室、摩西信息科技、同花顺。

（四）新锐指数：排名波动较大，并购新兴力量多点开花

作为 BMI 的补充指数，新锐指数以每周 BMI 指数的增长情况捕捉各行业或地区的并购新兴力量。2018 年，新锐指数总体波动性较大：行业周排名中，共有 35 个行业曾位于榜首，其中仓储、新闻出版、教育等行业均有出现；地区周排名中，25 个省份均曾位居榜首，宁夏、青海、台湾、广西、贵州、黑龙江、辽宁等地区均至少 3 次登顶地区新锐指数排行榜首。新锐指数排名情况多有波动，既是弱活跃市场本身特性所限，又在一定程度上反映了中国并购新兴力量多点开花的积极局面。

三、中国并购表现

2018 年中国上市企业相关并购总体热度稍减，新发起和已完成数略有下降，众多并购持续进行。[①]

（一）新发起与已完成并购数量出现近五年首降，金额同比略有回升

从新发起并购数量看（见图 2），2014—2017 年与中国上市企业相关的新发起并购数连年攀升，从 3040 起上升至 6733 起，2018 年则首次出现 6.7% 的降幅，但较 2014 年仍然增长了 106.7%，达 6283 起；从新发起并购金额看，2014 年起经过三年高速增长后，2017 年出现下降，并在 2018 年保持稳定，总金额达 18360 亿元，比 2014 年增长一倍有余，比 2016 年的巅峰时期下降 12.1%。

---

① 本报告中：新发起并购=当年发起且当年完成并购+当年发起且进行中并购+当年发起且失败并购；已完成并购=当年发起且当年完成并购+年前发起且当年完成并购；进行中并购=当年发起且进行中并购+年前发起且进行中并购。

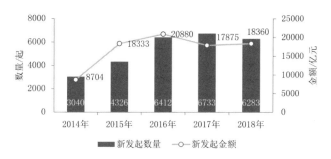

图2 2014—2018年中国上市企业相关并购次数和金额（新发起）

资料来源：白沙泉并购金融研究院、浙大AIF司南研究室、摩西信息科技、同花顺。

从已完成并购数量看（见图3），2014—2017 年呈现持续上涨态势，2018 年已完成并购达 3033 起，相比 2017 年下降 15.8%，但较 2014 年增长 33.8%；从已完成并购金额看，自 2014 年起经过三年高速增长，在 2016 年达到巅峰并开始回落，2018 年基本保持稳定，达 11922 亿元，比 2016 年巅峰时期下降 13.9%，但仍比 2014 年上涨 1.4 倍。

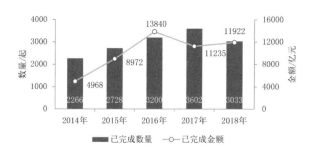

图3 2014—2018年中国上市企业相关并购次数和金额（已完成）

资料来源：白沙泉并购金融研究院、浙大AIF司南研究室、摩西信息科技、同花顺。

就成功并购而言（见图4），2018 年中国上市企业相关并购的平均完成时间①有所加长，2016 年并购市场最为活跃时并购平均时长为 134 天，2018 年并购平均时长增加至 177 天，为近五年之最。总体来看，相关企业完成并购的时间多为 4 ～ 6 个月，近九成并购事件在一年内完成。

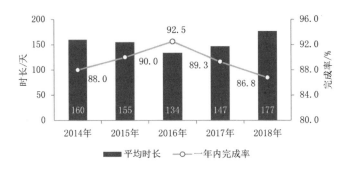

图4　2014—2018年中国上市企业相关并购平均完成时长和一年内完成率

资料来源：白沙泉并购金融研究院、浙大AIF司南研究室、摩西信息科技、同花顺。

就失败并购而言（见图5），受宏观经济增速放缓、资本市场审核趋严等因素影响，近三年并购失败率较高，2018年并购失败342起，失败率较2017年上升1.5个百分点，达10.1%。

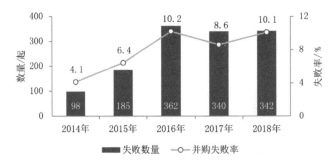

图5　2014—2018年中国上市企业相关并购失败案例数和失败率

资料来源：白沙泉并购金融研究院、浙大AIF司南研究室、摩西信息科技、同花顺。

（二）商务服务业成为最活跃并购方行业，并购金额是批发业两倍有余

如表3所示，2018年，商务服务业在并购市场上备受资本青睐，成为并购方主力行业，BMI行业并购指数长期位列第一，远超其他行业。具体而言，

---

①　即从并购公告发起到公告完成的时间间隔。

该行业在 2018 年发起和完成并购分别达 1472 起和 617 起，涉及金额分别为 4218.58 亿元和 2773.76 亿元，占全年并购总金额的 22.98% 和 23.27%，是第二名批发业的两倍有余。此外，2018 年 BMI 行业指数前十新发起并购数与金额分别占全年新发起总量的 66.99% 和 64.70%，完成并购数和金额分别占全年已完成总量的 64.23% 和 61.85%，行业集中度较高。

表3　2018 年 BMI 行业并购指数前十新发起和已完成情况（并购方视角）

排名	行业	2018 年				2017 年			
		发起数 / 起	发起金额 / 亿元	完成数 / 起	完成金额 / 亿元	发起数 / 起	发起金额 / 亿元	完成数 / 起	完成金额 / 亿元
1	商务服务业	1472	4218.6	617	2773.8	1619	3779.4	882	2843.6
2	批发业	569	1776.4	299	1162.7	645	2003.5	321	935.5
3	资本市场服务	262	1760.5	95	597.4	316	926.4	144	170.1
4	科技推广和应用服务业	510	613.4	206	368.9	571	677.6	295	567.4
5	软件和信息技术服务业	421	971.3	202	500.0	438	750.1	217	622.6
6	房地产业	209	872.2	120	824.3	243	1617.1	111	690.3
7	研究和试验发展	319	439.9	155	298.6	272	501.7	123	282.4
8	计算机、通信和其他电子设备制造业	156	334.8	105	438.4	189	496.6	116	282.4
9	零售业	142	542.3	74	270.2	127	291.2	71	145.3
10	电气机械和器材制造业	149	350.0	75	139.2	166	392.8	114	359.5
	前十汇总	4209	11879.4	1948	7373.5	4586	11436.4	2394	6899.1

资料来源：白沙泉并购金融研究院、浙大AIF司南研究室、摩西信息科技、同花顺。

（三）广东、北京、浙江三地并购最为活跃，市场集中度高

如表 4 所示，2018 年，广东省 BMI 并购指数位列全国各省级行政区第一，发起和完成并购数分别达 971 起和 481 起，金额达 2993.27 亿元和 2245.01 亿元，虽比 2017 年有所下降，但得益于其全国领先的经济总量、良好的区位环境及全国性的资本交易所等积极优势，该地区并购交易的热度依旧很高。此

外,2018 年,BMI 省份并购指数前三名广东省、北京市和浙江省的并购事件与金额占全国并购事件与金额总量的 10% 以上,BMI 省份并购指数前十的并购事件发起数和金额分别占全国的 75.5% 和 71.0%,完成数和金额占比分别为 76.4% 和 77.4%,并购市场地区集中度很高。

表4 2018 年 BMI 省份并购指数前十新发起和已完成情况(并购方视角)

排名	省级行政区	2018 年				2017 年			
		发起数/起	发起金额/亿元	完成数/起	完成金额/亿元	发起数/起	发起金额/亿元	完成数/起	完成金额/亿元
1	广东省	971	2993.3	481	2245.0	1159	3663.3	623	2604.6
2	北京市	798	1932.0	317	1463.0	934	2345.0	456	1375.6
3	浙江省	688	1966.4	338	1194.7	714	1521.0	405	833.0
4	上海市	605	1589.3	305	1484.7	685	1889.7	338	1110.6
5	江苏省	613	1218.9	320	878.4	624	1953.2	358	1061.0
6	山东省	303	1011.0	153	398.4	256	440.2	152	322.2
7	香港特别行政区	171	919.9	93	646.7	182	761.7	70	187.0
8	福建省	228	759.8	108	283.3	223	469.0	136	382.5
9	四川省	198	358.4	106	264.3	172	260.2	95	169.9
10	湖北省	171	288.3	97	363.6	187	223.3	99	173.0
	前十汇总	4746	13037.3	2318	9222.1	5136	13526.6	2732	8219.4

资料来源:白沙泉并购金融研究院、浙大 AIF 司南研究室、摩西信息科技、同花顺。

四、浙江并购表现

2018 年,浙江并购市场延续盘旋式上升形态,并购交易较上年量降价升,头部效应明显。

(一)新发起与已完成并购交易量降价升,头部效应明显且失败率走高

从新发起并购看(见图6),2018 年,在并购数量较 2017 年减少 28 起(686起)的同时,交易总额增长 35.1% 至约 2056 亿元,单笔并购平均金额增长

42.9% 至约 3 亿元。世纪华通收购盛跃、中远海运收购东方海外等大额交易的频频出现是浙江交易总额与均价接连攀升的重要原因，并购市场头部效应延续。

图6　2014—2018年浙江上市企业相关并购次数和金额（新发起，并购方视角）
资料来源：白沙泉并购金融研究院、浙大AIF司南研究室、摩西信息科技、同花顺。

从已完成并购看（见图 7），2018 年已完成并购交易数量（338 起）较 2017 年小幅下降 16.5%，同时平均并购金额及并购交易总额大幅上升。此外，2018 年已完成并购事件平均并购时长达 173.3 天，较 2017 年增长 31.8%，在一定程度上反映出在宏观经济下行之时完成并购交易变得更为困难。

图7　2014—2018浙江上市企业相关并购次数和金额（已完成，并购方视角）
资料来源：白沙泉并购金融研究院、浙大AIF司南研究室、摩西信息科技、同花顺。

从失败并购看（见图 8），2018 年浙江省有 40 起上市企业相关并购交易失败，占总完成交易数量的 10.6%，盲目并购与协同效应成为失败主因。

图8　2014—2018年浙江上市企业相关并购失败案例数和失败率（并购方视角）

资料来源：白沙泉并购金融研究院、浙大AIF司南研究室、摩西信息科技、同花顺。

（二）制造业升级助推浙江并购市场发展，软件和信息技术服务业表现亮眼

如表5所示，2018年，浙江省商务服务业、通用设备制造业蝉联并购热点行业，汽车制造业在并购市场表现抢眼，增长迅速。以发起金额排序，商务服务业以552.5亿元的并购交易总额位居榜首，汽车制造业、通用设备制造业、软件和信息技术服务业分列其后，分别以368.7亿元、206.2亿元、177.2亿元位居第二至第四位，四大行业新发起并购交易总额共占全部行业并购交易总额的78.8%。随着"中国制造2025浙江行动"的开展，软件和信息技术服务业的整合、重工业整合与制造能力的升级为2018年浙江并购市场的发展提供了重要推动力。

表5　2018年浙江省并购前十行业新发起和已完成情况（并购方视角）

排名	行业	2018年		2018年		2017年		2017年	
		发起数/起	金额/亿元	完成数/起	金额/亿元	发起数/起	金额/亿元	完成数/起	金额/亿元
1	商务服务业	217	552.5	92	314.1	256	424.2	140	295.8
2	汽车制造业	24	368.7	8	173.8	16	47.2	7	17.3
3	通用设备制造业	19	206.2	28	128.0	33	233.4	21	64.7
4	软件和信息技术服务业	54	177.2	14	113.4	42	44.1	16	56.7

排名	行业	2018 年 发起数 /起	2018 年 金额 /亿元	2018 年 完成数 /起	2018 年 金额 /亿元	2017 年 发起数 /起	2017 年 金额 /亿元	2017 年 完成数 /起	2017 年 金额 /亿元
5	电气机械和器材制造业	65	134.4	17	70.1	33	71.8	20	75.9
6	批发业	26	74.7	9	61.7	49	43.5	28	44.5
7	房地产业	20	53.8	16	48.4	18	103.8	7	18.7
8	纺织业	20	46.0	16	45.5	8	34.5	4	14.7
9	科技推广和应用服务业	24	30.6	12	29.6	19	122.5	18	18.0
10	研究和试验发展	28	11.4	12	21.8	21	97.0	6	25.0
	前十汇总	497	1655.5	224	1006.4	495	1222.0	267	631.3

资料来源：白沙泉并购金融研究院、浙大AIF司南研究室、摩西信息科技、同花顺。

（三）杭州、绍兴、宁波包揽省内七成并购交易，区域并购金融高地逐渐形成

如表 6 所示，2018 年，杭州、绍兴、宁波分列新发起并购总金额的前三，杭州、宁波、温州分列已完成并购总金额的前三。依托于新金融产业及软件和信息技术服务产业的崛起，以及白沙泉并购金融街区等集聚区的建设，杭州在并购市场中表现不俗，其新发起并购交易总额占全省总额的 60.1%，已经展露出成为区域金融中心和并购金融高地的实力。

表 6　2018 年浙江省并购地区排名及新发起和已完成情况（并购方视角）

（a）新发起并购金额排名情况

排名	城市	2018 年 发起数 /起	2018 年 金额 /亿元	2017 年 发起数 /起	2017 年 金额 /亿元
1	杭州市	280	628.6	294	579.7
2	绍兴市	50	556.8	50	168.7
3	宁波市	154	406.6	159	260.9
4	嘉兴市	49	132.3	48	52.9
5	湖州市	38	121.1	39	95.5
6	台州市	39	110.3	42	63.2

续　表

排名	城市	2018 年		2017 年	
		发起数 / 起	金额 / 亿元	发起数 / 起	金额 / 亿元
7	舟山市	7	56.6	3	4.4
8	金华市	31	41.6	38	58.6
9	衢州市	9	20.6	4	52.5
10	丽水市	11	6.2	4	24.8
11	温州市	20	4.0	33	159.6
前十一汇总		688	2084.7	714	1520.8

（b）已完成并购金额排名情况

排名	城市	2018 年		2017 年	
		完成数 / 起	金额 / 亿元	完成数 / 起	金额 / 亿元
1	杭州市	150	495.1	137	305.6
2	宁波市	53	191.4	97	176.7
3	温州市	12	143.5	19	15.0
4	绍兴市	29	137.3	33	129.8
5	湖州市	17	64.6	20	54.7
6	衢州市	5	62.2	1	0.0
7	金华市	18	52.5	31	38.1
8	台州市	28	46.1	30	71.1
9	嘉兴市	24	42.4	32	36.8
10	舟山市	1	0.4	3	4.6
11	丽水市	1	0.2	2	0.7
前十一汇总		338	1235.7	405	833.1

资料来源：白沙泉并购金融研究院、浙大AIF司南研究室、摩西信息科技、同花顺。

危中寻机，谋定后动

——2020 白沙泉中国并购年报 *

　　《2020 白沙泉中国并购年报》是基于白沙泉中国并购指数（Baishaquan China M&A Index，BMI）形成的第二期分析研究报告。BMI 是一组由主指数（中国并购指数）和子指数（行业并购指数、省份并购指数、城市并购指数）共同构成、相互补充、每日计算、每周更新的系列指数，其目的为科学评估中国并购活跃度情况，实时观测并购市场发展动向。本报告在 BMI 数据的基础上进行延伸，着重对 2019 年中国上市企业的相关并购活动进行分析，透视当前并购动向，把握未来并购趋势。

---

* 本报告在白沙泉并购金融街区、浙江省并购联合会的支持下，由浙江大学互联网金融研究院司南研究室、白沙泉并购金融研究院具体执行，并于2020年5月正式发布。报告分析内容基于"白沙泉中国并购指数"（Baishaquan China M&A Index，BMI），本文为报告节选。

一、BMI 总体表现

(一)BMI 主指数活跃性依然上升,周期性特征明显,波动性有所加大

如图 1 所示,2010 年以来,中国并购市场的活跃度总体呈现上升状态。其中,2010—2016 年上升趋势较为明显,2017—2019 年则在高位持续波动。2019 年末,BMI 主指数为 7188.75 点,相比 2018 年 12 月 31 日(7850.90 点)下降 8.4%,全年主指数日均值为 5886.19 点,同比下降 9.1%(2018 年 BMI 主指数均值为 6477.90 点)。

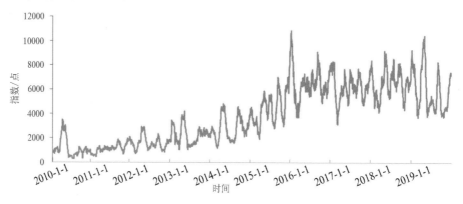

图1　2010—2019年BMI主指数波动情况

资料来源:白沙泉并购金融研究院、浙大AIF司南研究室、摩西信息科技、同花顺。

受市场规则、定期与非定期报告披露时间等因素的影响,如图 2 所示,2017—2019 年,中国并购市场的活跃性每年会经历三次上升与三次下降以及一次调整。每年 4—5 月、9—10 月、12 月—次年 1 月均为并购市场活跃之时,3 月、11 月市场表现低迷,6—8 月也会经历一段低位调整阶段。

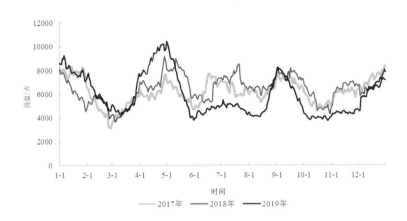

图2 2017—2019年BMI主指数波动情况

资料来源：白沙泉并购金融研究院、浙大AIF司南研究室、摩西信息科技、同花顺。

如表1所示，2019年，BMI主指数最高达10426.67点（5月1日），偏离全年均值（5886.19点）77.1%；BMI最低为3695.78点（3月4日），偏离全年均值37.2%；BMI最高值与最低值间差值超过6700点，而2017年与2018年该差值均不足5300点。

表1 2017—2019年BMI主指数相关统计值

单位：点

统计量	2017 年	2018 年	2019 年
均值	6212.17	6477.90	5886.19
最高值	8405.71	9173.20	10426.67
最低值	3133.65	4143.58	3695.78
差值	5272.06	5029.62	6730.89

资料来源：白沙泉并购金融研究院、浙大AIF司南研究室、摩西信息科技、同花顺。

（二）BMI行业指数：排名相对稳定，商务服务业稳居榜首

如表2所示，2019年，BMI行业排名前三仍为商务服务业、批发业、资本市场服务等三大行业，第三产业作为并购发起方，积极参与并购活动，是

促进并购市场长期活跃、推动经济转型升级的重要一员。具体而言，在 BMI 行业周排名中，商务服务业包揽全年 52 周的榜首，成为最活跃的并购发起行业；批发业全年 52 周均进入前五，60% 以上（42 周）的时间并购活跃性居于第二；资本市场服务业发起并购的活跃性在半年的时间（25 周）中保持前三。

表 2　2017—2019 年 BMI 行业并购指数排名

行业排名	2017 年	2018 年	2019 年
1	商务服务业	商务服务业	商务服务业
2	批发业	批发业	批发业
3	科技推广和应用服务业	资本市场服务	资本市场服务
4	房地产业	科技推广和应用服务业	科技推广和应用服务业
5	软件和信息技术服务业	软件和信息技术服务业	软件和信息技术服务业
6	资本市场服务	房地产业	房地产业
7	研究和试验发展	研究和试验发展	研究和试验发展
8	计算机、通信和其他电子设备制造业	计算机、通信和其他电子设备制造业	电气机械和器材制造业
9	电气机械和器材制造业	零售业	计算机、通信和其他电子设备制造业
10	化学原料和化学制品制造业	电气机械和器材制造业	化学原料和化学制品制造业
11	通用设备制造业	化学原料和化学制品制造业	零售业
12	专业技术服务业	专业技术服务业	专业技术服务业
13	零售业	医药制造业	电力、热力生产和供应业
14	电力、热力生产和供应业	通用设备制造业	通用设备制造业
15	医药制造业	电力、热力生产和供应业	医药制造业
16	专用设备制造业	专用设备制造业	专用设备制造业
17	非金属矿物制品业	汽车制造业	非金属矿物制品业
18	其他金融业	非金属矿物制品业	汽车制造业
19	汽车制造业	其他金融业	其他金融业
20	道路运输业	橡胶和塑料制品业	土木工程建筑业
21	广播、电视、电影和影视录音制作业	水上运输业	有色金属矿采选业

22	互联网和相关服务	纺织业	农副食品加工业
23	土木工程建筑业	金属制品业	黑色金属冶炼和压延加工业
24	有色金属矿采选业	生态保护和环境治理业	道路运输业
25	金属制品业	道路运输业	橡胶和塑料制品业

注：本表排名通过对各年52周BMI行业并购指数排名加权平均得到，并购方视角。

资料来源：白沙泉并购金融研究院、浙大AIF司南研究室、摩西信息科技、同花顺。

（三）BMI 地区指数：三大区域持续引领

从城市视角来看，如表3所示，2019年，并购最为活跃的城市依然聚集在京津冀、长三角、粤港澳三大区域中，城市指数前十的城市中，2个城市来自京津冀（北京、天津），4个城市来自长三角（上海、杭州、苏州、南京），3个城市来自粤港澳（深圳、香港、广州）。尽管三大区域占据了中国并购市场的半壁江山，但全国各地的并购力量正在逐渐积累，2019年，山东、湖北、福建、河南4省新发起并购均超过150起，进入省份BMI排名前十。

表3　2019年BMI地区并购指数排名前二十

排名	省级行政区	城市
1	广东省	北京市
2	北京市	上海市
3	上海市	深圳市
4	浙江省	香港特别行政区
5	江苏省	杭州市
6	香港特别行政区	苏州市
7	山东省	广州市
8	湖北省	成都市
9	福建省	南京市
10	河南省	天津市
11	四川省	宁波市

续 表

排名	省级行政区	城市
12	河北省	武汉市
13	安徽省	重庆市
14	天津市	长沙市
15	湖南省	厦门市
16	江西省	昆明市
17	重庆市	珠海市
18	辽宁省	无锡市
19	云南省	福州市
20	陕西省	西安市

注:本表排名通过对2019年52周BMI省份并购指数、城市并购指数排名加权平均得到,并购方视角。

资料来源:白沙泉并购金融研究院、浙大AIF司南研究室、摩西信息科技、同花顺。

(四)BMI新锐指数:排名依然保持波动,新兴力量多点开花

BMI新锐指数是主指数的一个有益补充,以每周BMI指数的增长情况捕捉各行业或地区的并购新兴力量。2019年,新锐指数排名波动依然较大,全年50周,共有31个行业、25个省份、44个城市登顶榜首,延续了弱活跃市场的并购特点:并购事件少,一旦出现(大额)并购将迅速拉升BMI指数,造成波动。另一方面也在一定程度上反映出中国并购不再局限于个别行业或地区,形成了新兴力量多点开花的积极局面。仓储业、新闻和出版业、化学纤维制造业三个行业均有4次占据并购新锐指数榜首,这些行业时有并购发生。2019年,甘肃、山西、海南三省均至少4次登顶新锐榜首,相比2018年并购事件有显著增加,中西部等地的并购市场正在积极成长。

二、中国并购表现

2019 年中国并购市场总体热度趋缓，行业与地区波动性不大，商务服务业、批发业和资本市场服务业仍然是支撑并购市场活跃度的主要力量，广东省、北京市、上海市成为中国并购活跃地区三强。

（一）新发起并购数量与金额双下降，已完成并购数量与金额双上升

从新发起并购来看中国并购市场的活跃性，如图 3 所示，2019 年并购市场整体活跃度明显下降，低于前三年的水平。2019 年，中国上市企业相关新发起并购 5155 起，同比下降 22.4%；新发起金额 15701 亿元，同比下降 26.4%。新发起并购数量与金额的双下降反映出中国并购市场的热度趋缓，尤其在新发起并购的数量上，中国并购市场已连续三年呈现出下降态势。

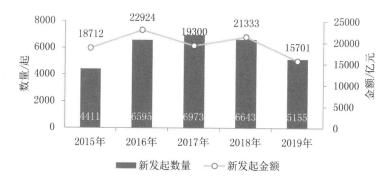

图3 2015—2019年中国上市企业相关并购数量和金额（新发起）

资料来源：白沙泉并购金融研究院、浙大AIF司南研究室、摩西信息科技、同花顺。

与新发起截然相反的是，如图 4 所示，2019 年已完成并购的数量和金额均表现出了上升态势。2019 年，中国上市企业相关已完成并购 4434 起，同比上升 33.2%；已完成金额 15073 亿元，同比提高 13.2%。已完成并购数量与金额的双上升则反映出中国并购市场在总体热度趋缓的背景下优先化解存量的主要特色，

尤其在已完成并购的金额上，中国并购市场已连续三年呈现出上升态势。

图4　2015—2019年中国上市企业相关并购数量和金额（已完成）

资料来源：白沙泉并购金融研究院、浙大AIF司南研究室、摩西信息科技、同花顺。

值得肯定的是，在已完成并购不断增加的同时，并购的成功率也在不断提升。如图5所示，2019年，仅266起并购宣告失败，失败率为5.7%，同比下降4.1个百分点。这在一定程度上反映了中国并购活动的日趋谨慎，成功的并购案更加有助于企业成长与产业发展，中国并购市场正在日益成熟起来。

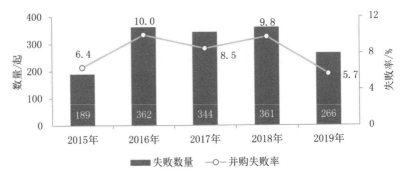

图5　2015—2019年中国上市企业相关并购失败事件数和失败率

资料来源：白沙泉并购金融研究院、浙大AIF司南研究室、摩西信息科技、同花顺。

此外，就并购时长而言，如图6所示，2019年中国上市企业相关并购的平均完成时长延续了前三年的增长态势，已经由2016年的135天增加到

2019 年的 259 天，几乎翻了一番，即使相比 2018 年，增长率也高达 40%。
与之相应，并购一年内完成率持续下降，2019 年降至 75.4%，同比下降 10.5
个百分点。

图6 2015—2019年中国上市企业相关并购完成平均时长和一年内完成率

资料来源：白沙泉并购金融研究院、浙大AIF司南研究室、摩西信息科技、同花顺。

当然，尽管全年并购活动热度稍减，但临近年底时，上市企业相关新发
起并购依然有较大幅度增长。如图 7 所示，12 月份新发起并购达 703 起，环
比上升 53.8%；新发起并购金额为 1789 亿元，环比上升 84.6%。这从 2019 年
BMI 主指数波动情况中也可以得到印证。

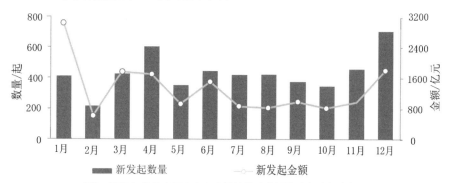

图7 2019年各月中国上市企业相关并购数量和金额（新发起）

资料来源：白沙泉并购金融研究院、浙大AIF司南研究室、摩西信息科技、同花顺。

（二）并购行业集中度高，商务服务业最活跃

如表 4 所示，2019 年 BMI 行业前十的并购新发起数量和金额分别占全行业并购新发起数量和金额的 65.6% 和 59.6%，已完成并购数和金额占全行业的 65.4% 和 56.5%，并购行业集中度依然较高。商务服务业 BMI 长期位列第一，全年新发起和已完成并购数量分别达 1322 起和 1022 起，金额分别为 4070 亿元和 3072 亿元，占全年并购总金额的 25.9% 和 20.4%。

表 4　2019 年 BMI 行业并购指数前十新发起和已完成情况（并购方视角）

排名	行业	2019 年				2018 年			
		发起数/起	金额/亿元	完成数/起	金额/亿元	发起数/起	金额/亿元	完成数/起	金额/亿元
1	商务服务业	1322	4070	1022	3072	1516	4732	665	2868
2	批发业	434	1005	380	1358	603	2064	312	1225
3	资本市场服务	243	1260	194	1002	289	1813	120	1109
4	科技推广和应用服务业	380	660	331	597	522	656	227	395
5	软件和信息技术服务业	310	394	262	633	435	1053	213	503
6	房地产业	172	537	177	949	219	1035	124	829
7	研究和试验发展	208	348	189	220	357	539	171	369
8	电气机械和器材制造业	123	302	117	331	178	578	80	147
9	计算机、通信和其他电子设备制造业	101	325	116	171	162	345	107	441
10	化学原料和化学制品制造业	90	463	111	178	139	294	73	467
	前十汇总	3383	9364	2899	8511	4420	13109	2092	8353

资料来源：白沙泉并购金融研究院、浙大AIF司南研究室、摩西信息科技、同花顺。

（三）广东、北京、上海三地并购最为活跃，市场集中度较高

2019 年，我国并购最为活跃的省份仍然为广东省（见表 5），BMI 居于榜首近半年（24 周），北京、上海、浙江、江苏分列第 2～5 名，再次包揽 BMI

地区排名前五。但从集中度来看，中国并购活跃省份的集中度显著降低。2019年，BMI 省份并购指数前十名的并购发起数和金额占全国总量的 70.7% 和 70.2%，完成数和金额占比分别为 72.2% 和 71.0%，同比均有下降。

表5 2019年BMI省份并购指数前十新发起和已完成情况（并购方视角）

排名	省级行政区	2019 年				2018 年			
		发起数/起	金额/亿元	完成数/起	金额/亿元	发起数/起	发起金额/亿元	完成数/起	完成金额/亿元
1	广东省	779	1864	735	1733	1011	3332	508	2321
2	北京市	589	1708	513	1728	819	2163	346	1507
3	上海市	481	1635	427	1525	628	2132	320	1498
4	浙江省	484	1711	468	1612	705	2063	364	1224
5	江苏省	502	1129	430	944	651	1384	344	899
6	香港特别行政区	102	511	74	283	174	925	97	651
7	山东省	244	345	194	831	318	1047	162	414
8	湖北省	135	1163	112	1093	174	301	109	388
9	福建省	171	239	161	308	237	779	111	284
10	河南省	157	711	88	650	123	358	55	762
	前十汇总	3644	11016	3202	10707	4840	14484	2416	9948

三、浙江并购表现

纵观 2019 年，浙江并购市场更趋理性，新发起并购趋势与全国并购市场相仿，已完成并购则量价齐升，且失败率显著走低。

（一）新发起并购量价双降，已完成并购有所增长

2019 年，浙江省新发起与已完成并购交易呈现着截然相反的两个态势。从新发起并购来看（见图8），并购发起数量与交易总额均同比下降，其中并购数量从 2018 年的 705 起减少至 484 起，交易总额下降 17.1% 至 1711 亿元，但单笔并购平均金额同比增加 20.8% 至 3.53 亿元，可见全省的并购活跃度虽

有所下降,但大型并购仍时有发生。省内新发起金额在 1 亿元以上的并购交易有 176 起,占新发起总数的 36.4%。

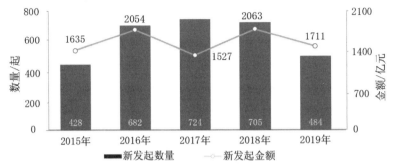

图8 2015—2019年浙江省上市企业相关并购数量和金额(新发起,并购方视角)

资料来源:白沙泉并购金融研究院、浙大AIF司南研究室、摩西信息科技、同花顺。

从成功完成的并购来看(见图9),并购交易数量与并购交易总额呈现量价齐升的态势,2019 年并购交易数量较上年增加 104 起至 468 起,并购交易总额同比增长 31.68% 至 1612 亿元,单笔并购平均金额基本与上年持平,小幅增长 0.08 亿元至 3.44 亿元。可以看到,历年发起未完成的并购在 2019 年尘埃落定,在一定程度上反映出政策回暖给并购市场带来了信心,从而推动并购纷纷成功完成。

图9 2015—2019年浙江省上市企业相关并购数量和金额(已完成,并购方视角)

资料来源:白沙泉并购金融研究院、浙大AIF司南研究室、摩西信息科技、同花顺。

（二）并购时长逐年增加，失败率持续下降

2019 年成功完成的并购事件平均并购时长高达 237 天，时长创近五年来的新高，同比增长 29.4%（见图 10），其中有 9 起并购事件发起于 2015—2016 年，并购交易过程横跨多年。与此同时，并购事件在一年内的完成率也创下近五年新低，仅有 79.9% 的并购能在一年内完成，有 53.2% 的并购事件完成时间超过半年。经济下行压力和中美贸易摩擦等宏观因素与并购交易结构日益复杂等个体特征是并购时长不断拉长的重要原因。

图10　2015—2019年浙江省并购平均时长和一年内完成率（已完成，并购方视角）

资料来源：白沙泉并购金融研究院、浙大AIF司南研究室、摩西信息科技、同花顺。

从失败并购来看（见图 11），2019 年浙江省并购失败数量明显减少，仅有 23 起并购交易以失败告终，占总数的 8.86%，仅次于 2015 年 6.48% 的失败率，可以看到省内的并购市场更趋理性，并购目的更为明确，并购市场正逐步走向成熟。

图11　2015—2019年浙江省并购失败数和失败率（并购方视角）

资料来源：白沙泉并购金融研究院、浙大AIF司南研究室、摩西信息科技、同花顺。

（三）进行中并购同比持平，同年发起占 1/4

从进行中并购来看（见图 12），并购事件的数量和金额与 2018 年几乎持平。2019 年进行中的并购数量为 1181 起，较上年减少 15 起，并购总金额达 1999 亿元，同比微降 2.2%，单笔并购平均金额 1.7 亿元，与上年基本持平。

图12　2015—2019年浙江省上市企业相关并购数量和金额（进行中，并购方视角）

资料来源：白沙泉并购金融研究院、浙大AIF司南研究室、摩西信息科技、同花顺。

在这些并购事件中，当年发起的有 287 起，占进行中并购数的 24.3%，其余 3/4 进行中的并购多是 1 年之前发起的，40.8% 在 2～3 年前便已发起。从金额来看，2019 年发起且还在进行中的并购金额占比最大，共 986 亿元，占进行中总金额的 24.7%。

（四）商务服务业蝉联榜首，软件和信息技术服务业表现亮眼

2019 年，商务服务业、通用设备制造业、软件和信息技术服务业、化学纤维制造业和批发业表现亮眼，特别是商务服务业和通用设备制造业，近三年稳居行业前三。从新发起并购来看（见表 6），商务服务业以 458 亿元的并购交易金额连续三年蝉联榜首，紧随其后的是通用设备制造业、软件和信息技术服务业、化学纤维制造业和批发业，分别以 403 亿元、121 亿元、120 亿元和 52 亿元位居第二至第五位，前五大行业新发起的并购交易总额共占全部行业并购交易总额的 73.8%。此外，化学纤维制造业较前几年有着较快的增长，主要是因为发生了一起金额较大的并购交易，即华峰氨纶收购控股股东华峰集团

旗下华峰新材 100% 股权，推动了化学纤维制造业排名的上升。

从已完成并购来看（见表 6），近三年，商务服务业依然稳居榜首，通用设备制造业、软件和信息技术服务业表现也较为稳健，一直位于行业前四，而汽车制造业的增长较为亮眼，并购交易金额从 2017 年的第十二名上升到 2019 年的第二名，增长动力强劲。该行业 2019 年并购交易金额超过通用设备制造业，以 312 亿元位列第二，且与软件和信息技术服务业（2019 年已完成并购金额 193 亿元）的差距逐渐拉大，前五大行业已完成并购交易金额占总交易金额的 71.1%。

表 6　2019 年浙江省并购前十行业新发起和已完成情况（并购方视角）

排名	行业	发起数/起	金额/亿元	排名	行业	完成数/起	金额/亿元
1	商务服务业	154	458	1	商务服务业	142	390
2	通用设备制造业	18	403	2	汽车制造业	18	312
3	软件和信息技术服务业	35	121	3	通用设备制造业	18	193
4	化学纤维制造业	1	120	4	软件和信息技术服务业	27	131
5	批发业	29	52	5	化学纤维制造业	2	121
6	有色金属冶炼和压延加工业	7	51	6	批发业	20	45
7	医药制造业	9	49	7	医药制造业	12	41
8	计算机、通信和其他电子设备制造业	11	34	8	金属制品业	5	40
9	科技推广和应用服务业	18	34	9	电力、热力生产和供应业	11	33
10	医药生物—医药商业	1	27	10	科技推广和应用服务业	10	30
	前十汇总	283	1349		前十汇总	265	1336

资料来源：白沙泉并购金融研究院、浙大AIF司南研究室、摩西信息科技、同花顺。

（五）区域并购金融高地形成，领先城市排名有变

从新发起并购来看（见表 7），2019 年，杭州市、台州市和宁波市这三个城市的新发起并购交易金额位列浙江省前三，交易金额分别为 672 亿元、447 亿元和 186 亿元，占全省交易金额的 76.3%，成为省内并购交易的重要培育地。台州市在 2019 年增长较快，台州市较上年上升四位至第二名。

表 7　2019 年浙江省各市新发起并购排名情况（并购方视角）

排名	城市	2019 年		2018 年		2017 年	
		发起数 / 起	金额 / 亿元	发起数 / 起	金额 / 亿元	发起数 / 起	金额 / 亿元
1	杭州	198	672	286	618	294	580
2	台州	28	447	39	110	44	63
3	宁波	102	186	158	428	167	266
4	温州	12	132	20	4	33	160
5	嘉兴	37	86	52	135	48	53
前五占全省比例		77.9%	89.0%	78.7%	62.7%	80.9%	73.5%
6	绍兴	46	75	52	579	50	169
7	丽水	11	46	11	6	4	25
8	湖州	24	46	38	115	39	96
9	金华	20	13	31	42	38	59
10	衢州	4	8	9	21	4	53
11	舟山	2	0	9	7	3	4
前十一汇总		484	1711	705	2065	724	1528

资料来源：白沙泉并购金融研究院、浙大 AIF 司南研究室、摩西信息科技、同花顺。

从已成功完成的并购来看（见表 8），2019 年，绍兴市、杭州市和宁波市分别以 546 亿元、484 亿元和 251 亿元位居全省前三，占全省已完成并购交易总额的 79.4%，高于上年 13.3 个百分点，地区集中度进一步提高。其中，绍兴市的表现十分亮眼，从 2018 年的第四名跃升至 2019 年榜首，首次在已完成并购金额上取代杭州市成为第一名。

表8 2019年浙江省各市已完成并购排名情况（并购方视角）

排名	城市	2019年		2018年		2017年	
		完成数/起	金额/亿元	完成数/起	金额/亿元	完成数/起	金额/亿元
1	绍兴	50	546	32	134	33	130
2	杭州	186	484	160	462	137	306
3	宁波	96	251	57	205	97	177
4	温州	13	132	12	144	19	15
5	台州	23	80	31	49	30	71
前五占全省比例		78.6%	92.5%	47.8%	80.2%	81.1%	45.4%
6	嘉兴	40	54	24	42	32	37
7	湖州	25	35	22	73	20	55
8	金华	18	12	19	53	31	38
9	衢州	4	9	5	62	1	–
10	丽水	8	7	1	0	2	1
11	舟山	5	3	1	0	3	5
前十一汇总		468	1613	364	1224	405	835

资料来源：白沙泉并购金融研究院、浙大AIF司南研究室、摩西信息科技、同花顺。

"银行国际化" 系列报告研究背景

2015 年,世界经济形势愈加复杂,中国经济新常态特征更加显著,人民币国际化进程取得突破性进展,"一带一路"倡议逐步深化。

与此同时,中资银行的国际化脚步继续延伸,境外经营总量持续扩张,境外机构布局日趋完善,国际影响力不断提升。但中国银行业的国际化发展无论是从业务拓展广度还是市场挖掘深度上来看,均与国际顶尖的综合性银行有较大差距。在更为复杂多元的金融格局下,充分了解发展现状、积极把握发展机遇、总结借鉴海外经验、合理规划机构布局、制定完善发展战略对中资银行的国际化发展十分重要。

在此背景下,贲圣林教授带领浙江大学互联网金融研究院金融国际化研究室建立、开发了一套合理完善的指标体系,构建中资银行国际化指数(Chinese Bank Internationalization Index,CBII)衡量银行国际化水平,并基于指数结果编著了《2015 中资银行国际化报告》,对中资银行国际化现状做出了整体描述。

而后，随着2016年世界经济缓慢复苏，各国政策不确定性加大，中国经济缓中趋稳，供给侧改革初步推进，"一带一路"倡议、金砖国家合作机制逐步深化，中国经济进入新常态，强调"实行更加积极主动的开放战略"，人民币加入SDR国际化进程持续推进，研究团队在中资银行国际化指数的基础上拓展了指标体系的适用范围，形成银行国际化指数体系（Bank Internationalization Index, BII），除对国际化发展具有代表性的中资银行进行评分外，还选取了全球系统重要性银行以捕捉全球银行业国际化发展的动向，帮助银行明晰自身在国际金融市场中的开放地位，发现其在国际化发展中的差距与不足。"银行国际化"系列报告自2015年诞生以来，已历经五年春秋，坚持用客观真实的数据反映全球各银行的国际化水平，协助其明确自身定位，优化国际化战略。

本书节选部分报告内容与读者分享，在此也特别感谢金融国际化研究室主要负责人顾月及核心成员吕佳敏、景麟德、陈梦涛、王艺林、蔡凯星、王予祺、杨一帆等人在该指数研究过程中做出的杰出贡献。

本土化还是国际化

——2018 全球银行国际化报告*

一、报告背景

2017 年,全球经济持续复苏,总需求有所回升,但经济下行风险犹存。与此同时,货币政策转向、债务积压状况恶化、逆全球化风潮等则成为经济增长隐患。在机遇与挑战并存的环境下,各国银行如何深耕国际化发展,全球银行业国际化水平如何变动?"全球银行国际化"系列报告持续关注银行境外资产、营收、分支机构表现,以"银行国际化指数"(Bank Internationalization Index, BII)展现全球主要银行的国际化进程。《2018 全球银行国际化报告》作为系列报告的第四期成果,放眼世界,选取来自 38 个主要经济体的 106 家银

* 本报告是由浙江大学互联网金融研究院金融国际化研究室、中国人民大学国际货币研究所、浙江大学金融研究所共同发布,基于银行国际化指数(Bank Internationaliza-tion Index, BII),于 2018 年 9 月 26 日在北京发布的系列指数报告的第四期成果。

行深入分析。这些银行 2017 年资产总额约为 70 万亿美元，相当于当年全球 GDP 的 86%。从发达国家至发展中国家，从欧美至亚非，报告囊括了各主要经济体的主要银行，代表性地展现了全球银行业的国际化现状。

二、BII 编制

（一）BII 编制原则

本报告以系统性、科学性与动态可调整性为总体原则编制 BII，从指标选取到模型建立，均在专家团队的指导下进行，以确保对中外资银行国际化水平进行客观、合理的衡量。

第一，全面性和系统性相结合。在选取 BII 指标时除关注银行进入海外市场的方法、路径外，还强调银行进入境外市场后的业务开展状况，力图使 BII 既反映中外资银行在世界范围内的覆盖广度，又体现其在某一地区的发展深度。尽可能合理、真实、全面地反映中外资银行在境外的发展情况。在注重单个指标概念与内涵的同时，也注意指标之间的系统性和相关性，使整个指标体系多元统一，从不同角度、不同层次对各家银行国际化做出综合反映。

第二，坚持科学性与可操作性。BII 的设计基于传统国际金融、公司金融和商业银行经营管理理论，结合中外资银行海外发展的现状和特点及具体案例，既揭示银行国际化的普遍规律，又反映出不同类型银行海外发展的差异性。同时，为更好地了解中外资银行海外发展的现状，尽可能地确保数据的可得性与可操作性，对于少量无法直接获取的数据，结合已有数据和信息进行估算，提高数据可信度。

第三，兼顾稳定性与灵活性。为确保评估结果的现实解释力和可持续性，BII 的指标及其权重设法保持一定的稳定性，减少频繁变动，但稳定并不意味着僵化。金融机构的国际化是一个长期战略，其海外发展在不同阶段也有着各自的特征。为准确、客观地反映中外资银行国际化进程,在确定 BII 各指标及其权重时会与其国际化实践相结合,在不同阶段做出动态调整。

(二)BII 指标体系

本报告沿用优化后的 BII 指标体系,保持两层次共八大指标的架构(见图 1),一级指标将用于 BII 评分的得出。

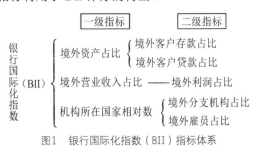

图1　银行国际化指数(BII)指标体系

对各指标的具体内涵解释如下。

(1)境外资产占比。通过境外资产占比衡量境外发展的成果和后续发展的基础,同时,资产是规模的基本体现,该指标可以直接反映出各银行境外规模的差异。

(2)境外客户存款占比。存款是客户对银行认可度的一种体现,境外客户存款占比可以体现银行在境外的认可度,但存款客户的类型也值得注意,对中国主要银行而言,外籍客户数量相比海外中国籍客户数量更能体现银行的国际化水平。

(3)境外客户贷款占比。从中国主要银行的角度来看,贷款利息仍是中国主要银行盈利的主要来源,贷款数量及其占比反映出中国主要银行的境外主营业务发展情况。

(4)境外营业收入占比。该指标反映业务经营的基本状况,通过境外营业收入占比可以反映出银行的境外业务拓展情况。

(5)境外利润占比。该指标反映银行境外盈利水平,十分重要,在数据可以获得的前提下，本指标均选取税前利润。

（6）机构所在国家相对数。境外分支机构覆盖的国家与地区数量越多，说明该银行的国际化水平越高，主要体现的是银行境外分支机构的分布广度。同时，为与其他相对性指标保持一致，该指标以世界主要国家数（以各年联合国会员国数代替）为基准进行衡量。

（7）境外分支机构占比。该指标与机构所在国家相对数相区别，重在体现银行境外分支机构的分布深度，境外分支机构占比越高，国际化程度越高。

（8）境外雇员占比。境外雇员占比也是体现银行国际化水平的一项重要指标，但某些银行业务对雇员数量的要求不高，因此应与其他指标相结合。

（三）BII 的内涵

BII 的内涵应做如下解读。如果某家银行的境外业务为其全部业务，即该银行的所有活动均在境外进行，完全以国际市场作为自己的发展市场，则其指标得分值应为 100 分；反之，若其经营活动完全不涉及国外市场，所有业务均在国内进行，则其指标得分值应为 0。所以 BII 的数值越大，表明该银行在经营活动中越多地参与到了国际市场中，其国际化程度越高。当然，一家银行若是有国际化发展的必要，其国际化发展必然会经历由国内市场到国际市场的过程，一般而言，大多数银行不会放弃国内市场而完全依赖国际市场谋求发展，因此，并不会出现某家银行的 BII 得分高达 100 分的情况。同时，由于我国金融市场的开放时间较短，中国主要银行的国际化水平仍然较低，因此 BII 得分可能大多偏低，体现出其未来巨大的成长空间。

三、BII 总体表现

（一）银行国际化水平前十

2017 年，我们选择境外数据较为全面的 64 家银行（资产总额约 53 万亿

美元，相当于全球 GDP 的 65%）进行 BII 排名，展现各个银行的国际化水平
（见表 1）。

表 1　2017 年银行国际化水平前十

排名	全球银行		发达国家银行		发展中国家银行	
	银行	BII 值 /分	银行	BII 值 /分	银行	BII 值 /分
1	渣打银行	67.9	渣打银行（英国）	67.9	阿拉伯银行（约旦）	50.9
2	花旗集团	59.3	花旗集团（美国）	59.3	国民联合银行（巴林）	38.8
3	汇丰集团	53.9	汇丰集团（英国）	53.9	马来亚银行（马来西亚）	31.3
4	西班牙国际银行	53.3	西班牙国际银行（西班牙）	53.3	中国银行（中国）	26.7
5	北欧联合银行	53.3	北欧联合银行（瑞典）	53.3	新卢布尔雅那银行（斯洛文尼亚）	26.0
6	荷兰国际集团	53.2	荷兰国际集团（荷兰）	53.2	中国工商银行（中国）	17.0
7	德意志银行	53.0	德意志银行（德国）	53.0	巴罗达银行（印度）	15.9
8	瑞士瑞信银行	52.8	瑞士瑞信银行（瑞士）	52.8	约旦贸易金融住宅开发银行（约旦）	15.6
9	瑞银集团	51.2	瑞银集团（瑞士）	51.2	布洛姆银行（黎巴嫩）	15.4
10	阿拉伯银行	50.9	法国兴业银行（法国）	43.7	印度银行（印度）	13.9

注：花旗集团2017年数据有缺失，但其前几年数据较全，本表对其BII值进行了合理预测。

最国际化的银行基本来源于发达国家。2017 年，全球银行 BII 值前十名
中有 9 家来自发达国家。BII 以银行境外经营数据占比衡量银行国际化水平，
其排名反映出当前国际舞台上的跨国银行仍以国际化历史更为久远的发达国家
银行为主。

发达国家银行国际化水平总体较高。排名前十的发达国家银行 BII 数值基
本超过 50 分，境外发展与境内同等重要甚至超越境内发展。欧洲地区银行因
国内市场规模较小、区域地缘关系密切，国际化水平普遍较高，在发达国家银
行前十名中占据 9 席。

发展中国家银行国际化水平参差不齐。一方面，发展中国家前十名中，
仅阿拉伯银行 BII 数值达 50 分以上，仅有 5 家银行 BII 数值超过 20 分，整体
水平较低，且各银行间差距较大。另一方面，前十名中，约旦、中国、印度

各有两家银行，地缘关系、宗教文化、国内经济发展均对银行国际化有较大
影响。

（二）银行境外资产规模前十

报告以银行境外资产代表各行境外银行规模，得到"境外资产规模前十银
行"排名（见表 2）。

表 2　2017 年境外资产规模前十银行

排名	全球银行	发达国家银行	发展中国家银行
1	汇丰集团	汇丰集团（英国）	中国银行（中国）
2	西班牙国际银行	西班牙国际银行（西班牙）	中国工商银行（中国）
3	德意志银行	德意志银行（德国）	中国建设银行（中国）
4	花旗集团	花旗集团（美国）	交通银行（中国）
5	三菱东京日联银行	三菱东京日联银行（日本）	中国农业银行（中国）
6	中国银行	荷兰国际集团（荷兰）	马来亚银行（马来西亚）
7	荷兰国际集团	日本瑞穗金融集团（日本）	印度国家银行（印度）
8	日本瑞穗金融集团	瑞士瑞信银行（瑞士）	中信银行（中国）
9	瑞士瑞信银行	联合信贷集团（意大利）	浦发银行（中国）
10	联合信贷集团	北欧联合银行（瑞典）	阿拉伯银行（约旦）

注：所有银行境外资产数据以该行资产负债表日汇率换算为美元，之后进行境外资产规模排
名。花旗集团2017年数据有缺失，但其前几年数据较全，本表对其境外资产规模进行了合理预测。

全球银行境外资产规模庞大。参与 2017 年 BII 评分的 64 家银行，其境外资
产总规模约 15.1 万亿美元，超 2017 年中国 GDP 总量（约 12.2 万亿美元），其中
前十名银行境外总资产达 9.1 万亿美元，占所有银行境外资产总量的一半以上。

发达国家银行境外资产规模远超发展中国家。境外资产规模前十名中有
9 家来自发达国家，且 29 家发达国家银行境外资产总规模约为 12.7 万亿美元，
占全球境外银行规模的 84%，是 35 家发展中国家银行境外资产总规模（2.4
万亿美元）的 5 倍以上。发达国家银行中，欧美地区银行境外资产规模较大，
日本的银行表现也较为突出。

中国成为银行境外资产规模最大的发展中国家。截至 2017 年底,中国主要银行境外资产规模逾 2 万亿美元,超意大利当年的 GDP 总量。中国银行作为唯一进入全球银行境外资产排名前十的发展中国家银行,位列第六名,中国成为唯一在"最大境外银行"前十名中获得一席之地的发展中国家,且在发展中国家银行前十名中占据 7 席。

(三)境外营收规模前十

本报告以银行境外营收规模代表各行境外经营成果,得到"境外营收规模前十银行"排名(见表 3)。

表 3 2017 年境外营收规模前十银行

排名	全球银行	发达国家银行	发展中国家银行
1	花旗集团	花旗集团(美国)	中国银行(中国)
2	汇丰集团	汇丰集团(英国)	中国工商银行(中国)
3	西班牙国际银行	西班牙国际银行(西班牙)	中国农业银行(中国)
4	巴黎银行	巴黎银行(法国)	中国建设银行(中国)
5	德意志银行	德意志银行(德国)	马来亚银行(马来西亚)
6	摩根大通	摩根大通(美国)	交通银行(中国)
7	瑞银集团	瑞银集团(瑞士)	印度国家银行(印度)
8	三菱东京日联银行	三菱东京日联银行(日本)	阿拉伯银行(约旦)
9	中国银行	荷兰国际集团(荷兰)	浦发银行(中国)
10	中国工商银行	美国银行(美国)	中信银行(中国)

注:所有银行境外营收数据以该行资产负债表日汇率换算为美元,之后进行境外营收规模排名。

全球银行境外经营成果显著。64 家银行境外营收总规模约 4900 亿美元,是所有银行营业收入总额的 30.8%,其中前十名银行境外总营收达 3000 亿美元,超过其余 54 家银行境外营收总额。

发达国家银行境外经营更胜发展中国家银行。境外营收规模前十名中有8 家来自发达国家,且 29 家发达国家银行境外营收总规模接近 4300 亿美元,占全球银行境外营收规模的87.8%，是35家发展中国家银行境外营收总规模（600亿美元）的七倍以上。且发达国家境外营收约占其境外资产的3.4%，高于发展中国家银行境外资产收入率（2.5%），境外经营能力更强。

发展中国家银行境外发展以金砖国家银行水平最高。35家发展中国家银行中，15家金砖国家银行境外营收总规模约530亿美元，占据35家发展中国家银行境外营收总规模的近88%，引领发展中国家银行国际发展。金砖国家作为新兴经济体的突出代表，国际影响力日盛，金融机构的国际活跃度也在日益增强。

（四）国际化的不同选择

我们利用106家银行近十年的BII数值对全球银行业的国际化发展情况进行描述（见图2），其中，发达国家银行42家，来自15个国家，发展中国家银行64家，来自23个国家。

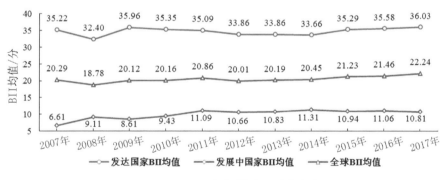

图2 2007—2017年全球银行BII均值变动

注：本图以106家银行为基础样本，部分银行BII在个别年份为缺省值。

全球银行业国际化水平近十年波动较小，自2012年后国际化水平总体呈上升态势。一方面，近年来经济增速回升，主要经济体稳步发展、全球贸易和投资回暖、金融市场预期向好、内外部环境改善，成为银行积极进行境外扩张的动力和前提；另一方面，尽管保护主义对发展的威胁不减，但区域间的密切交往仍在进行,无论是环太平洋区的经贸往来,还是欧洲联盟以及"一带一路"沿线国家间的频繁合作,均为各国企业及金融机构的境外发展提供了重要机遇。

约三成系统重要性银行国际化水平下降,众多原因促使部分银行转变国际化扩张战略。一是经济环境使然。逆全球化和贸易保护主义抬头,地缘政治冲突多点爆发,风险因素和不确定性的加速积累使银行更具谨慎意识。二是金融监管趋严。2015 年,二十国集团(G20)领导人批准了金融稳定理事会(FSB)提交的《全球系统重要性银行总损失吸收能力条款》,提高了系统重要性银行的合规难度。三是发展战略出现变化。更多银行关注重点开始由"量"转为"质",相较规模扩张更注重资产配置的优化和布局结构的改善。

总而言之,2017 年,全球经济形势依然复杂,全球银行业的国际化发展方兴未艾,有银行积极迈出国际步伐,亦有银行谨慎调整全球战略,形成了层次多样的国际化格局。未来,在国际经济与政治尚不明朗的环境下,银行应审慎制定国际化战略,做到"走出去"与跨境风险防范并举,并善于利用各类区域合作机遇提升国际化水平。

顺时而谋，十年一剑

——2019 全球银行国际化报告 *

一、报告背景

当前世界经济形势错综复杂，贸易摩擦、地缘政治等风险增多，政治不确定性进一步加大。一方面，自 21 世纪以来，联合国的各类倡议文件中"全球化""全球协作"等关键词被提及百余次，经济全球化势不可挡；另一方面，英国脱欧、中美贸易摩擦等逆全球化风险事件时有发生，世界百年未有之大变局已然来临。银行，作为全球金融市场的重要参与者，将不可避免地在这场变革中激荡沉浮。

---

* 本报告是由浙江大学互联网金融研究院金融国际化研究室、浙江大学金融研究所、中国人民大学国际货币研究所、万得信息技术股份有限公司共同发布，基于银行国际化指数（Bank Internationalization Index, BII），于2019年10月25日于上海发布的系列指数报告第五期成果。

智者顺时而谋,面对全球化与逆全球化的交锋,是走向世界,还是深耕本土,不同的银行当有不同的抉择,顺应时势,有的放矢,才能脱颖而出。毅者十年一剑,国际化的积累并非一朝一夕之功,其间艰难险阻自不必说,但只有走向世界舞台,才有发现不足、缩小差距之机会;只有占领国际市场,才有高瞻远瞩、引领变革之可能。

《2019 全球银行国际化报告》作为系列报告的第五期成果,关注全球 131 家银行(总资产 76 万亿美元,相当于全球 GDP 的 89%),并选取来自 32 个国家的 68 家银行(总资产 67 万亿美元,相当于全球 GDP 的 78%),进行 BII 排名与分析。

二、核心观点

(一)全球性银行国际化水平排名

报告依据全球系统重要性银行及《银行家》前五十排名,选取 35 家全球性银行,计算 BII,得其国际化水平排名(见表 1)。35 家全球性银行主要来自五大洲 13 个国家。

表 1　全球性银行国际化水平排名

BII 排名	银行	国家	BII 得分	BII 排名	银行	国家	BII 得分
1	渣打银行	英国	67.9	11	三菱日联金融集团	日本	39.8
2	西班牙国际银行	西班牙	55.3	12	联合信贷集团	意大利	39.0
3	瑞士瑞信银行	瑞士	52.9	13	丰业银行	加拿大	38.2
4	荷兰国际集团	荷兰	52.8	14	加拿大皇家银行	加拿大	35.8
5	德意志银行	德国	51.5	15	高盛集团	美国	32.0
6	汇丰集团	英国	50.5	16	法国农业信贷银行	法国	30.3
7	花旗集团	美国	48.5	17	日本瑞穗金融集团	日本	30.1
8	瑞银集团	瑞士	44.4	18	道富集团	美国	30.1
9	法国巴黎银行	法国	41.9	19	纽约梅隆银行	美国	27.4
10	法国兴业银行	法国	40.5	20	中国银行	中国	27.1
BII 均值			50.6	BII 均值			33.0

先发优势明显，超越不在朝夕。渣打银行成为全球最国际化的银行，欧洲各国因其天然区位优势，国际化水平更高，包揽全球性银行国际化前五。但总体来看，前二十中，环太平洋地区拥有9家银行，几乎与欧洲势均力敌（11家）。中国银行是唯一进入前二十的发展中国家银行，可见发达国家大型跨国银行的国际化先发优势明显，超越非朝夕可至。

（二）区域性银行国际化前二十

报告另选33家区域性银行，根据BII分值得其国际化排名（见表2）。33家区域性银行主要来自五大洲22个国家。

表2　区域性银行国际化水平排名

BII排名	银行	国家	BII得分	BII排名	银行	国家	BII得分
1	北欧联合银行	瑞典	51.8	11	澳大利亚国民银行	澳大利亚	15.1
2	约旦阿拉伯银行	约旦	49.6	12	印度银行	印度	13.8
3	巴林国民联合银行	巴林	40.2	13	南非莱利银行	南非	13.1
4	华侨银行	新加坡	31.3	14	泰国盘谷银行	泰国	11.8
5	大华银行	新加坡	31.3	15	黎巴嫩布洛姆银行	黎巴嫩	11.2
6	蒙特利尔银行	加拿大	30.4	16	孟加拉锡兰商业银行	孟加拉国	9.2
7	马来亚银行	马来西亚	28.3	17	阿联酋阿布扎比商业银行	阿联酋	8.0
8	新加坡星展银行	新加坡	27.6	18	新韩金融控股公司	韩国	7.8
9	斯洛文尼亚新卢布雅尔那银行	斯洛文尼亚	26.9	19	哈萨克斯坦人民银行	哈萨克斯坦	6.1
10	阿联酋马士礼格银行	阿联酋	22.2	20	印度尼西亚国家银行	印度尼西亚	5.1
BII均值			34.0	BII均值			10.1

发展各具特色，逐步走向海外。区域性银行的全球影响力或许有待提高，但大多已根据自身特色迈出了国际化发展的第一步，北欧联合银行便是其中的佼佼者。新加坡的三家银行受益于经济开放与地理优势，国际化水平均进入区域性榜单前十。其余各家银行也在积极开拓海外市场，如巴林的国民联合银行便通过收购海湾国家的银行和其他金融机构来迅速扩大海外市场份额。

（三）全球银行境外资产规模前二十

报告选取 75 家境外资产数据完整的银行，得全球银行境外资产规模排名（见表 3）。

表 3　全球银行境外资产规模排名

境外资产规模排名	银行	国家	境外资产规模排名	银行	国家
1	西班牙国际银行	西班牙	11	瑞士瑞信银行	瑞士
2	汇丰集团	英国	12	中国工商银行	中国
3	德意志银行	德国	13	联合信贷集团	意大利
4	三菱日联金融集团	日本	14	法国兴业银行	法国
5	中国银行	中国	15	法国巴黎银行	法国
6	花旗集团	美国	16	加拿大皇家银行	加拿大
7	荷兰国际集团	荷兰	17	北欧联合银行	瑞典
8	三井住友银行	日本	18	法国农业信贷银行	法国
9	摩根大通	美国	19	高盛集团	美国
10	日本瑞穗金融集团	日本	20	美国银行	美国

注：所有银行境外资产规模数据以当年底汇率换算为美元。

资料来源：各银行历年年报。

从表 3 中可以看出，资产集中度高，规模或有所收缩。在 75 家银行中，前二十名银行的境外资产总值为 132748 亿美元，占到所有银行的 76%，当前全球银行海外资产仍主要集中在大型跨国银行手中。与此同时，排名前四的西班牙国际银行、汇丰集团、德意志银行、三菱日联金融集团 2018 年在境外资产规模与占比上均有所下降，部分大型跨国银行面对愈加复杂的全球形势开始调整国际化战略，境外资产或现收缩态势。

（四）全球银行境外营收规模前二十

报告选取 74 家境外营收数据完整的银行，得到全球银行境外营收规模排行榜（见表 4）。

从表 4 中可以看出，营收差距显著，总体稳中略升。74 家银行中，前二十名的境外营收总值为 4183 亿美元，单家银行营收规模均超过 100 亿美元，均值超 200 亿美元，接近其余 54 家银行境外营收规模的 10 倍，差距十分显著。与此同时，前二十名中，仅 6 家银行境外营收规模在 2018 年有所下降，大多数跨国银行努力保持了境外营收水平的稳定，相比 2017 年，全球银行境外营收规模上涨 4 个百分点。

表 4　全球银行境外营收规模排名

境外营收 规模排名	银行	国家	境外营收 规模排名	银行	国家
1	汇丰集团	英国	11	中国工商银行	中国
2	西班牙国际银行	西班牙	12	高盛集团	美国
3	花旗集团	美国	13	荷兰国际集团	荷兰
4	法国巴黎银行	法国	14	瑞士瑞信银行	瑞士
5	三菱日联金融集团	日本	15	渣打银行	英国
6	摩根大通	美国	16	加拿大皇家银行	加拿大
7	瑞银集团	瑞士	17	日本瑞穗金融集团	日本
8	德意志银行	德国	18	联合信贷集团	意大利
9	巴克莱银行	英国	19	摩根士丹利	美国
10	中国银行	中国	20	法国农业信贷银行	法国

注：所有银行境外营收规模数据以当年底汇率换算为美元。

资料来源：浙大AIF、各银行历年年报。

（五）对标全球的中资银行

水平总体偏低，稳步增长可期。如表 5 所示，中资银行的 BII 均值不足全球性银行 BII 均值的 1/3，中资银行在国际化水平上总体偏弱，但其稳步增长态势鲜明（见图 1）。大型中资银行约三分之一高管拥有境外教育及工作经历，国际化人才在不断积累；传统金融机构的数字化转型则给银行带来了更多线上跨境机会；此外，自"一带一路"倡议提出以来，已有 24 个沿线国家和地区先后设立了中资银行分支共 102 家，未来发展可期。

表5　中资银行国际化水平榜单

银行名称	BII 得分	BII 变化率 /%	中资排名	亚洲排名	全球排名
中国银行	27.1	1.4	1	9	28
中国工商银行	16.9	−0.8	2	11	34
交通银行	8.5	2.0	3	16	43
中国建设银行	7.9	−3.8	4	18	46
中国农业银行	6.2	−6.5	5	20	48
中信银行	4.4	0.7	6	25	53
上海浦东发展银行	4.1	7.1	7	27	55
招商银行	3.1	6.5	8	30	59
中国光大银行	2.7	30.5	9	33	62
兴业银行	2.1	—	10	35	64
广发银行	1.0	11.1	11	37	66
上海银行	0.2	—	12	39	68

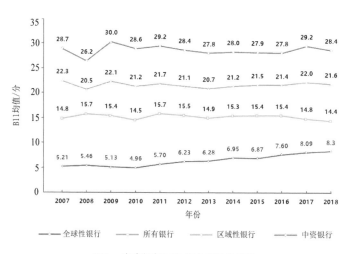

图1　中资银行国际化水平稳步提升

注：中资银行BII均值以10家全球性跨国银行计算。